Es sind Augenblicke der Ehrfurcht,
in denen man innehält und sich fragt,
wo der Sinn in all dem liegt.

betrachtet und mich gefragt,
Aber ich habe mich auch bemüht,
zu sein.

Hadley Vlahos

Zwischen den Welten

Hadley Vlahos

Zwischen den Welten

Was ich als Hospizschwester über die Grenze zwischen Leben und Tod gelernt habe

Zwölf unvergessliche Erlebnisse

Aus dem amerikanischen Englisch von Elisabeth Liebl

KÖSEL

Aus Gründen der leichteren Lesbarkeit konnte eine gendergerechte Schreibweise nicht durchgängig eingehalten werden. Bei der Verwendung entsprechender geschlechtsspezifischer Begriffe sind im Sinne der Gleichbehandlung jedoch ausdrücklich alle Geschlechter angesprochen.

FSC www.fsc.org MIX Papier | Fördert gute Waldnutzung FSC® C014496

Penguin Random House Verlagsgruppe FSC® N001967

in der Penguin Random House Verlagsgruppe GmbH,
Neumarkter Str. 28, 81673 München
Umschlag: zero-media.net, München, nach einer Originalvorlage von Ballantine Books US
Umschlagmotiv: © FinePic®, München
Umschlagdesign: Barbara M. Bachmann
Satz: Satzwerk Huber, Germering
Druck und Bindung: GGP Media GmbH, Pößneck
Printed in Germany
ISBN 978-3-466-37327-7

www.koesel.de

Die Geschichten in diesem Buch beruhen auf meiner Arbeit als Hospizschwester. Zum Schutz ihrer Privatsphäre wurden die Namen aller Patienten und Begleitpersonen geändert sowie medizinische und andere Details, die eine Identifizierung ermöglichen würden. Ziel dieses Buches ist es, die Weisheit und die Einsichten, die meine Patienten mir geschenkt haben, mit dir zu teilen.

Für meine drei Kinder,
die mich jeden Tag an die einfachen Freuden
des Lebens erinnern.

Inhalt

Einleitung

Viele Menschen reagieren mit Bestürzung, wenn sie hören, dass ich Hospizkrankenschwester bin. Dann wollen sie wissen, wie ich es aushalte, Tag für Tag so eine schwierige, ja traurige Arbeit zu machen. Es stimmt schon, dass es in diesem Beruf eine Menge harter – sogar niederschmetternder – Momente gibt, aber ich kann dir versichern: Die schönen Momente überwiegen bei Weitem. Augenblicke der Ehrfurcht, in denen man innehält und sich fragt, wo der Sinn in all dem liegt. Augenblicke tiefer Liebe, erfüllt von einer Weisheit, die sich nur einstellt, weil man weiß, dass das Ende nah ist. Es mag für viele unverständlich sein, warum jemand diesen Beruf ausübt, ich aber schätze mich glücklich, in der Palliativpflege zu arbeiten.

Meine Arbeit beginnt, wenn die Ärzte davon ausgehen, dass ein Mensch seinem Ende nahe ist. Gewöhnlich wird dann die Krankenhausbehandlung eingestellt, und die Menschen werden nach Hause entlassen, damit sie ihre letzten Tage, Wochen oder Monate in der Geborgenheit ihres Zuhauses verbringen können, gemeinsam mit ihren Lieben. Als Hospizschwester sorge ich dafür, dass Patientinnen und Patienten und Angehörige diese Zeit so gut und schmerzfrei wie möglich erleben. Da die Phase der Palliativversorgung bis zu einem halben Jahr dauern kann, lerne ich dabei die Menschen, ihre Geschichten, ihre Lieben und sogar ihre Haustiere recht gut kennen.

Die Geschichten in diesem Buch erzählen, wie unerklärlich, intensiv und berührend diese Momente am Übergang von einer Existenz zur – wie auch immer gearteten – nächsten sein können (und ich glaube daran, dass danach *etwas* kommt). Ich erzähle diese Geschichten, weil es über den Tod und das Sterben so viele falsche Vorstellungen gibt. Was ich gut nachvollziehen kann. Auch ich habe nicht auf alle Fragen eine Antwort parat, auch wenn ich dem Tod so oft begegnet bin, dass ich eine ungefähre Vorstellung davon habe, was uns bei diesem Prozess erwartet.

Hospizarbeit oder der Tod sind ja nicht gerade Themen, über die wir häufig reden. Aber ich weiß, dass sich die Menschen dafür interessieren, weil man mir immer wieder viele Fragen dazu stellt. Manche treibt einfach die Neugier, andere fragen aus einem triftigen Grund: Meist geht es um einen Angehörigen, der von der Hospizpflege versorgt werden soll bzw. schon wird oder wurde. Manchmal steht dieses Thema auch beim Fragenden selbst an.

Eine der Fragen, die mir am häufigsten gestellt werden, ist die, wieso ich überhaupt Hospizschwester geworden bin. Das ist ganz normal, vor allem, weil ich ja noch relativ jung bin. Ich habe angefangen, an diesem Buch zu arbeiten, als ich dreißig war. Meine ersten Erfahrungen in diesem Beruf habe ich aber bereits mit vierundzwanzig gesammelt und war damit überall, wo ich gearbeitet habe, die Jüngste. Tatsächlich bin ich das immer noch. Und mein Weg zur Ausbildung in der Hospizpflege verlief überhaupt nicht geradlinig. Mein Kindheitstraum war es, Schriftstellerin zu werden. Als Studierende wäre es mir nicht im Traum eingefallen, dass ich einmal Krankenschwester werden könnte. Aber aus der Rückschau erkenne ich, dass es schon eine gewisse

Abfolge von Ereignissen gab, die mich an diesen Punkt gebracht haben.

Für viele Menschen ist der Tod ein Tabu, das Ängste auslöst. In meiner Familie war das nicht so. Die Eltern meiner Mutter waren Bestatter und geprüfte Einbalsamierer. Meine Mutter wuchs sozusagen zwischen trauernden Familien und der Leichenhalle auf. Wenn du den Film *My Girl – Meine erste Liebe* gesehen hast, weißt du, wovon ich spreche. Es war für sie nichts Ungewöhnliches, ihre Hausaufgaben zu machen, während im Nebenraum jemand für die Bestattung hergerichtet wurde.

Da für unsere Familie der Tod buchstäblich Teil unseres Lebens war, war es nicht ungewöhnlich, dass beim Abendessen über das Sterben und alles, was damit zusammenhängt, gesprochen wurde. Ich wuchs mit der Vorstellung auf, dass der Tod etwas ganz Natürliches ist. Für mich fühlte er sich immer ganz normal an, nicht erschreckend oder geheimnisvoll.

Außerdem wuchs ich mit klaren Vorstellungen darüber auf, was *nach* dem Tod mit uns passiert. Bis zum Alter von zehn Jahren ging ich in Baton Rouge in Louisiana auf eine Privatschule der Episkopalkirche. Dann zog meine Familie um nach Destin in Florida, aber auch dort besuchten wir Kinder die örtliche Schule der Episkopalkirche. Meine Klasse verbrachte jeden Mittwochmorgen in der großen Kathedrale, zu der das Schulgelände gehörte. Alles, was wir lernten, hatte irgendwie mit der Bibel zu tun. Selbst in der Musikstunde sangen wir ausschließlich Lieder zum Lobpreis Gottes. Selbst unser Familienleben drehte sich hauptsächlich um die Kirche. Wir besuchten jeden Sonntag die Messe und nahmen natürlich auch am regen Gemeindeleben teil.

Ich glaubte jedes Wort von dem, was ich dort hörte. Ich glaubte an den Himmel, an die Hölle, an die Zehn Gebote und alles andere, was man mich lehrte. Ich stellte nichts infrage, ich glaubte eben und dachte auch nicht groß darüber nach.

Als ich fünfzehn war, nahm die Welt, wie ich sie kannte, dann ganz plötzlich ein Ende.

Es war ein normaler Freitagabend wie so viele in der Highschool. Wie meist am Freitagabend stand ich auf einer Metalltribüne und verfolgte das Footballspiel unserer Schulmannschaft. Ich hatte mir mein mit Sommersprossen übersätes Gesicht schwarz angemalt und hielt die Hand meiner besten Freundin Hannah. Gemeinsam schrien wir den Schlachtruf unserer Schule hinaus in die Abendluft. Ich sah, wie der Football durch die Luft segelte und in den Händen meines Freundes Taylor landete. Wir johlten noch lauter.

Und dann ging auf einmal alles ganz schnell. Zwei Spieler der gegnerischen Mannschaft nahmen Taylor in die Zange und drückten ihn aufs Gras, weshalb das Spiel unterbrochen wurde. Ich sah zu, wie er sich mühte, wieder aufzustehen. Sobald er auf den Beinen war, lief er ins Seitenaus.

»Irgendwas stimmt nicht mit ihm«, sagte Hannah und drückte meine Hand noch fester.

»Was? Nein, ihm geht's doch prima!«, widersprach ich.

Ein paar Minuten später erschien ein Krankenwagen, und ich sah erschrocken zu, wie man Taylor mitnahm.

»Hadley, irgendetwas stimmt da nicht«, sagte Hannah nochmals.

»Wahrscheinlich hat er sich was gebrochen. Dann können wir megalustige Sachen auf seinen Gips schreiben.«

Hannah nickte, und wir verfolgten weiter das Spiel.

Danach ging ich mit zu ihr nach Hause, um dort zu übernachten. Wir blieben viel zu lange auf, lackierten uns die Nägel und legten Gesichtsmasken auf. Irgendwann steckte Hannahs Mutter den Kopf ins Zimmer und sagte: »Ab ins Bett. Sofort!« Hannah verdrehte die Augen, aber wir gehorchten natürlich.

Am nächsten Morgen nach dem Aufwachen schlüpften wir in unsere kurzen Sporthosen und T-Shirts und machten uns, immer noch müde vom Vorabend, auf zum wöchentlichen Autowaschtag an der Schule. Auf dem Parkplatz angekommen sahen wir, dass dort alle Menschen weinten. Ich blieb unvermittelt stehen und blickte meine Freunde verblüfft an.

»Er ist gestorben«, sagte meine Freundin Ashley und sah uns durch einen Tränenschleier an.

»Wer ist gestorben?«, fragte ich, immer noch verwirrt. Ich dachte, dass es jemandes Großvater oder -mutter war.

»Taylor Haugen«, antwortete sie mit halb erstickter Stimme.

»Taylor ist nicht tot«, sagte ich empört. »Es geht ihm gut. Ich habe ihn doch erst gestern gesehen. Ich habe ihm gerade geschrieben.«

Ich drehte mich um und machte ein paar Schritte von ihr weg. Dann hämmerte ich Taylors Nummer in mein Telefon. Gleich würde ich ihnen beweisen, dass das alles nur ein dummes Gerücht war. Aber das Telefon läutete und läutete, bis sich schließlich die Voicemail meldete. Ich drückte das Gespräch weg und rief Chase an, Taylors besten Freund. Er würde wissen, was los war. Sobald Chase sich meldete, platzte ich los: »Hier sagen alle, Taylor sei tot. Bitte sag mir, was wirklich passiert ist. Ich weiß doch, dass er nicht gestorben ist.«

Chase' Stimme klang seltsam dünn. »Er ist gestorben. Letzte Nacht.«

Später erfuhr ich, dass Taylors Leber gerissen war, als die gegnerischen Spieler ihn in die Zange nahmen. Als er aufstand und an den Spielfeldrand ging, sah es noch so aus, als sei alles in Ordnung, aber das war es eben nicht. Ich verstand nicht, warum man

Taylor nicht durch die Notoperation hatte retten können, die später im Krankenhaus durchgeführt wurde. Das sollten Mediziner doch tun, nicht wahr? Menschen *retten*. Vor allem junge, starke und gesunde Menschen wie Taylor.

Lange Zeit fühlte sich das Ganze für mich völlig irreal an. Ich wusste natürlich, dass so etwas passieren konnte, aber gewöhnlich passierte das anderen Leuten, nicht meinen Freunden. Es war wie ein böser Traum, völlig unbegreiflich und schockierend – jedes Mal, wenn mir bewusst wurde, dass Taylor nicht mehr da war – wenn er nicht mit mir zur fünften Stunde ging oder mit unserem Freundeskreis ins Kino. Wenn er mir keine Textnachrichten mehr schickte.*

Selbst nachdem sich der erste Schock gelegt hatte, hatte sich durch Taylors Tod etwas in mir verändert. Natürlich war mir der Tod geläufig, aber für mich war er immer etwas gewesen, was am Ende einer langen Reihe von Jahren geschieht – nicht an deren Beginn. Und nicht auf diese Weise. Im folgenden Jahr war ich auf jeden Menschen in meinem Umfeld schlecht zu sprechen – auf meine Freunde, weil die einfach weitermachten, als wäre nichts passiert; auf die Football-Spieler, die Taylor verletzt hatten; vor allem aber auf den Priester, der uns erzählte, wie sehr Gott uns liebt. Ich wusste, dass viele Menschen sich nach einem solchen Verlust ihrem Glauben zuwenden, aber ich konnte das einfach nicht. Ich hatte zu viele Fragen. Schluss mit meinem unhinterfragten Kinderglauben. Nun war er in den Grundfesten erschüttert. Jetzt brauchte ich Antworten. Ich fragte alle Menschen, die mir ihr Ohr liehen, wie Gott es zulassen konnte, dass Pädophile

---

* *Taylors Eltern gründeten eine Stiftung in seinem Namen: die Taylor-Haugen-Foundation. Diese startete eine Kampagne: #PledgetoProtect stellt Rumpfpanzer bereit, um Footballspieler vor inneren Verletzungen im Bauchraum zu schützen. Mehr darüber auf: www.taylorhaugen.org.*

und Mörder weiter auf unserer Erde lebten, während mein gutherziger Freund sterben musste, noch bevor er seine Träume verwirklichen konnte. Die Leute in unserer Kirche versuchten, mich mit der Versicherung zu trösten, dass Taylor jetzt an einem besseren Ort sei. Ich verdrehte die Augen, während meine Mutter mich in den Arm zwickte und mir ins Ohr zischte, ich solle »höflich bleiben«.

Im Sommer nach meinem Highschool-Abschluss zog ich nach Tallahassee, um an die Florida State University zu gehen, drei Stunden Fahrzeit von meiner Familie entfernt. Dank der Studentinnenverbindung, der ich mich anschloss, wurde mir schnell klar, woher die Uni ihren Ruf als Spitzenparty-Hochschule hatte. Nach Taylors Tod war ich weiterhin in die Kirche gegangen, obwohl ich nicht mehr aus ganzem Herzen glauben konnte. Während des Studiums aber setzte ich keinen Fuß in eine Kirche. Ich war in einem streng religiösen Umfeld aufgewachsen, nun aber war ich endlich frei. Hier gab es keine Regeln, und ich konnte tun, was immer mir einfiel. Meist waren das durchzechte Nächte. Ich hatte enorme Schwierigkeiten, einen Sinn im Leben zu finden. Ein extrem strukturiertes Leben gegen völlige Freiheit und Selbstverantwortung einzutauschen, erwies sich für mich als Herausforderung. Wenn ich mit meiner Familie sprach, fühlte ich mich schuldig. Also erzählte ich nie, was ich da wirklich trieb, und tat so, als wäre alles bestens.

An der Uni datete ich jemanden, wie man das im ersten Jahr eben so macht. Wir waren jung und unbekümmert – und so wurde ich mit neunzehn schwanger, im Sommer vor meinem zweiten Studienjahr. In dem Moment, in dem ich den positiven Schwangerschaftstest sah, änderte mein Leben seine Richtung. Alles, was ich mir vorgenommen hatte, wurde mit einem Schlag umgekrempelt.

Meine Mutter unterstützte mich, als ich beschloss, das Baby zu bekommen. Aber außer ihr und meiner Freundin Hannah, die in Destin aufs Community College ging, hatte ich niemanden. Ich fühlte mich allein und hatte Angst. Während der Rest meiner Freunde fürs zweite Jahr an die Uni zurückkehrte, blieb ich in meinem Elternhaus und suchte nach einer Antwort auf die Frage, wie ich mich und mein Kind ernähren konnte. Meine Welt schrumpfte sehr schnell auf einen winzig kleinen Kreis zusammen. Ich sehe selbst jetzt, mit Anfang dreißig, noch ziemlich jung aus. Du kannst dir also vielleicht vorstellen, welche Blicke ich auf mich zog, als ich mit neunzehn Jahren meinen Schwangerenbauch vor mir herschob. Es war einfacher, das Haus erst gar nicht zu verlassen. Leute, die sich nie sonderlich für mich interessiert hatten, hatten nichtsdestotrotz eine ganz klare Meinung über mich und die Situation, in der ich mich befand. Und keine dieser Ansichten war hilfreich oder trug dazu bei, meine Ängste irgendwie zu lindern.

Aus einer ganz normalen Studierenden wurde eine werdende Mama. Ich konnte nicht zurück an die Uni und mein Traum, Schriftstellerin zu werden, würde mich und mein Kind nicht ernähren. Ich brauchte also einen neuen Plan – und zwar schnell.

Damit nahm mein Leben eine Wendung, die ich so nicht erwartet hatte. Ich recherchierte ein bisschen und fand heraus, dass Krankenschwester zu werden – was eine zweijährige Ausbildung voraussetzte und ungefähr 50 000 Dollar Jahresgehalt einbrachte – mit Abstand die beste Möglichkeit war, für mich und das Kleine zu sorgen. Außerdem konnte man die Ausbildung am örtlichen Community College absolvieren. Schwanger und immer noch zutiefst verunsichert brachte ich also den Sommer damit zu, die Voraussetzungen für den Studiengang Krankenpflege Schritt für

Schritt zu erfüllen. Im darauffolgenden Herbst begann das erste Semester.

Mein Sohn Brody kam am Heiligabend 2012 zur Welt. Die ersten Jahre verschwimmen vor meinem inneren Auge, denn ich arbeitete viel. Wie eine Jonglierkünstlerin versuchte ich, alle Bälle in der Luft zu halten: meinen Sohn erziehen, meinen Abschluss machen und den Einstieg ins Berufsleben schaffen. Die Tage waren lang und mühselig und intensiv, doch ich bewies mir, dass ich Dinge hinkriegte, die ich mir nie zugetraut hätte. Ich schloss pünktlich nach zwei Jahren meine Ausbildung ab und hatte damit nicht nur den Abschluss, sondern auch ein einjähriges Praktikum im örtlichen Krankenhaus gestemmt.

Nach dem Abschluss arbeitete ich einige Monate lang in der Intensivpflege und später ein Jahr lang in der Altenpflege. Ich würde ja gerne sagen, dass ich sofort zu einer wunderbaren, zugewandten Krankenschwester wurde, aber das wäre nicht ganz die Wahrheit: Ich erledigte einfach nur meine Arbeit und ging dann nach Hause. Erst als ich mit der Hospizpflege anfing, begann mein Leben, sich von Grund auf zu verändern.

Ich entschied mich vor sechs Jahren für die Palliativpflege. Aus der Rückschau erkenne ich, dass ich genau dort gelandet bin, wo ich hinsollte, in eben jener Tätigkeit, zu der ich berufen bin.

Aber natürlich gab es bis zu diesem Punkt einiges Hin und Her. Viele Erlebnisse haben mich an den Punkt geführt, an dem ich heute stehe.

Und ich freue mich, dass ich diese Erlebnisse und Geschichten mit dir teilen darf. Als ich mit der Hospizpflege anfing, war ich noch auf der Suche. Ich wusste nicht, ob ich noch an eine höhere Macht glaubte, an etwas, das über unser kleines Dasein hinausreicht. Ich habe immer noch nicht mal ansatzweise alle Antworten, eines aber kann ich dir versichern: Es gibt Dinge, die sich jeder medizinischen Erklärung entziehen. In diesem Reich zwischen den Welten, zwischen dem Hier und Jetzt und dem, was danach kommt, liegen enorme Kraft und tiefer Frieden.

Das habe ich immer wieder mit eigenen Augen gesehen.

1

Glenda

Meine Haare waren noch nass vom Duschen, als ich mit meinem Kaffeebecher mit dem Aufdruck »Beste Krankenschwester aller Zeiten« verschlafen vor dem Fernseher stand und mir die Nachrichten ansah. Ich nippte gerade an meinem Kaffee, da spürte ich, wie jemand an meinem Kasack zupfte. Ich sah nach unten. Brodys große blaue Augen schauten mich an.

»Saft, bitte«, sagte er und streckte mir mit den pummeligen Händen eines Dreijährigen seine Schnabeltasse entgegen. Ich lächelte, nahm ihn hoch und marschierte mit ihm seitlich auf der Hüfte in die Küche. Nachdem ich ihm seinen Saft gegeben hatte, griff ich nach meinem Handy, um nach der Zeit zu schauen. Ich musste um 7.20 Uhr aus dem Haus, um rechtzeitig um 8.00 im Büro zu sein. Jetzt war es 6.40 Uhr – also genug Zeit, um uns beiden was zu essen zu machen und den Tag zu beginnen.

Gerade wollte ich ein paar Eier aus dem Kühlschrank holen, als das Handy schrillte. Ich schaute aufs Display. Kristin, der Name meiner Fallmanagerin, die jede meiner Begleitungen individuell betreut, leuchtete auf. Sie rief sonst nie so früh an. Ich fragte mich, was da wohl nicht stimmte.

»Hallo«, meldete ich mich nervös.

»Hey du«, begrüßte sie mich munter. Offensichtlich hatte sie sehr viel mehr Kaffee intus als ich. »Ich möchte, dass du mit mir zu einer Patientin kommst. Ich schicke dir die Adresse per E-Mail. In circa zehn Minuten bin ich dort.«

Hektisch schaute ich die Adresse nach. Als ich sah, dass sie in einem sehr schönen Stadtteil lag, nur wenige Minuten von den wunderbaren weißen Sandstränden entfernt, für die Destin in Florida bekannt ist, stieg in mir die Panik auf. Ich hatte zwar einen großen Teil meiner späteren Kindheit in Destin verbracht, lebte jetzt aber in der Nachbarstadt, die ganz zu Recht Niceville hieß. Unser kleines blaues Haus hatte ich im selben Jahr für mich und Brody gekauft. Als junge alleinerziehende Mutter konnte ich mir nichts leisten, was größer oder näher am Strand gewesen wäre. Aber ich war trotzdem stolz auf dieses Haus, das ich nur wenige Monate, nachdem ich meinen ersten Job als Krankenschwester angetreten hatte, kaufen konnte.

»Ich brauche mindestens eine halbe Stunde dahin und muss vorher noch meinen Sohn in der Kita abliefern. Ist das in Ordnung?«, fragte ich vorsichtig nach. Ich fürchtete, dass diese Verzögerung Kristin vielleicht verärgern würde.

»Kein Problem!«, flötete sie fröhlich, bevor sie auflegte.

Jetzt hieß es schnell machen, und ich merkte, wie ich immer nervöser wurde. Ich stellte die Eier zurück in den Kühlschrank und beschloss, das Frühstück ganz ausfallen zu lassen. Dann drehte ich mein nasses Haar zu einem Knoten und zog meine Jacke über. Nachdem ich Brody den der Jahreszeit angemessenen Zwiebellook verpasst hatte (denn auch in Florida ist es im Winter kalt!), trat ich in die kühle Luft hinaus und fuhr los zu seiner Kita.

Brodys Erzieherin sah kaum vom Telefon auf, als ich ihn im richtigen Raum absetzte. »Es tut mir leid, Sie so früh stören zu müssen«, sagte ich schüchtern. »Ich konnte Brody heute Morgen leider kein Essen machen. Können Sie dafür sorgen, dass er ein Frühstück bekommt?«

Ohne Antwort verdrehte die Erzieherin die Augen und rief in die Küche, dass es zum Frühstück einen Kindermund mehr zu stopfen gab. Wieder spürte ich den nur zu bekannten Stich im Herzen, den es einem regelmäßig versetzt, wenn man sich als Mama zwischen mütterlicher Fürsorge und Beruf entscheiden muss und dabei nicht gewinnen kann. Eine der praktischen Seiten, die mir am Hospizdienst gefielen, war die Tatsache, dass dies normalerweise ein Job mit einer geregelten Arbeitszeit von acht Uhr morgens bis fünf Uhr nachmittags ist. Und das hieß für mich und Brody, dass ich zumindest immer einigermaßen planen konnte. Aber das galt natürlich nicht für *jeden* Tag, und heute war offensichtlich so ein Tag. Es war noch nicht mal sieben Uhr morgens, und ich kam mir schon jetzt als Rabenmutter vor, aber ich konnte mir nicht leisten, meine Arbeit zu verlieren. Ich war erst seit wenigen Wochen Hospizschwester und noch am Lernen. Das hieß, dass ich meine Tage damit zubrachte, erfahrene Pflegerinnen wie Kristin zu begleiten, wenn sie ihre Patientinnen und Patienten besuchten. Meine Arbeit zur Zufriedenheit meiner Fallmanagerin zu erledigen war daher oberste Pflicht für mich.

Ich fuhr also zum Haus der Patientin und kam dabei an wunderschönen Strandhäusern vorbei wie dem, in dem auch ich aufgewachsen war. Ich bog links nach Coral Cove ab und sah Kristins Hyundai Sedan in der Einfahrt eines Strandbungalows mit grünen Fensterläden stehen. Den vorderen Garten säumten meisterhaft arrangierte Palmen. Das Haus war nicht so protzig, wie ich befürchtet hatte. Auf der Veranda versetzte der Wind zwei Schaukelstühle in sachte Bewegung. Die Lichter im Haus schienen warm und einladend. Ich holte tief Luft.

Kristin wartete vor dem Haus auf mich. Ihr schön gelocktes blondes Haar umrahmte ein Gesicht, das selbst zu dieser frühen Stunde perfekt geschminkt war. »Ready, Freddy?«, fragte sie und setzte ihr ebenso perfektes Lächeln auf. Ich lächelte zaghaft und nickte. Ich fühlte mich unsicher mit den immer noch klammen Haaren und ganz ohne Make-up.

In Wahrheit fühlte ich mich keineswegs bereit. Als Hospizschwester wusste ich natürlich, dass jede Beziehung zu unseren Patienten durch deren Tod beendet wurde. Doch selbst erlebt hatte ich das noch nie. Und ich hatte das Gefühl, dass es bei dieser Patientin etwas anders sein würde.

Während wir noch die betonierten Stufen hinaufgingen, öffnete uns schon eine entnervte Frau um die vierzig mit roten Haaren die Tür, bevor wir hätten klopfen können. Sie sah aus, als sei sie gerade erst aufgestanden, habe aber die ganze Nacht kein Auge zugetan.

»Kommen Sie rein, kommen Sie rein«, rief sie und winkte uns ins Haus. Kaffeeduft schlug uns aus der Küche entgegen, während ein Zwergpudel bellend auf uns zustürzte und kurz an meinen neuen Sneakern schnüffelte, die meine Mutter mir zur Feier meines neuen Jobs geschenkt hatte.

»Sie redet also mit ihren verstorbenen Lieben?«, fragte Kristin Maria, die Tochter der Patientin, die währenddessen versuchte, den Hund in den Waschraum neben der Küche zu dirigieren. Als ich das hörte, runzelte ich kurz die Stirn. Ich hatte also richtig vermutet. Das war kein »normaler« Besuch. Der Alltag einer Hospizschwester besteht – anders als Kino oder Fernsehen die Leute gewöhnlich glauben machen – in erster Linie darin, dass wir von Hausbesuch zu Hausbesuch fahren und jeweils dreißig bis sechzig Minuten damit zubringen, die Patientinnen und Patienten zu versorgen und der Pflegeperson jede notwendige Hilfestellung geben, damit das Wohl der Patienten sichergestellt ist. Und Maria brauchte *offensichtlich* Hilfe, aber wohl nicht auf die übliche Art, bei der wir die Medikation ihrer Mutter überprüften und kontrollierten, ob sich ihre Symptome verschlechtert hatten oder sie sich wund gelegen hatte.

»Wenn Sie das so nennen wollen«, gab Maria zurück und nahm einen Kaffeebecher aus der Anrichte. »Ich nenne das: den Verstand verlieren. Sie redet die ganze Zeit mit ihrer Schwester, die gestorben ist, bevor ich auf die Welt kam. Bitte sorgen Sie dafür, dass dieser Quatsch aufhört. Ich kann nicht mehr schlafen.« Und wie um ihre Worte zu unterstreichen, nahm Maria einen großen Schluck Kaffee aus der Tasse. Während sie trank, sog ich den Duft des Kaffees ein, um mich zu erden, weil es in meinem Kopf drunter und drüber ging.

»Sie redet ohne Unterbrechung. Sie müssen doch Medikamente haben, um sie ruhigzustellen. Wenn nicht, hole ich den Notarzt.«

»Okay. Hadley und ich werden uns das ansehen«, meinte Kristin, um Maria zu beruhigen.

Wir gingen den Flur hinunter, und ich vernahm die leise Stimme einer Frau. Wir betraten das Schlafzimmer, das eine Schiebeglastür hatte, die es mit dem Innenhof verband. Neben einer Massivholzkommode und dem dazu passenden Nachtschränkchen sah ich einen kleineren Tisch, auf dem mehrere Stapel Bücher aufgeschichtet waren. Darüber hing ein wunderschöner, kunstvoll verzierter Leuchter. Mein Blick wanderte durch den Raum und blieb schließlich an Ms Glenda hängen, deren weiße Locken ihr Gesicht weich umrahmten. Sie brach in lautes Gelächter aus, obwohl außer uns kein Mensch zu hören oder zu sehen war.

Ich sah Ms Glenda ungläubig an, als sie weiterhin lachte und mit dem Finger vor sich in die Luft deutete. Offensichtlich hatte sie Kristin und mich nicht bemerkt.

»Nein, nein, nein!«, rief sie aus. »Das habe ich nicht gesagt. Du bist mir vielleicht eine Nummer!« Ihr Lachen erfüllte den ganzen Raum.

Kristin trat ans Bett und berührte die Frau sachte am Arm. »Hallo, Ms Glenda! Ich bin es, Kristin, und Hadley, eine unserer neuen Schwestern.« Ich trat ebenfalls an Bett und winkte ihr zögernd zu.

»Oh, hallo«, begrüßte uns Ms Glenda. »Sie müssen mich entschuldigen, aber wir haben uns jahrelang nicht unterhalten.«

»Mit wem haben Sie sich jahrelang nicht unterhalten?«, fragte Kristin.

»Oh! Entschuldigung. Wie unhöflich von mir«, meinte Ms Glenda in ihrem breiten Südstaatenakzent. »Das ist meine Schwester. Müssen Sie jetzt meinen Blutdruck messen, Liebes?«

Kristin nickte und holte die Manschette aus ihrer Schwesterntasche. Ich stand daneben, irgendwie erschüttert, weil Kristin mit keinem Wort darauf einging, dass wir gerade der unsichtbaren, verstorbenen Schwester »vorgestellt« worden waren. Bevor ich Hospizschwester wurde, hatte ich in einem Altenpflegeheim gearbeitet. Dort hätte man Ms Glenda ein Antipsychotikum verabreicht, noch bevor sie ihren Satz hätte beenden können.

Nachdem Kristin Ms Glendas Vitalparameter überprüft hatte (die alle gut waren), ging sie zu Maria. Für einen Augenblick war ich nun mit Ms Glenda allein im Zimmer. Ich war nicht sicher, was ich tun oder sagen sollte, daher sah ich sie nur mit einem halben Lächeln an, während ich verlegen mit dem Reißverschluss meiner Pflegetasche spielte. Glücklicherweise war Kristin nur kurz weg. Kaum war sie mit Maria zurück, erklärte sie uns den »Schlachtplan«.

»Ich weiß, dass Sie jetzt müde sind und sich wegen Ihrer Mutter Sorgen machen«, sagte sie zu Maria. Und zu Ms Glenda gewandt: »Und Sie, Ms Glenda, haben Leute, mit denen Sie einiges nachzuholen haben. Daher machen wir es ab jetzt so, dass wir jeden Tag kommen, um Sie zu versorgen – wenn das für Sie beide in Ordnung ist.«

Die kontinuierliche Pflege setzt dann ein, wenn das Familienmitglied, das bis jetzt die Pflege übernommen hat, damit überfordert ist. Praktisch heißt das, dass rund um die Uhr eine Pflegerin oder ein Pfleger vor Ort bleibt, bis der Patient mit den Symptomen wieder besser zurechtkommt oder wir aus anderen Gründen nicht mehr gebraucht werden. Ich hatte so etwas noch nie gemacht, daher war ich gespannt darauf, wie das ablaufen würde und welche Antipsychotika das Hospiz geben würde.

Maria nickte, und Kristin fuhr fort: »Hadley wird hierbleiben, bis ihre Schicht endet. Dann übernimmt eine andere Pflegerin und dann wieder eine andere, bis die Dinge für alle wieder besser laufen.«

Entsetzt guckte ich Kristin mit großen Augen an. Ich schüttelte leicht den Kopf, um ihr zu bedeuten, dass ich keine Ahnung hatte, wie man mit so stark wirkenden Medikamenten umging. Sie lächelte mir aufmunternd zu und signalisierte mir wortlos: »Darüber reden wir gleich.« Ich versuchte, ihr Lächeln zu erwidern, aber ich war fertig mit den Nerven. Ich konnte das nicht! Wieso glaubte das Hospiz bloß, dass das hier der richtige Platz für mich wäre?

Als Kristin auf den Flur hinaustrat, winkte sie mich zu sich. Ich versuchte, so ruhig wie möglich zu wirken, aber ich erklärte ihr, dass ich keinerlei Erfahrung mit Psychopharmaka für Hospizpatienten hätte.

Ich sah, dass Kristin sich ein Lächeln verkniff, als sie mich beruhigte: »Keine Sorge! Du musst ihr keine Medikamente verabreichen, wenn alles so bleibt wie jetzt. Wenn nicht, rufst du mich oder den Arzt an.«

Verwirrt fragte ich, wie ich das verstehen sollte. Wieso bekam Ms Glenda keine Medikamente? Sie hatte doch schwere Halluzinationen?

»Sie hat keine Halluzinationen«, erklärte mir Kristin. »Sie macht sich für den Übergang bereit und sieht ihre verstorbene Schwester. Du musst nur an ihrer Seite bleiben und aufpassen, dass sie sich nichts tut, damit ihre Tochter ein bisschen Ruhe bekommt.«

Ich nickte beflissen, als hätte ich alles verstanden, aber dem war eigentlich gar nicht so.

Während meines Ausbildungsabschnitts auf der Intensivstation war ich mit Tod und Sterben bereits konfrontiert worden, aber dort wurde das ganz anders gehandhabt. Ich wusste, worum es bei der Hospizarbeit ging, aber ich fand es merkwürdig, dass wir nichts taten, um solche Symptome zu lindern. Auch war die Umgebung sehr ruhig und still. Der Tod im Krankenhaus war immer ein fieberhaftes, traumatisches Ereignis. Chaos, Hektik, gut fünfzehn Leute in einem Raum, die herumrennen, versuchen, den Patienten wiederzubeleben, und aufgeregt warten, ob der Herzschlag wieder anspringt. Die Familie ist nicht dabei, und wenn jemand anwesend ist, wird er sofort hinausgeschickt. So lange, bis der Patient gestorben ist, dann holt man die Angehörigen wieder herein, damit sie sich verabschieden können. Wenn alles gesagt und getan ist, kehren die Pfleger und Pflegerinnen an ihre Plätze zurück und versorgen den nächsten Patienten, die nächste Patientin.

Es war ja nicht so, dass diese Sterbefälle mich kaltgelassen hätten. Aber die Krankenschwestern, die ich auf der Intensivstation am meisten bewunderte, waren jene, die von Tod zu Tod gingen, als wäre das das Normalste auf der Welt. Am meisten bewundert wurden jene Ärzte und Pfleger, die genau das konnten. Ich wollte so sein wie sie und auch bewundert werden. Aber mir war es immer schwergefallen, innerlich Distanz zu halten zu dem Menschen, der vor mir lag.

Das hier war ganz anders – viel persönlicher und intimer. Ich war in Ms Glendas Haus, und Ms Glendas Tochter hatte sich auf das Sofa am Ende des Flurs gelegt, um endlich eine Mütze Schlaf zu bekommen. Es war unglaublich ruhig, fast friedlich. Kein Chaos, das einen abgelenkt hätte, und kein Zeitfenster, auf das man sich einstellen musste.

Einige Minuten später war Kristin weg und ich … immer noch da.

Ich kehrte also in Ms Glendas Zimmer zurück, nahm einen der Stühle, die neben dem Tisch standen, und fragte, ob ich mich zu ihr setzen dürfte. Ms Glenda nickte, ohne jedoch ihren Blick von der Decke abzuwenden. Nachdem ich eine Zeit lang still dagesessen war und mir nichts Besseres einfiel, begann ich, auf dem Tablet im Mitarbeiterhandbuch meines Arbeitgebers zu lesen.

Ungefähr zwanzig Minuten später sprach Ms Glenda mich zum ersten Mal an. »Sie glauben wahrscheinlich, ich bin verrückt, oder?«, fragte sie mit einem Lächeln auf den Lippen. Die Idee schien sie zu amüsieren.

Erschrocken antwortete ich: »Aber nein, gar nicht!«

»Das ist schon in Ordnung«, fuhr sie fort. »Meine Tochter hält mich auch für verrückt.«

Ich antwortete nicht, weil ich nicht wusste, was ich sagen sollte. Ms Glenda hielt kurz inne und legte sich bequemer hin, bevor sie weitersprach: »Ich bin aber nicht verrückt. Meine Schwester steht direkt neben Ihnen.«

Instinktiv wandte ich mich in die Richtung, die Ms Glenda andeutete, aber ich sah nur den Nachttisch. Trotzdem nickte ich.

Als Ms Glenda einschlief, wurde das ganze Haus mucksmäuschenstill. Mir wurde klar, dass meine Ausbildung mich auf so etwas nicht vorbereitet hatte. In den zwei Jahren an der Schwesternschule hatten wir genau einen Tag, der sich mit häuslicher Pflege bzw. Hospizarbeit beschäftigte. Und das sind zwei grundverschiedene Fachgebiete. Und ich hatte häusliche Pflege belegt. Man betreut zwar auch Patientinnen und Patienten bei ihnen zu Hause, aber sie liegen nicht im Sterben. Und das ist natürlich ein Unterschied zu Hospizpatienten.

Was Hospizpflege wirklich bedeutet, lernte ich bei meiner vorausgegangenen Beschäftigung im Altersheim. Dort gab es ein Programm, das wir »Atempause« nannten. Das Heim nahm Hospizpatienten für fünf Tage auf, damit in dieser kurzen Zeit die mit der Pflege befassten Angehörigen sich ein bisschen erholen konnten. Ich gab zwar Medikamente aus, hatte aber ansonsten nichts mit diesen Patienten zu tun. Ich sah nur die Hospizschwestern, die sich um sie kümmerten. Ich fand diese Menschen großartig, denn sie schienen sich um ihre Patienten auf eine Weise zu kümmern, die mir nicht geläufig war. Und das gefiel mir. Hospizpfleger und -pflegerinnen kümmern sich gewöhnlich um zwölf bis achtzehn Patienten gleichzeitig. Aber sie können sich zu ihnen setzen und ein wenig Zeit mit ihnen verbringen. Das gehört zu unseren Aufgaben. Im Pflegeheim dagegen hatte jede Schwester vierzig Patienten zu versorgen. Ich witzelte manchmal, ich käme mir vor wie ein PEZ-Spender, denn meine einzige Beschäftigung bestand darin, die verordneten Tabletten zu verteilen. Während ich von Zimmer zu Zimmer eilte, um die Medikamente an den Mann oder die Frau zu bringen, saßen die Hospizschwestern am Bett ihrer Patienten und plauderten mit ihnen. Auch da strahlten sie so viel Ruhe und Frieden aus, dass ich unwillkürlich dachte, es müsse schön sein, so eine enge Beziehung zu den eigenen Patienten zu haben.

Hin und wieder kam eine der Hospizpflegerinnen auf mich zu, erklärte mir, was ihr Patient hatte, und erzählte, was sie sich für ihn überlegt hatte. Wann immer ich eine der Hospizpflegerinnen fragte, ob wir einen Arzt alarmieren sollten, war die Antwort nur, das sei nicht nötig. Das sei bereits geschehen und ansonsten sei alles unter Kontrolle. Auch das war ganz anders, als ich es bis dahin kannte. Bei uns hieß es immer: alle Mann an Deck, Patienten retten. Die Hospizpfleger versuchten nicht, auf Teufel komm raus das ganze Arsenal an möglichen Behandlungen aufzufahren. Sie fragten vielmehr ihre Patientinnen und Patienten, was sie tun konnten, um in der noch verbleibenden Zeit ihre Lebensqualität zu verbessern. Ich sah, wie die Patienten Zeit mit ihrer Familie verbringen konnten, statt von einem Termin zum nächsten geschoben zu werden. Ich sah, dass die zuständigen Schwestern alles taten, um die Schmerzen ihrer Patienten zu lindern, sie aber ansonsten in Ruhe ließen. Und ich hatte das intensive Gefühl, dass Medizin in diesem Stadium genau so praktiziert werden sollte.

Je öfter ich die Hospizschwestern bei ihrer Arbeit beobachtete, desto reizvoller schien mir diese. Und so beschloss ich, Augen und Ohren offen zu halten, ob sich vielleicht eine entsprechende Gelegenheit ergäbe. Auf einige der spärlichen Anzeigen bewarb ich mich sogar, allerdings ohne Erfolg. In meiner Region gab es zu jener Zeit nur drei Hospizdienste und jeder beschäftigte nur drei Krankenpfleger und -pflegerinnen. Völlig abgesehen von der Tatsache, dass *überall* einschlägige Berufserfahrung gefordert war, die ich natürlich nicht hatte. Letztlich war es eine Reihe von (für mich) glücklichen Zufällen, die mir zu diesem Job verhalf.

Ich arbeitete noch im Pflegeheim, als es damals leise an meine Tür klopfte.

Ich rief: »Herein!«, und sah mich einer besorgt aussehenden Frau gegenüber. Sie erklärte, sie sei die Tochter von Tim, dem Patienten in Zimmer 404. Er hatte einen Gehirntumor, und es ging ihm immer schlechter. Die Mitarbeiter des Hospizes sollten ihn schon vor einer Stunde abholen, aber bislang war noch niemand gekommen. Ich lächelte sie an und sagte, ich würde bei der Hospizverwaltung anrufen. Gleichzeitig spürte ich, wie der Ärger in mir aufstieg. Es war offensichtlich, dass diese Frau sich verletzlich fühlte und sich hier über niemanden beschweren wollte. Aber die Situation, in die man sie gebracht hatte, war wirklich schlimm. Bislang hatten alle Patienten nur sehr gute Erfahrungen mit diesem Unternehmen gemacht, aber das hier war nicht in Ordnung.

Sobald die Frau fort war, griff ich zum Telefon und rief beim Hospizdienst an. Das Telefon klingelte mehrmals, bevor sich eine Frau namens Kristin meldete. Ich erklärte die Situation und sagte auch, dass es mich ärgerte, wie man mit Tim und seiner Familie umginge. Ich hatte an dem Tag einfach sehr viel Kaffee getrunken und nicht genug geschlafen, daher war ich wohl etwas unverblümter, als es sonst meine Art ist. »Wenn man in den Hospizdienst muss, ist das sicher ein schreckliches Gefühl. Und wenn man dann noch den Eindruck hat, dass man nicht einmal mehr für diese Menschen zählt, dann wird alles nur noch schlimmer. Ich bin sicher, es gibt dafür einen guten Grund, aber es ist nicht in Ordnung, dass Tim so behandelt wird.«

Kristin erklärte, dass am Wochenende zuvor eine Hospizschwester Knall auf Fall hingeworfen hatte und daher organisatorisch alles durcheinandergeraten sei. »Aber ich kann selbst kommen und Tim aufnehmen«, bot sie an.

Ich stieß einen Seufzer der Erleichterung aus. »Entschuldigen Sie, dass ich Sie so angeblafft habe«, sagte ich noch, bevor Kristin auflegte.

Eine Stunde später brachte man Tim ins Hospiz. Die Familie sah zufrieden aus, als sie Kristin – die wie versprochen gekommen war – ein letztes Mal umarmten. Als sie sich später im Flur die Hände desinfizierte, trafen sich unsere Blicke, und sie kam auf mich zu.

»Sind Sie Hadley?«, fragte sie mich.

»Ja. Es tut mir echt leid.«

»Das geht schon in Ordnung«, meinte Kristin. »Ich finde es bewundernswert, dass Sie sich so für Ihre Patienten engagieren.« Sie machte eine winzige Pause, bevor sie fortfuhr. »Sagen Sie mir, wenn ich mich täusche, aber kann es sein, dass ich Ihren Namen schon einmal auf einer Bewerbung bei uns gelesen habe?«

Ich blickte mich um, ob auch keine meiner Kolleginnen mich hörte, als ich antwortete: »Ja, vor ungefähr sechs Monaten. Aber ich habe die Stelle nicht bekommen.«

»Sind Sie immer noch interessiert?«, hakte Kristin nach.

»Absolut«, gab ich zur Antwort und gab mir Mühe, dass meine Stimme nicht zu piepsen anfing, wie das immer passiert, wenn ich aufgeregt bin.

»Hätten Sie nach der Arbeit Zeit für ein Vorstellungsgespräch?«

»Heute Nachmittag um fünf Uhr bin ich bei Ihnen.«

Ich war so froh, als ich diesen Job bekam. Und ich war immer noch froh, ihn zu haben. Aber als ich mit Ms Glenda im Zimmer saß, fühlte ich mich massiv überfordert. Ich fragte mich, ob ich für die Hospizarbeit wirklich geeignet war. Während mir all diese Gedanken durch den Kopf gingen, hörte ich es neben mir auf einmal rascheln. Ms Glenda hatte ihre Augen geöffnet und sah mich an. »Hallo«, sagte ich mit einem Lächeln.

»Ich hatte soeben den allerschönsten Traum«, seufzte sie glücklich. »Ich bin mit meinen Eltern über ein riesiges Feld voller Blumen geflogen. Meine Mutter sah so schön aus. So jung. Ich habe so viel Glück und Frieden verspürt.«

»Das hört sich toll an«, sagte ich. Tat es ja auch.

Ms Glenda atmete tief ein und aus. Dann richtete sie ihren Blick auf den Tisch voller Bücher, der neben mir stand. »Ich sehe, dass meine Schwester immer noch da ist. Sie sagt, sie bleibt bei mir, bis es Zeit ist zu gehen.«

Ich schaute zum Tisch, aber außer Büchern konnte ich dort nichts entdecken. Neugierig wollte ich wissen, wo sie denn hingehen würde.

»Ich weiß nicht«, antwortete sie und hob ihre Decke an. Dann ließ sie sie wieder los. Ein paar Minuten später kam Maria herein. Sie trat ans Bett und küsste ihre Mutter auf die Stirn. Seufzend sagte sie, sie fühle sich viel besser, jetzt, da sie geschlafen habe.

»Ich auch«, gab Ms Glenda strahlend zurück.

»Siehst du immer noch deine Schwester?«, wollte Maria wissen.

Ich wappnete mich für Ms Glendas Antwort, denn ihre Tochter würde sie sicher nicht gerne hören wollen.

»Nein. Ich glaube, ich war einfach nur müde«, antwortete sie und sah mich dabei an. Ihr Blick bohrte sich in den meinen, als wolle sie mich herausfordern, ihr zu widersprechen. Aber ich sagte nichts.

Maria atmete sichtlich erleichtert aus und ergriff die Hand ihrer Mutter. Dann wandte sie sich mir zu und dankte mir, dass ich ihre Mutter »in Ordnung gebracht« hätte. Ich wusste nicht, was ich dazu sagen sollte, also blieb ich stumm.

Ich tat so, als überprüfe ich Ms Glendas Daten auf meinem Tablet, beobachtete sie aber weiter. Mir fiel auf, dass sie immer zu dem Tisch neben meinem Stuhl guckte. Dort, wo sie ihren Worten zufolge ihre verstorbene Schwester sah. Auch ich schaute in diese Ecke, aber ich sah überhaupt nichts. Ich fragte mich, was Ms Glenda da wohl wahrnahm.

Mittags meinte Ms Glendas Tochter, dass es in Ordnung sei, wenn ich jetzt gehen würde. Kaum saß ich im Auto, rief ich auch schon Kristin an.

»Hallo! Ms Glenda und ihre Tochter meinen, es würde jetzt wieder gehen. Ich weiß nicht, was ich jetzt tun soll.«

»Großartig! Hat sie irgendetwas gebraucht?«

»Nein. Sie hat nur geschlafen, und als sie wieder wach war, sagte sie mir, dass sie immer noch ihre verstorbene Schwester sehen würde. Aber das hat sie ihrer Tochter nicht erzählt.«

»Sie scheint sich ihrer Umgebung sehr bewusst zu sein, auch der Gefühle ihrer Tochter, wenn du mich fragst. Ist schon verrückt, dass am Ende unsere Lieben kommen, um uns abzuholen, nicht wahr?«

»Ist das normal?«, fragte ich ungläubig.

»Oh ja, das passiert ständig«, meinte Kristin leichthin. »In diesem Fall solltest du deine Zeit nicht als kontinuierliche Pflege abrechnen, da wir ja nichts Besonderes machen müssen. In unserer Gebührenordnung steht, dass zu kontinuierlicher Pflege mindestens einmal pro Stunde Symptommanagement gehört. Das war ein guter Fall, weil das ja nicht nötig war. Wir verbuchen es daher als längeren Krankenbesuch.«

Nach diesem Telefonat saß ich noch eine Weile im Auto und starrte die Einfahrt des Hauses an. Es war doch wohl unmöglich, dass Ms Glenda *tatsächlich* ihre Schwester sah? Ich zog mein Tablet heraus und las mir durch, was der Arzt zuletzt über sie geschrieben hatte: *Eine sechsundachtzigjährige Frau mit einem metastasierten Melanom, die sich eine weitere Behandlung verbittet, nachdem man ihr zu einer Operation geraten hat. Nach ausführlichen Gesprächen mit der Patientin, die wach und gut orientiert ist, haben wir beschlossen, sie der Hospizpflege zu übergeben.*

Hautkrebs führt nicht zu Verwirrung oder Halluzinationen. Ich sah mir die letzten Aufnahmen der Positronen-Emissions-Tomografie (PET) an und suchte nach einer anderen Erklärung. Ich fand eine Aufnahme, die erst eine Woche alt war. Im Bericht dazu hieß es: *Massive Ansammlung von Knoten an der Leberpforte, dazu klare unregelmäßige Verdickungen der Dünndarmwand im Bereich der linken Fossa iliaca mit resultierender luminaler Ausweitung. Keine Anzeichen von Intussuzeption.*

Der Krebs hatte also auf ihren Gastrointestinaltrakt übergegriffen – aber auch das erklärte nicht ihre Verwirrtheit. Ich starrte immer noch ungläubig aus dem Fenster. Das Ganze machte einfach keinen Sinn.

Ich stellte mir vor, dass es dafür eine Erklärung geben musste, die ich bloß noch nicht kannte. Die Ausbildung zur Hospizpflegekraft beginnt mit einem einwöchigen Computerkurs. Darauf schließt sich die praktische Ausbildung unter Anleitung einer erfahrenen Pflegekraft an. In dieser Praxisphase durchläuft man als Neuling einen weiteren Computerkurs und bekommt ein Lehrbuch. Ein großer Teil der Ausbildung dreht sich um die Führung der Patientenakte, die einen wichtigen Teil der Hospizpflege ausmacht. Schließlich müssen ja auch die Richtlinien der Kranken- und Pflegeversicherungen beachtet werden. (Und diese sind wirklich komplex. Ich würde sagen, ich habe etwa drei Jahre gebraucht, bis ich diese intus hatte.) Danach lernt man eigentlich nur noch durch die Anleitung anderer Hospizpfleger und -pflegerinnen, die einen, so wie Kristin mich an diesem Tag, begleiten. Das klingt vielleicht nach Schmalspurausbildung, aber meiner Ansicht nach ist diese Form absolut angemessen. Eine Hospizschwester bekommt es mit so unterschiedlichen Szenarien zu tun, dass kein Buch oder Kurs sie jemals wirklich darauf vorbereiten kann. Das hierfür nötige Wissen kann man nur aus erster Hand erwerben, indem man erfahrenen Leuten zuschaut. Und dann übernimmt man Schritt für Schritt dieselben Aufgaben.

Für den Rest des Nachmittags sollte ich mich einer anderen Pflegerin namens Amanda anschließen. Seufzend legte ich mein Tablet weg und fuhr zum Haus ihrer Patientin, wo ich Amanda bei ihrer regulären Visite begleitete. Danach fragte ich sie, ob sie Ms Glenda kenne.

»Ja, ich habe sie in unseren Dienst aufgenommen. Ist sie nicht nett?«

»Supernett«, stimmte ich zu. »Aber sie sagt, sie hat ihre verstorbene Schwester neben ihrem Bett gesehen. Schien sie dir irgendwie verwirrt?«

»Nein, gar nicht. Ihre Antworten waren vollkommen klar, als ich sie fragte, ob sie wisse, wo sie sei, wie sie heiße und wer jetzt Präsident ist. Von der Präsidentenfrage war ich schwer beeindruckt, denn sie sagte mir sogar, dass es im Moment noch Obama sei, aber dass sich das bald ändern würde. Nein, sie war ganz bestimmt nicht verwirrt.«

»Hm«, sagte ich, immer noch ungläubig. »Dann sehen manche Menschen also wirklich ihre verstorbenen Verwandten? Das ist tatsächlich normal?«

»Jep«, antwortete sie. »Sie sehen alle dasselbe. Ganz egal, zu welcher Ethnie, Religion oder sonst was sie gehören.«

Ich nickte und versuchte, nicht perplex dreinzuschauen, aber meine Gedanken überschlugen sich. Warum nahmen die Hospizschwestern das alles derart gelassen?

Am Nachmittag riefen Amanda und ich die Nachtschicht-Schwester an und lieferten unseren Bericht über die versorgten Patienten ab. Auch sie fand Ms Glendas Verhalten nicht weiter bemerkenswert.

»Also wundere dich nicht, wenn du sie heute Nacht noch zu sehen bekommst«, sagte Amanda zu der Nachtschwester. »Wenn sie nicht anruft, schaut Hadley gleich morgen früh vorbei.«

Niemand rief an, also stand ich am nächsten Morgen pünktlich um acht vor Ms Glendas Haustüre.

Ms Glenda schlief noch, als ich ihr Schlafzimmer betrat und meine Pflegetasche auf den Boden stellte. »Hallo, Ms Glenda, ich bin es, Hadley«, begrüßte ich sie. Ich schlug die Decke zurück, um mir ihre Arme anzusehen. Sie schienen ein bisschen blasser als gestern, ja beinahe bläulich. Ich legte meine Hand auf ihren rechten Arm, der eiskalt war. Noch einmal sagte ich: »Ms Glenda?« Ich zog das Stethoskop heraus, das ich in der Tasche meines Kasacks mit mir trug, und hielt es an ihre Brust. Ihr Herz schlug sehr langsam und so schwach, dass es kaum noch zu hören war. Ich legte die Manschette für die Blutdruckmessung an und drückte auf den Startknopf. Das Ding piepte und blies sich auf. Der laute Motor war neben Ms Glendas schwacher Atmung das einzige Geräusch im Raum. Ich sah zu, wie die Manschette wieder zusammenfiel, und versuchte, sie dazu zu kriegen, dass sie sich wieder aufblies. Aber wenige Sekunden später hieß es schon wieder: »ERROR«. Dann schaltete sich das Gerät aus.

»Ms Glenda, ich überprüfe jetzt den Verband am Rücken«, sagte ich, deutlich lauter als vorher. Ich hob ihre zerbrechliche Gestalt ein wenig an. Ihr Kissen hatte sich in den oberen Rücken gedrückt, aber ihr Nachthemd war sauber. Ältere Menschen bekommen häufig Risse in der Haut oder liegen sich wund. Diese Wunden müssen versorgt werden, weil sie sich sonst leicht infizieren. Daher achten wir darauf besonders. Ich schüttelte das Kissen auf und schob es unter ihren Brustkorb. Dann bettete ich sie wieder hinein, diesmal aber so, dass sie eher auf der linken Seite lag.

Während all dieser Verrichtungen bewegte Ms Glenda sich nicht und gab auch keinen Laut von sich. Vielleicht lag sie ja schon im Koma. Ich trat hinaus auf den Flur, wo Maria auf mich wartete, und berichtete ihr, wie die Dinge standen. Augenblicklich liefen ihr Tränen über die Wangen.

»Was soll ich denn tun?«, fragte sie.

»Ich denke, Sie sollten mit ihr reden. Sagen Sie ihr, wie sehr Sie sie lieben. Ich habe in der Schule gelernt, dass Menschen einen immer noch hören können, auch wenn sie nicht mehr reagieren.«

Maria nickte und wischte mit dem Handrücken die Tränen aus dem Gesicht. Ich sah zu, wie sie sich neben das Bett ihrer Mutter kniete und ihr die weißen Locken aus dem Gesicht strich.

»Mama, ich bin's. Es tut mir leid, dass ich gestern so schroff zu dir war. Ich fühle mich einfach so verloren. Alles, was ich weiß, hast du mir beigebracht, bis auf das eine: Du hast mir nie gezeigt, wie ich damit umgehen soll, den wichtigsten Menschen in meinem Leben zu verlieren. Was soll ich nur ohne dich anfangen?«

Ich spürte, wie auch mir die Tränen über die Wangen liefen, als ich die beiden beobachtete. Dann hörte ich Ms Glenda atmen, lauter als vorher. War dies ihr letzter Atemzug? Nach einer Ewigkeit, die vermutlich nur eine Minute oder so war, atmete Ms Glenda noch einmal laut aus. Dann eine lange Pause.

Ihre Tochter legte ihren Kopf auf den Arm ihrer Mutter. »Du kannst jetzt gehen, um mit deiner Schwester zu sein«, schluchzte sie. »Ich weiß, dass du sie vermisst. Ich vermisse dich jetzt schon, Mama. Ich liebe dich.«

Ms Glenda atmete noch einmal, leiser und ruhiger jetzt. Und dann war alles still. Nach ein paar Minuten wurde ihrer Tochter klar, dass es jetzt vorbei war. Sie sah forschend das Antlitz ihrer Mutter an und sah verloren aus. Instinktiv legte ich ihr meine Hand auf die Schulter. So verharrten wir ein paar Augenblicke.

Ich wollte nicht die Erste sein, die sich bewegt. Nach einigen Minuten wandte Maria sich zu mir um.

»Und jetzt?«

Ich war mir nicht sicher. Es war das erste Mal, dass ich allein den Tod eines Menschen miterlebt hatte, und alles, was ich gelernt hatte, war aus meinem Gedächtnis wie weggewischt.

»Ich muss nachsehen. Entschuldigen Sie«, murmelte ich und nahm meine Tasche zur Hand. Ich blätterte meine Papiere durch und fand das Blatt, über dem stand: »Schritte beim Tod des Patienten. Schritt 1: Horchen Sie das Herz des Patienten zwei Minuten lang ab. Wenn dabei kein Herzschlag mehr zu hören ist, sehen Sie auf die Uhr und notieren dies als Zeitpunkt des Todes.«

Ich drehte mich zu Maria um. »Ich muss den Zeitpunkt des Todes feststellen. Ich muss das nicht laut aussprechen, aber wollen Sie dabei sein, wenn ich das tue?«

»Ja«, antwortete sie. »Aber bitte sagen Sie es laut. Dann kommt es auch eher bei mir an.«

»Gut«, sagte ich und nahm wieder das Stethoskop zur Hand. Ich setzte es auf Ms Glendas Brust. Vollkommene Stille. Ich sah auf meine Uhr und wartete, dass der Zeiger zwei Mal umlief. Maria stand neben mir. Das Licht des schönen Leuchters flackerte auf. Ich schaute hinauf und übersah deshalb, wie der Zeiger sich der Zwölf näherte und das Zifferblatt das erste Mal umrundete. Maria runzelte verwirrt die Stirn. Ich sagte nichts, sondern horchte wieder auf den Herzschlag. Den zweiten Umlauf würde ich nicht übersehen. Aber wieder ging das Licht aus und dann an. Zwei volle Minuten waren vergangen, ohne dass ich einen Herzschlag gehört hatte.

Ich sah Maria an. Sie nickte, als wollte sie sagen: »Ich werde schon damit fertig.«

»Todeszeit: 8.42 Uhr«, flüsterte ich.

Und dann plötzlich knallte es bei dem Tischchen in der Ecke des Raumes. Der Leuchter war durchgebrannt. Wir standen im Dunkeln.

2

Carl

Nachdem ich acht Monate lang den erfahrenen Hospizpflegern und -pflegerinnen zur Hand gegangen war, war ich so weit: Ich würde ganz allein meinen ersten Patienten betreuen. Ich war ebenso gespannt wie nervös, als ich an Mr Carls Tür klingelte. Ich kannte mich mit den grundlegenden Techniken der Palliativpflege mittlerweile gut aus, andererseits wusste ich auch, dass man auf diesem Gebiet nie auf alles vorbereitet sein konnte. Früher oder später würde ich mich mit einer Situation konfrontiert sehen, mit der ich absolut keine Erfahrung hatte.

Während wir warteten, bis uns geöffnet wurde, gab mir Travis – ein Hospizpfleger, der nun ins Management wechselte und mir daher die Sorge für einige seiner Patienten übertrug – einen kurzen Überblick. Er hatte Mr Carl, der unter einer Herzinsuffizienz litt, vier Monate lang betreut. Travis erzählte mir, dass Carls Frau selbst Krankenschwester war und bei medizinischen Entscheidungen gerne ein Wort mitredete. Ich nickte, spürte aber, wie mein Puls schneller schlug.

Erfahrene Krankenschwestern »fressen ihre Jungen«, wie es so schön heißt: Sie schikanieren gerne mal ihre weniger erfahrenen Kolleginnen. Ich hatte das schon früh zu spüren bekommen, als ich noch in der Ausbildung war. Die erfahrenen Schwestern verdrehten gewöhnlich nur die Augen, wenn sie sich mit Praktikantinnen, wie ich damals eine war, herumschlagen mussten. Andere äußerten ihren Unmut ziemlich unverblümt und sagten Sachen wie: »Ich weiß nicht, warum sie immer mir die Lehrlinge aufhalsen. Jeder weiß doch, wie sehr mir Praktikanten auf die Nerven gehen.« Selbst als wir unsere Ausbildung schon abgeschlossen hatten, blieb eine unausgesprochene Hierarchie bestehen, die wir Anfänger zu respektieren hatten. Und diese Hierarchie zeigte sich vor allem darin, wer in Rufbereitschaft war, am Wochenende Dienst schob oder die Nachtschichten übernahm.

Ich wusste, dass Mr Carl in den Achtzigern war. Daher nahm ich an, dass Ms Mary, seine Frau, vermutlich gut dreißig Jahre mehr Erfahrung in der Betreuung von Kranken hatte als ich, was im Übrigen auch auf Travis zutraf. Er merkte gleich, wie nervös ich wurde. »Mach dir keine Sorgen«, sagte er. »Sie werden dich mögen.«

In diesem Moment kam eine zierliche Dame um die achtzig an die Tür. Sie trug einen Jogginganzug in Knallpink und war perfekt geschminkt und frisiert. »Travis!«, rief sie fröhlich und umarmte ihn. »Super«, dachte ich. »Die beiden werden sich freuen, wenn sie hören, dass ich der Ersatz bin.« Travis machte einen Schritt zur Seite und stellte mich vor. Mary blickte verwirrt von mir zu ihm und wieder zurück.

»Ja, ich habe den Managementjob bekommen«, meinte Travis, noch bevor sie fragen konnte. »Ich werde Mr Carl in Hadleys fähige Hände übergeben.«

Ohne mit der Wimper zu zucken, antwortete Mary: »Ach, wir werden Sie vermissen, aber natürlich freuen wir uns für Sie. Kommt rein! Heute ist es ja so heiß. Trinken wir lieber einen Eistee.«

Und so betraten wir das hübsche, lichtdurchflutete kleine Landhaus, das voller Pflanzen und Bücher war. Ich entspannte mich ein bisschen, als Mary mir den Eistee reichte. »Ich habe gehört, Sie sind auch Krankenschwester«, sagte ich zaghaft.

Sie wedelte mit den Händen, als wolle sie die Vorstellung vom Tisch wischen. »Ich war Kinderkrankenschwester, Liebes. Von Palliativpflege verstehe ich rein gar nichts. Solange Sie mir sagen, was Sie tun, bevor Sie es tun, halte ich brav den Mund.« Sie zwinkerte mir zu und lächelte.

Wir folgten Mary den Flur hinunter in einen abgedunkelten Raum gleich neben dem hellen Wohnzimmer. Dort lag Mr Carl im Dunkeln in seinem Krankenhausbett. Der Fernseher lief, daher konnte ich seine Gesichtszüge erkennen.

»Liebling, wir haben eine neue Krankenpflegerin«, sagte Mary fröhlich. Mr Carl grunzte nur und stellte den Fernseher lauter. Travis kicherte leise und fragte dann, ob er das Licht anmachen dürfe.

»Nein«, antwortete Mr Carl grimmig.

Travis tat es trotzdem, aber er entschuldigte sich: Wir würden in zehn Minuten wieder draußen sein. Mr Carl war sichtlich genervt, als Travis seine Haut auf Wunden untersuchte, die versorgt werden mussten. Ich schaute schweigend zu und versuchte, meine instinktive Reaktion zu verbergen. Natürlich hatte mich niemand um meine Meinung gefragt, aber ich fand, Travis hätte den Patienten nicht erst um Erlaubnis bitten sollen, wenn er das Licht dann sowieso einschaltete. In meinen Augen erweckte er so fälschlicherweise den Eindruck, der Patient könne eine selbstständige Entscheidung treffen, was für Menschen in Mr Carls Lage nicht gut ist, denn deren Wahlfreiheit ist ohnehin schon massiv eingeschränkt. Ich merkte mir für meine künftige Arbeit, dass ich in einer solchen Situation dem Patienten erklären würde, was ich tun wollte und warum, und ihm versichern, das so schnell wie möglich zu machen.

Da Travis keine neuen Wunden gefunden hatte, erklärte er Ms Mary, welche Medikamente er auffüllen würde. Sie nickte verständnisvoll.

Fünf Minuten später standen Travis und ich wieder draußen in der hellen Sonne. »Er ist ein Griesgram. Ich hätte dich vorwarnen sollen.«

Ich schützte meine Augen gegen das Licht und sah zu meinem Auto hinüber. Die Zusammenarbeit mit anderen Krankenschwestern oder -pflegern zeigte mir nicht nur, wie ich mit Patienten umgehen wollte, sondern auch, wie ich das mit Sicherheit nicht machen würde.

Zwei Tage später stand ich wieder vor Carls und Marys Tür, dieses Mal allein. Mr Carl war nun mein Patient, und ich wollte das Ganze anders handhaben. Es war klar, dass Mr Carl die Hospizpflege – aus sehr verständlichen Gründen – nicht besonders schätzte. Er wollte einfach nur in Frieden gelassen werden, um in Ruhe fernzusehen. Als junge und eifrige Krankenschwester war ich jedoch fest entschlossen, seine Meinung zu ändern.

Als Ms Mary die Tür öffnete, sah sie noch besser aus als letztes Mal. Ihr Jogginganzug strahlte dieses Mal in Royalblau und Haare und Make-up saßen genauso perfekt wie neulich. Ich hoffte, ich würde in fünfzig Jahren genauso gut aussehen wie sie. Sie winkte mich herein und meinte, ich solle schon mal vorgehen. Sie würde in einer Minute bei mir sein.

Ich fand Mr Carl so vor wie bei meinem letzten Besuch. Wieder war der Raum nur durch den Fernseher erleuchtet, und er hatte die leichte weiße Decke fast bis zum Kinn hochgezogen.

»Hallo, Mr Carl. Darf ich reinkommen?«, fragte ich leise, während ich an seine Tür klopfte. Er sah mich an, einen Moment lang malte sich Erstaunen auf seinem Gesicht, dann nickte er stumm.

Ich machte das Licht nicht an. Stattdessen setzte ich mich auf den Stuhl neben seinem Bett und fragte, was er da gerade gucke.

»Sport«, versetzte er kurz angebunden.

Ich sah eine Weile mit ihm fern. Währenddessen blickte er alle paar Sekunden zu mir herüber. »Haben Sie nichts zu tun?«, fragte er schließlich.

»Ja, aber ich kann auf die Werbepause warten. Ich habe es nicht eilig.«

Überrascht runzelte er die Augenbrauen, doch er sagte nichts, sondern wandte sich nur wieder dem Fernseher zu.

Sobald die Werbung anlief, fragte ich, ob ich das Licht anmachen dürfe, damit ich besser sehen könne, ob er sich wund gelegen hatte. Er nickte, und ich tat, was ich mir vorgenommen hatte. Sobald ich fertig war, wollte ich das Licht wieder ausmachen, aber er bat mich, es hell zu lassen. Einige Minuten lang füllte ich meine Formulare aus, dann merkte ich, dass das Footballteam spielte, von dem mein Partner Chris Fan war.

»Oh, mein Freund hat das gestern geguckt!«, rief ich aus. »Er kann sich total für Sport begeistern, aber alles, was er mir erzählt, ist mir einfach zu hoch.«

Ich sah, wie Mr Carl lächelte. Offensichtlich zeigten sich erste Risse in seiner rauen Schale.

»Ich verstehe ja, was ein Touchdown ist, aber was soll ein First Down sein?« Eine kleine Notlüge sollte doch erlaubt sein.

»Da hat die Mannschaft einen bestimmten Punkt auf dem Feld erreicht und hat noch genau vier Versuche, um einen weiteren Raumgewinn in Richtung Touchdown zu erzielen«, erklärte er mir.

»Ach, das hört sich ja einleuchtend an!«

»Sind Sie sicher, dass Sie auch schlau genug sind, um meine Krankenschwester zu sein?«, fragte er vor Lachen glucksend.

Ich zuckte mit den Schultern. »Tja, das werden Sie wohl auf die harte Tour herausfinden müssen.«

Diesmal lachte er noch lauter. Ms Mary kam gelaufen und fragte panisch, was denn los sei. Als sie merkte, dass wir zusammen lachten, war ihre Sorge wie weggepustet.

Wir verließen gemeinsam Mr Carls Raum und Mary umarmte mich und dankte mir, weil ich ihn zum Lachen gebracht hatte. Sie meinte, es sei Monate her, seit sie ihn zuletzt lachen gehört habe.

Beim Abendessen erzählte ich das Chris, meinem Partner, immer noch ganz aufgeregt. Er fragte, ob mir meine neue Aufgabe gefällt. »Ja«, antwortete ich. »Ich habe wirklich das Gefühl, damit etwas bewegen zu können.«

»Ich bin so stolz auf dich«, sagte er, während er mich auf die Stirn küsste und dann die Teller abräumte.

Chris war Physiotherapeut, er hatte in seinem Fach sogar seinen Doktortitel erworben. Ich hatte ihn bei meinem letzten Job in einem Altenpflegeheim kennengelernt. Als ich dort zu arbeiten anfing, fiel sein Name ziemlich häufig.

»Haben Sie den Physiotherapeuten schon kennengelernt?«, fragte Ms Stewart mich, während ich die Laken unter ihrem schmalen Körper wechselte.

»Noch nicht«, gab ich zurück, ein bisschen abgelenkt, weil ich nebenher kontrollierte, ob sie sich wund gelegen hatte.

»Er kommt immer in der Mittagspause und hilft mir, damit ich meine Beine besser bewegen kann. Meine Krankenversicherung zahlt keine weitere Physiotherapie mehr, und seitdem macht er es wirklich umsonst.«

So etwas hatte ich noch nie von einem Arzt oder Therapeuten gehört. »Das ist wunderbar. Hört sich an, als wäre er ein cooler Typ.«

»Er ist großartig«, sagte sie und zwinkerte mir zu.

Als ich Chris kennenlernte, bekam ich gerade einen Patientenbericht von einer anderen Krankenschwester. Er sah gut aus, um die dreißig, und seine Muskeln zeichneten sich sogar unter dem Kittel deutlich ab. Sein Gesicht war ungewöhnlich markant. Was wohl daran lag, dass er griechische und japanische Vorfahren hatte, wie ich später erfuhr. Die Schwester machte uns bekannt, und wir lächelten einander schüchtern an. Ich sah, wie Ms Morgan, eine Patientin, uns musterte, bevor sie mit dem Rollstuhl den Flur hinuntersteuerte.

Später kam Ms Morgan ins Schwesternzimmer, wo ich gerade mit meinen Aufzeichnungen beschäftigt war.

»Sind Sie eigentlich Single?«, fragte sie.

»Ja«, antwortete ich, ein wenig verblüfft.

»Sie sollten sich öfter mal mit Chris unterhalten.«

Ich lachte. »Das würde ich ja gerne, aber ich habe einfach keinen Grund, in seinen Flügel hinüberzugehen.« Das Pflegeheim war so angelegt, dass die ständigen Bewohner in einem Flügel lebten, die Reha-Abteilung aber in einem anderen untergebracht war. In der Mitte lag die Cafeteria. Die Chancen, dass wir uns mal eben so über den Weg liefen, waren gleich null.

Ms Morgan kräuselte die Stirn. Offensichtlich hatte sie etwas im Sinn, denn gleich darauf sauste sie im Rollstuhl davon. Ich schaute ihr hinterher, weil ich wissen wollte, was sie im Schilde führte. Sie traf sich mit ihren Freundinnen – von den Red Hat Society Ladies (eine Organisation für Frauen, die es in den USA in vielen Pflegeheimen gibt). Und die Damen redeten und kicherten und warfen mir immer wieder verstohlene Blicke zu. Ich zog den Kopf ein und machte weiter Papierkram.

Tags drauf, ich ging gerade den Flur entlang, sah ich, wie Ms Morgan sich aus dem Rollstuhl stemmte und auf den Boden setzte. Erschrocken eilte ich auf sie zu und fragte: »Alles in Ordnung, Ms Morgan?«

»Ach, Liebes, ich bin gestürzt. Das muss sich der Physiotherapeut unbedingt ansehen. Wären Sie so lieb, mich hinzubringen?«

Ich sah sie mit großen Augen an, schließlich hatte ich genau gesehen, dass sie absichtlich »gestürzt« war. Sie machte ein großes, wenn auch wenig überzeugendes Theater und stöhnte ganz erbärmlich. Ihre Augen aber funkelten munter. Ich wusste nicht, was ich sonst tun sollte, daher spielte ich mit, half Ms Morgan wieder in den Rollstuhl und schob sie in den hauseigenen Fitnessraum.

Als Chris uns kommen sah, stand er sofort auf.

»Was ist denn los?«, fragte er, während er sich neben Ms Morgan niederkniete.

»Ich bin ja sowas von ungeschickt! Ich bin aus dem Rollstuhl gerutscht, und diese liebe Krankenschwester war so nett, mir zu helfen und mich zu Ihnen zu bringen.«

Ich wollte ihr nicht widersprechen, daher sagte ich nur: »Sieht aus, als wären Sie jetzt in guten Händen. Ich hole Sie dann ab, damit Sie Ihre Medikamente nehmen können.«

»Ach nein! Das hier dauert doch nur eine Minute. Warum bleiben Sie nicht noch ein wenig, damit ich nicht selbst zurückrollen muss?«, sagte Ms Morgan ganz nonchalant.

Ich zuckte mit den Schultern und setzte mich auf einen Stapel blauer Gymnastikmatten, während Chris Ms Morgan untersuchte. Viel später erzählte er mir, er habe gleich gewusst, dass Ms Morgan gar nichts fehlte. Aber er spielte das Spiel gerne mit.

»Gefällt dir die Arbeit hier?«, fragte er mich, während er Ms Morgans Arm im Schultergelenk rotierte.

»Ach, es wirkt ein bisschen so, als würden sich alle Angestellten schon seit Jahren gut kennen. Da fühle ich mich als die Neue manchmal wie das fünfte Rad am Wagen.«

»Ich arbeite seit vier Jahren hier, und ich kenne wirklich alle. Ich mache dich gerne mit den anderen bekannt. Kannst du mir deine Telefonnummer aufschreiben?«, fragte er und hielt mir den Notizblock von seinem Schreibtisch hin. Ich versuchte, möglichst gleichgültig zu wirken, als ich meine Nummer aufschrieb und ihm den Block zurückgab.

Fast zwei Jahre später geht es uns als Paar immer noch gut.

Drei Tage nach meiner ersten Einzelvisite bei Mr Carl stand ich wieder vor der Tür, dieses Mal mit mehr Selbstbewusstsein. Ms Mary begrüßte mich einmal mehr im Jogginganzug und führte mich zu meinem Patienten. Er lag da wie immer, nur dass er jetzt lächelte.

»Mein Freund war ziemlich beeindruckt von meinem neu erworbenen Footballwissen«, sagte ich. »Das verdanke ich nur Ihnen!«

»Ach, das war ja gar nichts«, winkte er ab. »Wir haben noch viel zu tun. Haben Sie je von Usain Bolt gehört?«

»Keine Ahnung«, gestand ich lachend.

Während ich meine Arbeit tat, versorgte Mr Carl mich detailliert mit allen Informationen. Usain Bolt sei ein Läufer, der gerade zum dritten Mal nacheinander Gold in zwei olympischen Disziplinen gewonnen hatte. Während ich Carls Herz und Lungen abhorchte, sagte er: »Erzählen Sie Ihrem Freund einfach nicht, dass Sie das von mir haben. Heimsen Sie die Lorbeeren ein und gucken Sie, wie er reagiert.«

Ich lächelte und versprach, es genauso zu machen.

Sobald ich in meinem Auto saß, auf dem Weg zum nächsten Patienten, rief ich Chris an und breitete vor ihm mein gesammeltes Wissen über Usain Bolt aus.

»Das hast du mitbekommen?«, fragte er begeistert und schilderte mir Bolts olympische Leistung noch mal in allen Einzelheiten. Ich ließ ihn reden, bis ich eine Viertelstunde später vor dem Haus meines Patienten stand.

Einige Tage später berichtete ich Mr Carl, wie toll Chris mein neues Interesse an Sport fand. Wir lachten gemeinsam, und Carl versicherte mir, es würde unser Geheimnis bleiben, wem ich mein plötzliches Wissen verdankte. Aber unter dem Lachen spürte ich einen dicken Kloß im Hals. Wenn ich zuließ, dass zwischen Carl und mir eine Bindung entstand, dann würde mir dies irgendwann sehr wehtun. Ich musste mich ganz bewusst daran erinnern, für das Heute zu leben, ohne Angst vor dem Morgen – dieses Versprechen hatte ich mir selbst gegeben, als ich mit der Hospizpflege anfing.

Einige Wochen später begrüßte Mr Carl mich mit einer handgeschriebenen Notiz. Erstaunt faltete ich den Zettel auseinander, auf dem er in einer wunderschönen und gut leserlichen Handschrift die interessantesten Ereignisse der letzten Tage notiert hatte. »Ich habe mit dem Schreiben angefangen«, meinte er, »weil mir jedes Mal, wenn Sie gehen, etwas einfällt, was ich Ihnen eigentlich noch sagen wollte. So vergesse ich es nicht.«

»Großartig!«, antwortete ich. »Und ich kann es dann auch nicht vergessen.«

Ein paar Stunden später holte ich meinen Sohn Brody von der Kita ab und fuhr nach Hause. Bevor ich ins Haus ging, blieb ich noch ein wenig im Auto sitzen. Brody war auf dem Nachhauseweg eingeschlafen. Also zog ich den verknitterten Zettel aus meiner Tasche und las ihn. Unwillkürlich musste ich lächeln. Mittlerweile hielt Mr Carl mich nicht mehr nur in Sachen Sport, sondern auch über anstehende Ereignisse und andere Dinge mit Nachrichtenwert auf dem Laufenden. Er wusste, dass ich eine alleinerziehende Mutter war und nie Zeit hatte, Zeitung zu lesen oder die Nachrichten anzuschauen. Also hatte er es übernommen, das Wichtigste für mich zusammenzutragen. Als ich mich bei ihm dafür bedankte, meinte er nur, so habe er wenigstens etwas zu tun. Ich faltete das Blatt wieder zusammen und legte es in die Mitte des Armaturenbretts. Ich weckte Brody vorsichtig auf, und wir gingen ins Haus, wo ich beim Abendessen mit Chris über die neuesten Sportnachrichten diskutierte. Im Stillen dankte ich Mr Carl, weil ich dank seines Nachrichtenüberblicks viel informierter wirkte, als ich eigentlich war.

Die Footballsaison kam und ging, der Winter warf seine Schatten über das Land.

An einem eiskalten Mittwochmorgen hatte ich ausnahmsweise mal etwas Zeit für mich. Ich saß an meinem Tisch bei einer dampfenden Tasse Kaffee und unterhielt mich mit einer Kollegin.

Während wir so tratschten, kam Travis hereingestürzt und unterbrach unser Gespräch. »Hadley, es ist etwas mit Carl. Mary braucht dich.« Meine Kollegin sah mich mitfühlend an. Sie wusste, wie sehr ich Carl mochte. Ich nickte, warf mir den dicken Mantel über und eilte los.

Nichts auf der Welt hätte mich je auf das vorbereiten können, was dann kam.

Als ich das mir mittlerweile vertraute Heim von Carl und Mary betrat und meinen Mantel ablegte, hörte ich Geräusche aus dem hinteren Teil des Hauses. Das musste wohl Mary sein. Ich ging in Carls Zimmer. Als ich sein leeres Bett sah, stieg eine unsägliche Wut in mir auf. Mr Carl war gestorben, und das Bestattungsinstitut hatte ihn bereits abgeholt! Warum hatte Travis mir nicht Bescheid gesagt?

Meine Wut wandelte sich in Verwirrung, als jemand von hinten in mich hineinrannte. »Hallo, Hadley«, hörte ich. Beim Klang von Carls Stimme fuhr ich verblüfft herum.

Ein helles Licht blendete mich. Nein, nicht *dieses* Licht, von dem jeder immer redet. Mr Carl hielt eine schwarze Taschenlampe in seiner Hand. Er ging an mir vorbei, als habe er etwas Wichtiges vor.

Vollkommen perplex sah ich Mary an, die ihm dicht auf den Fersen blieb. Mit ausgebreiteten Armen, um ihn aufzufangen, falls er stürzen sollte. Sie sah genauso verwirrt aus wie ich.

»Was ist denn los?«, flüsterte ich ihr zu. »Ich habe ihn noch nie außerhalb des Betts gesehen. Ich wusste nicht mal, dass er überhaupt gehen kann!«

»Ich auch nicht«, wisperte sie panisch zurück.

»Wie lange geht das jetzt schon so?«

»Mindestens eine Stunde. Er redet ja nicht mit mir. Er geht einfach nur mit der Taschenlampe durchs Haus, schaut hinter die Vorhänge und in alle Ecken. Ich hatte gehofft, *Sie* könnten mir sagen, was da passiert.«

Ich schüttelte den Kopf und konnte Mary nur mit großen Augen ansehen.

Dann drehte ich mich wieder um zu Mr Carl. Der war nun auf Händen und Knien und schaute unter sein Krankenhausbett. »Was machen Sie denn da?«, fragte ich so gelassen wie möglich, obwohl ich schon merkte, dass meine Stimme zitterte.

»Ich spiele Verstecken mit Anna«, antwortete er, als wäre dies das Selbstverständlichste auf der Welt. Da ich noch nie von einer Anna gehört hatte, sah ich Ms Mary fragend an. Ihre Augen füllten sich mit Tränen, sie legte die Hand aufs Herz und brauchte einen Moment, um sich zu sammeln. »Anna ist unsere Tochter. Sie ist ertrunken, als sie zwei Jahre alt war. Carl hat sich dafür immer die Schuld gegeben. Es war niemandes Schuld, aber er hat sich nie verziehen, dass er nicht da war, um sie zu retten.«

Ich bekam eine Gänsehaut, als ich das hörte, und wusste überhaupt nicht mehr, was ich tun sollte. Und dann fiel mir ein, was eine meiner Lieblingslehrerinnen in der Ausbildung gesagt hatte: »Holt die Leute dort ab, wo sie sind.«

Die Frage war nur: »Wo« war Carl? Es schien, als sei er an zwei Orten zugleich – körperlich war er bei mir und Mary hier im Zimmer; emotional und geistig aber schien er ganz woanders zu sein – mit seiner Tochter Anna zusammen. Seit damals, als Ms Glenda gestorben war, hatte ich diese Besuche am Ende des Lebens auch bei anderen Patienten erlebt. Das Phänomen traf mich daher nicht mehr so unerwartet. Es erschien mir sogar immer natürlicher – aber dass ein Patient einem Kind begegnete, war mir trotzdem neu. Ich hatte mit Carl und Mary einige gemeinsame Monate verbracht, aber nicht gewusst, dass die beiden überhaupt ein Kind hatten. Außerdem hatte ich Carl noch nie außerhalb des Betts gesehen. Und doch stand er nun da, rüstig und fit.

»Okay«, ermutigte ich mich. »Ich schaffe das.« Dann wandte ich mich Mr Carl zu, der mittlerweile im Badezimmer war und den Schrank mit der Bettwäsche durchsuchte.

»Kann ich Ihnen beim Suchen helfen?«, fragte ich.

Mit Tränen in den Augen sah er mich an. »Ich weiß ja, wo sie ist.«

»Sie wissen es?«

»Ja, aber ich kann noch nicht zu ihr kommen. Aber es wird nicht mehr lang dauern. Das hat jedenfalls meine Mutter gesagt.«

»Sie sehen auch Ihre Mutter?«, fragte ich.

»Ja«, antwortete er ganz einfach.

»Was sollen wir dann jetzt tun?«

»Ich glaube, ich lege mich wieder hin«, meinte er und zuckte mit den Schultern.

Ich nickte und führte ihn behutsam zurück zu seinem Bett.

Als Carl versorgt war, nahm ich Mary in den Arm und versicherte ihr noch mal, sie solle unbedingt anrufen, wenn sie mich brauchte, gerne auch nachts. Dann trat ich aus der Tür hinaus in die kalte Luft, gerade als die Sonne unterging und die Welt in ein atemberaubendes Spektakel von Rot-, Orange- und Purpurtönen tauchte. Ich nahm mir einen Augenblick Zeit, um den beeindruckenden Sonnenuntergang zu bewundern. Da fiel mir auf einem Baum in der Nähe ein Bluebird auf, ein Hüttensänger. Ein zauberhafter kleiner Vogel mit leuchtend blauen Flügeln. Er saß auf einem der unteren Äste und sah mich unverwandt mit seinen dunklen Augen an. Einen Moment lang fragte ich mich, ob das wohl Anna sein konnte. Dann kam mir diese Idee doch unsinnig vor. Das mit dem Vogel war reiner Zufall. Oder Einbildung. Oder irgendwas sonst in dieser Richtung.

Ich stieg ins Auto, stellte die Heizung an und wählte die Nummer von Dr. Kumar, der als Arzt für unseren Pflegedienst zuständig war. Ich unterhielt mich gerne mit ihm, weil er sehr klug und gleichzeitig sehr umgänglich war. Er war immer zum Plaudern aufgelegt und ganz anders als die Ärzte, mit denen ich sonst gearbeitet hatte – viel lockerer. Außerdem hatte er großes Vertrauen zu uns Krankenschwestern.

»Hallo, was ist denn los?«, meldete er sich.

»Es handelt sich nicht um einen wirklichen Notfall. Haben Sie gerade viel zu tun?«

Wieder wanderte mein Blick zu dem Vogel mit den blauen Schwingen, der immer noch bewegungslos auf seinem Ast saß und mich ansah. Merkwürdig …

»Nein. Ist was passiert?«

»Ich wollte mit Ihnen über Mr Carl sprechen. Er ist heute aufgestanden und herumgegangen. Ich habe ihn noch nie aufstehen sehen.«

»Ach ja. Das ist der Schub«, meinte Dr. Kumar. Er klang überhaupt nicht überrascht oder besorgt.

»Der was?«

»Der Energieschub, den fast jeder Mensch kurz vor dem Tod erlebt«, sagte er, als wäre dies ein bekanntes medizinisches Phänomen. Heute weiß ich, dass dieser »Schub« tatsächlich häufig vorkommt. Die Angehörigen denken dann meist, dass der Patient wunderbarerweise doch noch genesen ist. Wer aber Bescheid weiß, erkennt darin ein sicheres Anzeichen dafür, dass der Tod unmittelbar bevorsteht und vermutlich in den nächsten Tagen eintreten wird.

»Wahrscheinlich war es das«, gab ich zurück, war mir aber keineswegs sicher. »Ich bin noch neu in diesem Beruf. Mr Carl hat auch seine verstorbene Mutter und seine kleine Tochter gesehen.«

»War dies eine Belastung für ihn?«

»Nein, er war ganz ruhig dabei.«

»Dann wird er vermutlich bald sterben«, sagte Dr. Kumar, und in diesem Augenblick flog der blaue Vogel auf.

»Haben Sie nicht verstanden, was ich gesagt habe?«, rief ich empört aus. »Er ist aufgestanden und herumgegangen. Es geht ihm besser. Seine Vitalfunktionen waren alle völlig normal. Er liegt nicht im Sterben.«

»Sie werden schon sehen, Hadley«, sagte Dr. Kumar ganz ruhig. Dann beendeten wir das Gespräch.

An diesem Abend war ich irgendwie unruhig. Als ich endlich ins Bett kam, träumte ich die ganze Nacht von einem blonden Mädchen mit Pferdeschwanz, das über eine Wiese voller Blumen stürmte, während blaue Vögel munter um sie herumflatterten. Ich wachte auf und hatte das Gefühl, keine Minute geschlafen zu haben.

Am nächsten Tag machte ich, wie jeden Dienstagmorgen, meinen Hausbesuch bei Carl und Mary. Ich war mir nicht sicher, was ich vorfinden würde, aber Mr Carl lag wieder im Bett und Mary saß an seiner Seite.

»Er ist immer nur für ein paar Minuten wach«, sagte sie mir.

In diesem Moment öffnete Mr Carl die Augen und lächelte mich an. »Hey, da ist ja meine Lieblingskrankenschwester.« Er war schwach und konnte kaum die Augen öffnen oder sprechen, wie ich es von ihm gewöhnt war.

»Da ist ja mein Lieblingspatient«, entgegnete ich. Und es stimmte ja auch. Obwohl ich zu dieser Zeit zwölf Patienten hatte, fühlte ich mich Carl und Mary doch besonders verbunden. Sicherlich lag das unter anderem daran, dass Carl mehrere Monate lang in der Hospizpflege verblieben war – andererseits war es auch mehr als das. Ich spürte hier ein ganz spezielles Band und fühlte mich mit den beiden unglaublich wohl. »Gestern hatten Sie ja einen großen Tag«, sagte ich sanft. »Sobald ich mit der Untersuchung fertig bin, lasse ich Sie wieder ausruhen.«

Ich horchte Carls Herz und Lunge ab, wie ich es so häufig getan hatte.

»Danke«, sagte er.

»Wofür?«

»Dass Sie mir etwas gegeben haben, worauf ich mich freuen konnte, statt nur auf den Tod zu warten.« Ich spürte, wie ich rot anlief und mir die Tränen in die Augen traten. »Ich werde Sie vermissen, Kleines«, sagte er, obwohl er kaum noch die Augen offen halten konnte.

»Ich werde Sie auch vermissen, Mr Carl«, antwortete ich. Dann ließen die Tränen den Raum vor meinen Augen verschwimmen.

Als Ms Mary mich nach draußen begleitete, fragte sie mich, wie lange er wohl noch zu leben hätte.

»Ich weiß das auch nicht, um ehrlich zu sein«, antwortete ich und versuchte, gefasst zu wirken.

An jenem Abend ging ich schweren Herzens zu Bett. Ich war noch nicht bereit, Mr Carl gehen zu lassen. Für mich war er mittlerweile wie mein Großvater. Ich versuchte mich abzulenken und scrollte durch Instagram, aber das half auch nicht. So gegen 22 Uhr schlief ich dann ein, doch um 4 Uhr morgens weckte mich das Telefon. Es war die diensthabende Schwester.

»Hadley, es tut mir so leid. Ich bin gerade auf der anderen Seite der Stadt und Mr Carls Frau hat angerufen. Sie braucht jemanden, der ihr hilft. Kannst du das bitte übernehmen?« Obwohl ich an jenem Abend Telefonbereitschaft hatte, rief man mich normalerweise nicht an, wenn es darum ging, einen Patienten zu versorgen. Es machten immer zwei Leute Nachtdienst. Gewöhnlich alarmierte man die Telefonbereitschaft nur, wenn beide unabkömmlich waren, was eher selten vorkam.

»Natürlich«, antwortete ich und legte auf.

»Wer war das? Ich dachte, du hast heute Nacht keinen Bereitschaftsdienst«, fragte Chris müde.

»Mr Carl braucht mich«, erklärte ich und stand auf. »Ich bin die Vertretung der Bereitschaft, und ich musste bisher noch nie einspringen.«

Chris sah mich verständnisvoll an. »Na, dann fährst du wohl besser los«, sagte er. »Keine Sorge, um Brody kümmere ich mich. Nimm dir alle Zeit, die du brauchst.«

Ich küsste ihn und schon war ich aus der Tür.

Ich hatte einen Riesenkloß im Hals, als ich zu Carl und Mary fuhr. Ich dachte an unser erstes Treffen und wie er mir seitdem so viel über Sport beigebracht hatte. Und an all die Eistees, die ich mit ihm und Mary getrunken hatte. Oder seine Worte von gestern Morgen.

Als ich ankam, spürte ich, dass etwas anders war als sonst. Ich ging leise zu seinem Zimmer. Mary stand vor der Tür.

»Er ist fort«, sagte sie, als wolle sie mich trösten.

»Okay.« Ich atmete tief durch. Dann entschuldigte ich mich, schließlich war es Mary, die Carl verloren hatte. Ich musste stark sein für sie.

Mary und ich gingen zusammen ins Carls Krankenzimmer, das ohne das Flimmern des Fernsehers ganz dunkel war. Ich machte Licht, und dann schauten wir auf Carls leblosen Körper. Ich setzte das Stethoskop auf seine Brust, wie ich es so viele Male getan hatte. Dieses Mal blieb das vertraute Pochen in meinen Ohren aus. Ich schaute nicht in sein lächelndes, wettergegerbtes Gesicht. Nicht dieses Mal. Dieses Mal war da nur Stille. Leere.

Ich konnte meine Tränen kaum zurückhalten. Ich krächzte, als ich feststellte: »Todeszeit: 4.47 Uhr.« Als ich aufsah, traf mein tränenschwerer Blick auf den von Mary. Sie kam und nahm mich in den Arm, während ich bitterlich weinte.

»Es tut mir leid. Es tut mir so leid. Ich sollte ja Sie trösten«, brachte ich zwischen den Schluchzern heraus. Sie hob den Kopf und sah mich an. Dann sagte sie mit fester Stimme: »Wir trösten uns gegenseitig. Entschuldigen Sie sich niemals. Wir haben Sie so sehr geliebt. Gott hat Sie zu uns gesandt. Wir wissen das beide.«

Ich nickte stumm, immer noch unfähig zu sprechen, während mir die Tränen über die Wangen liefen. Als ich meinen Kopf an ihre Schulter lehnte, fiel mir wieder ein, wie eingeschüchtert ich mich anfangs von ihr gefühlt hatte. Heute schien mir das lächerlich. Ich hatte von ihr nur Liebe und Akzeptanz erfahren, von ihrem absoluten Vertrauen in meine Fähigkeiten einmal ganz abgesehen. Nach ein paar Minuten hatte ich mich schließlich wieder gefasst.

»Was jetzt?«, fragte sie.

»Ich muss das Bestattungsinstitut anrufen.«

Mary seufzte und nickte.

Nach dem Anruf kleideten Mary und ich Mr Carl zusammen an: der dunkelblaue Anzug, den er sich für diesen Zeitpunkt ausgesucht hatte. Wir zogen ihm das Sakko über, was nicht ganz einfach war. Dann nahm ich die kirschrote Krawatte von dem Stuhl, in dem ich so oft gesessen war. Ich reichte sie Mary: »Ich kann keinen Krawattenknoten binden.«

Sie nahm die Krawatte und fing an zu kichern. »Ich auch nicht.« Und mit einem Mal schlug das Kichern in lautes Lachen um. »Wenn er jetzt hier wäre, würde er fragen, wieso er uns sein Leben anvertrauen sollte, wo wir doch nicht mal einen Krawattenknoten binden können.«

Ich fing auch an zu lachen, und wir konnten einfach nicht aufhören, bis es an der Tür klingelte. Mit einem Lächeln auf den Lippen ging ich öffnen. Marys Gelächter hallte durch den Flur. Bestimmt hielten uns die Mitarbeiter des Bestattungsinstitutes für leicht übergeschnappt.

Als sie Mr Carl auf die Bahre betteten und ihn mit einem weißen Tuch bedeckten, hielt Ms Mary sie auf, als wäre ihr gerade etwas eingefallen.

»Socken!«, rief sie aus. »Er braucht Socken!« Ich sah sie an. »Anna. Er hat ihr kleine Söckchen übergezogen, bevor man sie mitgenommen hat. Weil er nicht wollte, dass sie kalte Füße hat.«

Ich nickte voller Verständnis, um den Bestattern danach Krawatte und Socken zu überreichen.

Bevor sie losfuhren, brauchten sie noch meine Unterschrift. Das ist der normale Ablauf, aber dieses Mal hatte ich keinen Stift zur Hand. Da ich Mary nicht damit behelligen wollte, ging ich zum Auto, um einen zu holen. Ich suchte im Handschuhfach herum, da fiel mir ein Zettel in die Finger. Es war die Notiz, die Mr Carl mir vor vielen Monaten mitgegeben hatte. Ich seufzte unwillkürlich, als ich seine Handschrift erkannte.

Schnell eilte ich zurück zum Haus, um die Papiere zu unterschreiben. Schließlich hielt ich den Bestattern die Tür auf und sah zu, den Kopf an den Türrahmen gelehnt, wie sie Mr Carl wegbrachten.

Sie rollten ihn die Einfahrt hinunter und schoben ihn in den Leichenwagen. Da hörte ich etwas zwitschern. Ich blickte auf, und tatsächlich saß auf einem der Bäume der blaue Vogel. Er zwitscherte ein paar Mal fröhlich und flatterte dann davon. Zutiefst gerührt sah ich zu, wie der Vogel neben dem Leichenwagen herflog.

Ich lächelte mit Tränen in den Augen und flüsterte: »Pass mir gut auf deinen Daddy auf, Anna.«

3

Sue

Im Herbst nach Carls Tod wurde ich Ms Sue zugeteilt, einer Patientin, die mit chronischer obstruktiver Lungenerkrankung (COPD) kämpfte. Bei einer COPD handelt es sich eigentlich um mehrere Erkrankungen, die im Endeffekt alle die Atmung des Patienten behindern. Häufig genügen schon ein paar Schritte durchs Zimmer, dass sie sich fühlen wie nach einem Marathonlauf und hörbar nach Luft schnappen.

Ich lernte Ms Sue an einem kühlen Herbstmorgen kennen. Ihr Sohn Fred hieß mich freundlich in ihrem Zuhause willkommen. Er sah aus, als sei er keinen Tag älter als fünfzig, dabei musste er doch erheblich älter sein, schließlich war seine Mutter schon achtundneunzig. Seine Frau Leanne stand hinter ihm und war genauso nett wie er.

Nachdem wir einige Höflichkeitsfloskeln ausgetauscht hatten, kam er gleich zur Sache: »Wir möchten Sie warnen. Sie ist ziemlich resolut und hat einen starken Willen. Sie hat jetzt schon seit Jahren COPD, aber letzte Nacht war es so schlimm, dass wir den Notarzt geholt haben. Kaum war sie auf der Intensivstation und konnte wieder normal atmen, wollte sie keine weitere Behandlung mehr und keine Tests. Und der Arzt hat uns die Hospizpflege empfohlen.«

»Ja, das ist sinnvoll. Ich freue mich, Ihre Mutter kennenzulernen. Mit resoluten Patienten mit starkem Willen, damit kenne ich mich aus!«, sagte ich voller Selbstvertrauen. Ich hatte zwar immer noch viel zu lernen, aber ich hatte nun doch schon einige Patienten selbstständig betreut. Und COPD ist in der Welt der Hospizpflege eine häufige Erkrankung. Ich hatte schon damit zu tun gehabt.

Als wir den angrenzenden Raum betraten, sah ich Ms Sue, die in einem großen, bequem aussehenden Sessel beinahe versank. Sie wog wohl nicht mehr als neunzig Pfund. Ihre Knochen standen hervor, was ein weiterer unangenehmer Nebeneffekt der Erkrankung ist.

Ich begrüßte sie in meiner üblichen munteren Art: »Hi! Ich bin Hadley! Schön, Sie kennenzulernen!«

»Ich weiß nicht, was *Sie* hier wollen«, blaffte sie mir gereizt entgegen.

Ich war baff. *Was ich hier wollte?* Ich brauchte vermutlich eine Ewigkeit, um meine Gedanken zu sortieren, sagte dann aber: »Ich bin hier, um es Ihnen gemütlich zu machen.«

»Mir geht es bestens«, versetzte sie kurz angebunden.

Ich warf ihrem Sohn einen hilfesuchenden Blick zu.

»Mama, sie kommt vom Hospiz«, schaltete sich Fred ein. »Erinnerst du dich? Dr. Smith sagte ja, dass sie vorbeikommen würde, damit du nicht mehr in die Notaufnahme musst.«

»Ich weiß«, fauchte Ms Sue ihren Sohn an. Dann fügte sie hinzu: »Ich habe niemanden gebeten, dass er sich um mich kümmern soll.«

Wieder warf ich Fred einen Blick zu, aber ihn schien diese letzte Äußerung seiner Mutter nicht weiter zu bekümmern. Es liegt nur ein schmaler Grat dazwischen, eine Situation zu beherrschen und verletzlichen Menschen samt Familie zu nahe zu treten. Und den wollte ich auf keinen Fall überschreiten. Also schwieg ich, auch weil ich nicht wusste, was ich sagen sollte. Nach einigen Sekunden drehte Ms Sue sich zu mir um und meinte: »Sie können tun, was Sie tun müssen, aber ich weiß nicht, ob ich Sie als Krankenschwester behalten will.«

Erleichtert machte ich mich an den nötigen Papierkram, um Ms Sue in den Hospizdienst aufzunehmen. Als das erledigt war, schlug ich vor, dass ich am nächsten Morgen zu einer normalen Visite wiederkommen würde. Ich erklärte auch, dass man Hospizpflegerinnen rund um die Uhr holen könne, dass aber auch eine andere Kollegin Rufbereitschaft haben könnte.

»Wäre es für Sie in Ordnung, wenn ich morgen wiederkomme, oder hätten Sie lieber eine andere Schwester?«, fragte ich.

Sue seufzte und meinte: »Vermutlich. Kommen Sie morgen mal, dann können wir ja von Tag zu Tag weitersehen.«

Fred lächelte und verdrehte die Augen. Als wir hinausgingen, sagte er: »Ich glaube, sie mag Sie.«

Ich versuchte, mir nicht anmerken zu lassen, dass ich ihn für verrückt hielt.

Am nächsten Tag machte ich bei Ms Sue die normale Visite. Ich kontrollierte Blutdruck, Puls, Atmung und Temperatur. Ich untersuchte ihre Haut auf Abschürfungen oder wund gelegene Stellen. Ich fragte, ob ihre Verdauung in Ordnung war, ob sie die Medikamente gut vertrug und mit dem Essen oder Schlafen Probleme hätte. Sie gab auf jede Frage nur kurz angebunden Auskunft. Während ich ihre Antworten in der Patientenakte festhielt, sah sie im Fernsehen Golf und sprach fast kein Wort.

In diesem Stil verliefen die Visiten weiter, zwei Mal die Woche, und das einen ganzen Monat lang. Dann stellte Ms Sue eines Tages den Fernseher leiser und sah mich an. »Warum bleiben Sie eigentlich immer so lange, nachdem alles erledigt ist?«, wollte sie wissen. »Sie könnten hier schließlich nach fünfzehn Minuten wieder draußen sein.«

»Bei dem Hospizdienst, für den ich arbeite, ist die Regel, dass ich mindestens eine halbe, noch besser eine Dreiviertelstunde bleibe.« Sue hatte recht – manchmal gab es außer den üblichen Kontrollen einfach nichts weiter zu tun, um diese Zeit auszufüllen. In solchen Fällen setzte ich mich gewöhnlich hin und hörte zu, was meine Patienten zu erzählen hatten. Die Geschichten faszinierten mich immer wieder.

»Sie wissen doch, dass Sie sich genauso gut fünfzehn Minuten in Ihr Auto setzen könnten. Niemand würde den Unterschied bemerken. Uns alten Eulen hört doch sowieso keiner zu. Die denken alle, ich bin senil, nur weil ich gefühlt älter bin als die Erde.«

Ich kicherte, bevor ich antwortete. »Ich bin alleinerziehende Mutter. Ich kann es mir nicht leisten, diese Arbeit zu verlieren.« Das erzählte ich den meisten meiner Patienten nicht. Zur »Politik« unseres Hospizdienstes gehörte auch, dass wir Pflegenden mit den Patienten nicht über unser Privatleben sprachen. Ein Angehöriger eines Patienten hatte sich einmal beim Management beschwert, er habe das Gefühl, die Schwester bürde ihrem Schützling ihre eigenen Probleme auf. Natürlich haben betroffene Familien viel um die Ohren und brauchen nicht noch zusätzlich Stress. Andererseits verbringen wir Hospizpfleger und -pflegerinnen viel Zeit mit unseren Patienten und ihren Familien. Daraus entwickelt sich zwangsläufig eine Beziehung, und dann fühlt es sich komisch an, *nichts* zu erzählen. Ich wandelte also einmal mehr auf dem schmalen Grat zwischen Dienst nach Vorschrift und Nähe zum Patienten. Und nach Wochen des Schweigens wollte ich zu Ms Sue gerne eine Beziehung aufbauen.

Aber es funktionierte nicht. Statt das Gespräch fortzusetzen, nickte sie nur und stellte den Fernseher wieder lauter.

Wir waren also zurück im Schweigen.

Bei meinem nächsten Besuch saß Ms Sue dort, wo sie immer saß. Ihr weißes Haar war schön in Locken gelegt, ihr Hauskleid passte zu ihren Pantoffeln. Dieses Mal aber fing sie an zu reden, noch bevor ich mich setzen konnte.

»Sechs Stunden geschlafen. Morgens Stuhlgang gehabt. Kein Frühstück gewollt. Letzte Mahlzeit war gestern das Abendessen, das ich ganz aufgegessen habe. Ich habe auch meinen Pulli ausgezogen, damit Sie gleich Blutdruck messen und meine Haut untersuchen können.«

Ich zog mein Tablet heraus, um alles zu protokollieren. Nachdem ich alle Daten erfasst hatte, holte ich das Stethoskop aus der Pflegetasche. Nachdem ich sie abgehorcht hatte, legte ich das Tablet weg, um zu signalisieren, dass ich mit der Untersuchung für heute fertig war.

»Sie haben immer noch viel Zeit übrig, nicht wahr?«, fragte Ms Sue.

»Ja, mindestens zwanzig Minuten.«

»Könnten Sie vielleicht meine Pflanzen gießen?«

Das war nun eigentlich keine Aufgabe für eine Hospizschwester. Im Normalfall erledigten die Pflegehelfer und -helferinnen solche Dinge, aber ich sah auch keinen Grund, ihre Bitte auszuschlagen. »Aber sicher!«, antwortete ich eifrig. Sie zeigte mir, wo die Gießkanne stand. Während ich sie füllte, sah ich mir die Bilder an der Wand an. Ein Hochzeitsfoto von einer sehr viel jüngeren Ms Sue, auch hier zierlich, aber umflutet von einem bildschönen Hochzeitskleid (statt des Sessels). Neben ihr stand ein Mann in Militäruniform. Als ich meinen Blick herumwandern ließ, sah ich, dass dieser Mann – offensichtlich ihr Ehemann – auf fast allen Fotos zu sehen war, und immer in Uniform.

Ms Sue deutete auf jede einzelne Pflanze und gab mir ganz genaue Anweisungen, wie lange ich zu gießen hatte. Manche Pflanzen brauchten viel Wasser, andere nur ein paar Tropfen. Ich musste die Kanne mehrmals wieder füllen, bevor alle Pflanzen versorgt waren.

»Könnten Sie das einmal pro Woche machen?«

»Natürlich«, antwortete ich immer noch eifrig. Immerhin redete sie endlich mit mir.

»Gut. Ich werde Sie als Schwester behalten, wenn Sie sich nützlich machen. Das nächste Mal können Sie die Post hereinbringen.«

»Yes, Ma'am«, sagte ich mit einem breiten Lächeln auf dem Gesicht. Ganz ehrlich, es war schön, neben meinen üblichen Pflichten auch mal etwas anderes zu tun.

Bei meiner nächsten Visite legte ich Ms Sues Post auf den Tisch, und sie nickte anerkennend, womit ihre Dankbarkeit auch schon erschöpft war. Wie bei der letzten Visite ratterte sie ihre Antworten auf meine üblichen Fragen im Voraus herunter. Sie teilte mir mit, dass sie geschlafen, gekackt und gegessen hatte. Nachdem ich mit meinen Untersuchungen fertig war, schob ich das Tablet in die Tasche als Zeichen, dass ich für meine nächste Aufgabe bereit war.

»Es liegt Wäsche auf dem Bett. Können Sie die korrekt falten?«

Ich überlegte einen Augenblick, wie es um meine diesbezüglichen Fähigkeiten bestellt war, dann nickte ich: »Meine Mutter hat mir das beigebracht. Ich glaube, ich kann das ordentlich erledigen.«

Also deutete Sue mit ihrem schlanken, rot manikürten Finger auf ihr Schlafzimmer. Das Bett, ganz in Weiß, war perfekt gemacht. Darüber lag eine zarte Bettdecke aus Spitze, deren Ecken umgeschlagen war. Es sah toll aus. Auf dem Nachttisch stand ein weiteres Hochzeitsfoto.

Ich ging mit der Wäsche zurück ins Wohnzimmer, setzte mich auf den Boden und fing an, sie zu falten. »Ich habe ihre Hochzeitsfotos gesehen. Sie sind wunderschön. Wie lange waren Sie verheiratet?«

»Nicht lang genug«, antwortete sie, die Augen auf den Fernseher gerichtet. »Er starb mit Ende zwanzig. Der Krieg.«

»Ihr Sohn sagte, er hätte drei Geschwister. Haben Sie wieder geheiratet?«, fragte ich, während ich ihre seidenen Unterhemden zusammenlegte. Ms Sue schaltete den Fernseher aus und drehte sich zu mir um.

»Sie sind neugierig.«

Ich fürchtete schon, sie aufgebracht zu haben. »Entschuldigung. Ich möchte eben nur mehr über Sie erfahren«, sagte ich, ohne vom Unterhemd in meinem Schoß aufzublicken.

»Kein Mensch will mehr über mich wissen. Es heißt immer nur: ›Nehmen Sie dieses Mittel ein!‹ ›Gehen Sie zu jenem Arzt!‹«, sagte sie, während sie aus dem Fenster blickte, offensichtlich in ihre Gedanken versunken.

Ich blieb stumm und faltete weiter Wäsche. Nach etwa einer Minute schaute sie mich an und fing an zu erzählen: »Ich habe nie wieder geheiratet. Wir haben Hochzeit gefeiert, als ich sechzehn war. Meine Eltern kannten ihn, seit er auf der Welt war. Er war die absolute Liebe meines Lebens. Ich war mit unserem vierten Kind, Fred, schwanger, als er eingezogen wurde. Ich weiß noch, wie ich ihn küsste, wie er seine Hand auf meinen großen Bauch legte, und ich wusste, dass ich ihn nie wiedersehen würde.«

Als Sue diesen Satz sagte, hob ich den Kopf. Sie hatte die Lippen gespitzt und sah aus, als blicke sie tief in sich hinein. Als würde sie ein Bild aus der Erinnerung betrachten. »Ich kann mir überhaupt nicht vorstellen …«, sagte ich und verstummte dann, weil ich nicht wusste, was ich darauf sagen sollte.

»Ach, meine Liebe, so können Sie das nicht falten. Geben Sie mir das Stück und schauen Sie zu, wie ich das mache!«, sagte sie und nahm mir das Unterhemd aus der Hand. Ich sah Ms Sue zu, wie sie es perfekt faltete, war aber mit meinen Gedanken mehr bei dem, was sie mir eben erzählt hatte. Ich wollte unbedingt mehr darüber hören.

Bei der nächsten Visite hatte Sue mit der Atmung mehr Schwierigkeiten als üblich. Es fiel mir sofort auf, als ich sie sah.

»Wie lange atmen Sie schon so?«, fragte ich.

»Seit gestern, aber es geht mir hervorragend.«

Ich zog das Stethoskop heraus und hörte das Keuchen wie ein hohes Pfeifen, sobald ich es auf ihre Brust setzte. Ich holte mein Puls-Oximeter heraus, ein kleines Gerät, das man an einem Finger des Patienten befestigt, um den Sauerstoffgehalt des Blutes zu messen. Als ich es auf Sues kalten Finger schob, erschien eine Zahl: 87 Prozent. Ich atmete auf. Der Blutsauerstoff war nicht so schlecht. Die Erleichterung wich einer leichten Panik, als ich merkte, dass Sue Symptome hatte, die ich nicht zu behandeln wusste – extreme Kurzatmigkeit. Wie bei einem Fisch auf dem Trockenen, der nicht ins Wasser zurückkann.

Ich entschuldigte mich, um mit dem Arzt zu telefonieren. Ich versuchte, ruhig zu bleiben, aber Ms Sue lief blau an. Ich befürchtete, dass sie sterben würde, wenn ich nicht schnell handelte.

»Was soll ich denn tun?«, fragte ich Dr. Kumar verzweifelt.

»Hat sie Schmerzen? Fühlt sie sich unwohl?«

»Nein. Sie sagt, sie habe keine Schmerzen und es gehe ihr gut. Aber ich kann sie doch nicht einfach sich selbst überlassen, wenn sie so keucht und schwer atmet!«

»Natürlich können Sie das«, gab er ruhig zurück. »Ich weiß, dass man Ihnen in den Schwesternschulen beibringt, möglichst alles irgendwie zu behandeln. In diesem Fall hieße das, ihr eine große Nadel in den Arm zu stechen, Unmengen Blut abzuzapfen und sie ins Krankenhaus einzuweisen, wo sie kiloweise Medikamente bekommt und weiß der Teufel was noch alles. Das will sie aber nicht. Sie möchte einfach nur zu Hause sein und es da bequem haben. Ich weiß, dass es allem widerspricht, was Sie gelernt haben, aber Sie tun, wofür Sie da sind. Sie ist zu Hause und es geht ihr gut.«

Ich nickte und nahm mir Dr. Kumars Worte zu Herzen. Vielleicht brauchten die Menschen manchmal nicht mehr, sondern … weniger. Vielleicht ist ein bisschen Geborgenheit alles, was sie nötig haben.

Natürlich hatte Dr. Kumar mir nichts Neues erzählt, als es um die Funktion der Hospizpflege ging. Aber bis zu diesem Moment war mir nicht bewusst gewesen, wie sehr es mir in Fleisch und Blut übergegangen war, immer nach neuen Behandlungen zu suchen: mehr Laborwerte, mehr Medikamente, mehr Untersuchungen. In der Schwesternschule lernt man, wie man Patientinnen und Patienten heilt – oder es zumindest versucht. Aber nicht, wie man ihnen ein Gefühl der Geborgenheit gibt.

In meinem zweiten Ausbildungsjahr wurden aus meiner Klasse vier Schülerinnen ausgewählt, um ein einjähriges Praktikum in einem örtlichen Krankenhaus zu machen. Im Rahmen dieses bezahlten Praktikums sollten wir während unserer Ferien den Schwestern in Vollzeit zur Hand gehen, während des Schuljahrs dann in Teilzeit. Ich freute mich sehr, als ich für dieses Programm ausgewählt wurde.

Jeden Morgen stempelten wir vier Praktikantinnen uns ein und schauten dann, wem wir an diesem Tag zugeteilt worden waren.

»Aufwachstation«, stöhnte ich irgendwann in den ersten Tagen. Die Station mochte ich am allerwenigsten.

»Intensivstation für mich«, seufzte meine Freundin Summer. »Mary ist wieder bei Labor und Verteilung gelandet.« Wir beide hätten uns nur zu gerne mit Laborwerten und Medikamentenverteilung befasst.

»Hey, bist du heute bei mir?«, fragte mich eine mitteljunge Schwester mit Pferdeschwanz, während sie einstempelte. Sie hieß Theresa und arbeitete in der Notaufnahme. Ich hatte letzte Woche eine Schicht mit ihr gemacht und sie wirklich gemocht.

»Schön wär's! Aufwachstation«, antwortete ich und zeigte auf die Tafel vor uns.

»Ach ne, das lässt du besser. Da lernst du heute bei mir mehr. Komm mit.« Ich sah, wie Theresa schnurstracks auf die Notaufnahme zusteuerte, und drehte mich zu Summer um. Die zuckte mit den Schultern. Ich zuckte zurück und winkte ihr, während ich versuchte, Theresa einzuholen.

»Ich glaube nicht, dass die Stationsschwester damit einverstanden ist«, sagte ich, als ich ihr hinterherrannte.

»Schieb die Schuld auf mich. Ich arbeite hier schon länger als die Stationsschwester. Sie wird nichts sagen.« Theresa scannte ihren Badge ein, um Zugang zur verschlossenen Notaufnahme zu bekommen. Noch bevor ich meine Sachen irgendwo ablegen konnte, war sie schon in Raum acht.

»Theresa, Adrenalin, jetzt!«, rief der Arzt über die Schulter. Ich sah, wie er schwitzte, während er versuchte, den Patienten zurück ins Leben zu holen. Theresa hatte den Reanimationswagen schon vor sich, auf dem sich alles befand, was man braucht, wenn ein Patient das Bewusstsein verliert.

Sie winkte mir zu. »Hol das Adrenalin«, wies sie mich ganz ruhig an.

Ich fing an zu schwitzen, suchte hektisch, konnte es aber nicht finden. »Ich soll doch nur zuschauen. Ich kann das noch nicht«, rief ich und machte, völlig fertig, einen Schritt zurück.

Theresa griff sich das Adrenalin, das auf dem Wagen lag, wie sie es gesagt hatte, und gab es einer Schwester, die direkt neben dem Patienten stand. »Die nächste Aufgabe erledigst du«, befahl sie. Ich hatte das Gefühl, gleich in Ohnmacht zu fallen.

»Wir brauchen einen Zugang im anderen Arm«, sagte jemand im Zimmer. Theresa drückte meine Schulter, bevor sie alles Nötige zusammensuchte, um bei einem bewusstlosen Patienten einen Venenzugang zu finden. Sie drückte mir die Sachen in die Hand, ich aber schüttelte protestierend den Kopf.

»Schau, du kannst es entweder jetzt machen, während ich dabei bin, um dir zu helfen. Oder du machst es später allein.« Ich nickte, packte mit zitternden Händen die Kanüle und alles andere aus, voller Angst, dass ich die Vene verfehlen würde, wo doch so viele Leute zusahen. Glücklicherweise führte Theresa mir die Hand, und es klappte schon beim ersten Versuch. Der Stolz auf meine Leistung hielt ungefähr eine Minute an, dann verkündete der Arzt: »Er ist weg. Zeitpunkt des Todes: 7.17 Uhr.« Alle Anwesenden stellten darauf ihre Tätigkeit ein und verließen den Raum.

Nur Theresa, ich und der Verstorbene blieben zurück. Sie loggte sich am Computer neben dem Bett ein, während ich den Toten anstarrte. Er sah schrecklich aus. Die Haut war blau angelaufen, man hatte ihm die Kleider vom Leib geschnitten. Aus seinem Mund ragte ein Schlauch und rundum verteilten sich Blutflecken. Um das Bett herum lag aller möglicher Abfall – Medizinfläschchen, Wundauflagen und Verpackungsmaterial. Ich wusste nicht, was dem Mann passiert war, wie er hieß oder wie alt er war.

Hinter mir ging die Glastür auf. Als ich mich umdrehte, sah ich eine zierliche Frau hereinkommen. Das Gesicht war von Mascara verschmiert. Es war offensichtlich, dass sie dem Verstorbenen nahestand, aber ich wusste nicht, in welchem Verhältnis.

»Es tut mir so leid«, sagte ich zu der Frau, weil ich sie trösten wollte.

»Nehmen Sie sich Zeit und sagen Sie Bescheid, wenn Sie sich verabschiedet haben«, sagte Theresa und bedeutete mir, ihr zu folgen.

»Wir haben keine Zeit, um die Leute zu trösten«, erklärte sie mir draußen. »Wir haben drei andere Patienten, die uns jetzt gleich brauchen.«

Trotz Theresas Ermahnung hielt ich kurz inne. Ich hörte durch die Tür, wie die Frau drinnen weinte. Es fühlte sich falsch an.

Aber Theresa hatte natürlich recht. Andere Patienten brauchten uns ebenfalls. Wir machten an diesem Tag nicht einmal Pause und versorgten gefühlt Hunderte Patienten, von denen jeder wohl den schlimmsten Tag seines Lebens durchlebte. Obwohl Theresa viel älter war als ich, schien sie weder körperlich noch geistig zu ermüden. Sie ging von einem Patienten zum anderen, ohne sich emotional darauf einzulassen. Meine Gedanken waren jedoch immer noch bei dem Patienten, den wir gerade verlassen hatten, während der vor uns im Krankenbett seine traumatische Geschichte erzählte. Ich beneidete Theresa um ihre Fähigkeit, sich davon abzukoppeln. Ich hätte ihre leidenschaftslose Haltung gerne kopiert. Sie wurde von den anderen Schwestern und Pflegern sowie von den Ärzten dafür bewundert. Und ich wünschte mir diese Bewunderung auch.

In jenem Sommer war ich meistens mit Theresa unterwegs und lernte von ihr, soviel ich nur konnte. Allmählich wurde ich besser darin, mich emotional abzukoppeln und mich auf die Aufgabe zu konzentrieren, die ich vor mir hatte.

Eines Tages behandelten wir einen Patienten, einen Diabetiker mit massiven Schmerzen im Fuß. »Der Chirurg wird Sie innerhalb der nächsten Stunde ansehen können«, sagte Theresa ihm.

»Das muss er nicht. Ich werde mich nicht operieren lassen«, entgegnete der Mann. Ich sah seinen Fuß an. Es konnte keinen Zweifel geben, dass er operiert werden musste. Ich verstand einfach nicht, warum er das ablehnte.

»Ohne Operation werden Sie sterben«, sagte Theresa kühl, ohne ihre Augen vom Bildschirm abzuwenden, auf dem sie die Akte des Mannes studierte.

»Gott wird mich retten, wenn ich weiterleben soll.«

»Na, wenn Sie es sagen«, meinte Theresa und zuckte mit den Schultern, bevor sie den Raum verließ. Ich immer hinter ihr her.

»Einfach dumm«, schimpfte sie, als wir den Flur hinuntergingen.

»Ich glaube auch, dass er operiert werden sollte, aber glaubst du ihm denn nicht?«, wollte ich wissen.

»Nein, Süße. Und niemand, der in der Notaufnahme oder in der Intensivstation arbeitet, tut das. Eine höhere Macht, die all das zulässt, was wir jeden Tag sehen, ist nicht unbedingt das, was ich in der Ewigkeit kennenlernen möchte.«

Ich spürte einen gewissen Zwiespalt zwischen meiner Erziehung und dem, was ich jetzt hier erlebte. Jeder schien die unterschiedlichsten Vorstellungen von Gott und Religion zu haben, davon, welchen Sinn all das haben mochte. Woher sollte ich wissen, wer recht hatte und wer nicht? In meiner Kindheit hatte man mir beigebracht, auf Gott zu vertrauen und nicht am göttlichen Plan zu zweifeln – so wie dieser Mann hier in der Notaufnahme. Aber ich verstand auch Theresas Standpunkt. Bereits in der kurzen Zeit, die ich in der Notaufnahme verbracht hatte, hatte ich einige wirklich schlimme Dinge zu sehen bekommen. Und das war nichts im Vergleich zu Theresa, die diese Arbeit schon seit Jahren machte.

In der Hospizarbeit allerdings lernte ich etwas völlig anderes kennen. Patienten, die allen möglichen Religionen angehörten oder gar nicht religiös waren, machten spirituelle Erfahrungen, die ich nicht ignorieren konnte. Patienten, die ich kennengelernt hatte, die ich mochte und denen ich vertraute. Allmählich dämmerte mir, dass das Schwarz-Weiß-Bild, das ich mir gemacht hatte, zu einfach war. Es gab tatsächlich etwas dazwischen.

Ich schüttelte den Kopf, als müsste ich alles, was ich als Schwester in der Notaufnahme gelernt hatte, abschütteln. Damals war ich bestrebt, klare Grenzen zu ziehen bei dem, was ich Patientinnen und Patienten in ihrer Not anbieten konnte – Behandlung, nicht etwa Trost. Ich überlegte kurz, was Theresa wohl zu Dr. Kumars Worten sagen würde. Vermutlich würde sie die Augen verdrehen.

»Ich mache also … gar nichts?«, hakte ich noch mal nach.

»Nein. Sie rufen ihre Familie an und sagen Bescheid. Sie sorgen dafür, dass sie all das zu essen bekommt, was sie am liebsten mag, und tun kann, was sie am liebsten tut. Sie fragen sie, ob es ihr gut geht, und wenn sie das verneint, rufen Sie mich an, damit wir etwas dagegen tun können. Und das machen Sie, solange die Patientin damit glücklich ist. Was Sie tun, ist sehr wichtig, auch wenn die Gesellschaft das nicht immer so sieht.«

Dr. Kumar und ich verabschiedeten uns voneinander. Von diesem Moment an sah ich meinen Umgang mit Patienten in einem anderen Licht. Ich verrichtete ab da meine Arbeit auf der Grundlage einer neuen Einsicht: dass »nichts« tun (wie ich es in der Schwesternschule und in meinen vorherigen Anstellungen bezeichnet hätte) manchmal durchaus hieß, dass man *etwas* tat. Nämlich da sein und Geborgenheit und Verbundenheit vermitteln. Dass genau dies zählte, und zwar nicht zu knapp. Für mich war das eine neue Erkenntnis, denn obwohl ich schon eineinhalb Jahre Hospizarbeit machte und wusste, dass es nicht meine Aufgabe war, meine Patienten zu retten, konnte ich doch immer noch etwas Materielles geben, meistens Schmerzmittel. In diesem Fall aber war weiter nichts zu tun, als mit Ms Sue einfach zu *sein*.

Als ich zu Ms Sue zurückkehrte, berichtete ich ihr, dass den Arzt nur interessieren würde, ob es ihr gut ginge.

»Ach, da fühle ich mich doch gleich besser. Ich hatte schon Angst, Sie würden sofort den Krankenwagen rufen und mich abtransportieren lassen«, sagte sie. Die Erleichterung war ihrer Stimme anzumerken. Ich lächelte, weil ich das Gefühl hatte, das Richtige getan zu haben.

»Wenn Sie mit der Untersuchung fertig sind, könnten Sie mir dann vielleicht ein Sandwich machen?«, fragte sie.

»Natürlich!«, antwortete ich voller Eifer, da ich ja immer noch Dr. Kumars Anweisung im Kopf hatte. Aber zuerst schloss ich meine Kontrollen ab und fragte mindestens noch drei Mal, ob Ms Sue auch wirklich keine Schmerzen hatte und sich wohlfühlte. Sie war immer noch kurzatmig, aber sie blieb dabei, dass sie sich daran gewöhnt habe und keine Behandlung wünsche. Ich räumte also das Tablet weg und fragte sie, was für ein Sandwich sie wollte. Ich ging in die Küche, fest entschlossen, das beste Truthahn-Schweizerkäse-Tomaten-und-Mayo-Sandwich zu machen, das die Welt je gesehen hatte. Ich suchte in der Küche nach Brot. »Haben Sie irgendwo noch Brot? Das hier ist schlecht«, rief ich.

»Ist es schimmlig?«, rief Sue zurück.

Ich zog mit meinen immer noch behandschuhten Händen ein paar Scheiben hervor und inspizierte sie. »Kein Schimmel, aber ich finde, Sie sollten eine neue Packung nehmen.«

»Kindchen, nehmen Sie ruhig dieses Brot, und wenn Sie mir das Sandwich bringen, werde ich Ihnen das ein oder andere erzählen«, versprach sie.

Ich gehorchte, machte ihr Sandwich und legte es auf einen der schönen, weißen Porzellanteller. Ms Sue nahm kleine Bissen und erzählte mir, dass sie in Zeiten der großen Weltwirtschaftskrise aufgewachsen war und dass sie schon aus diesem Grund nie Essen verschwendet hatte. Sie berichtete auch, dass sie oft den Unterricht versäumt hatte, weil sie mithelfen musste, die Familie zu ernähren. Nach der Weltwirtschaftskrise, als Sue um die zwanzig war, wurde sie Lehrerin.

Kaum hatte sie das Sandwich verzehrt, war die Geschichtsstunde offensichtlich vorüber. Sie gab mir den leeren Teller und beschied, es sei jetzt Zeit für mich zu gehen. Ich wusch den Teller ab und rief ihr noch ein paar Abschiedsworte zu, aber sie antwortete nicht.

Meine nächste Visite fiel auf einen Pflanzengießtag. Als ich ankam, trug Sue nicht ihren üblichen Hausanzug und Pantoffeln, sondern einen Rock mit Jacke, Strumpfhosen und Schuhe mit niedrigem Absatz.

»Wow, sieh mal einer an! Große Pläne?«, fragte ich ein bisschen leichthin.

»Nun, große Pläne hat man in meinem Alter nicht mehr, aber ich freue mich auf einen Kirchenbesuch. Wenn Sie erst mal in meinem Alter sind, wird es immer wichtiger, dass der Herr Ihr Gesicht kennt.«

»Waren Sie immer schon religiös?«

»Ja, ich habe in meiner Religion stets Trost gefunden, vor allem, als mein Mann starb. Und Sie, meine Liebe? Sie wollen ja auch jede Menge über mich wissen.«

Einen Moment lang ließ ich die Gießkanne einfach an meinem Arm hängen und überlegte, was ich auf ihre Frage antworten sollte. So ganz sicher war ich mir da nicht. »Ich wurde sehr religiös erzogen. Ich würde sagen … ich versuche immer noch, das Ganze zu begreifen. Ich wünschte, ich wüsste es.«

»Ich glaube, da würde Ihnen eine Menge Leute zustimmen, obwohl sie das nicht so offen zugeben würden. Nun, ich werde es ja bald herausfinden.«

»Haben Sie Angst?«, fragte ich, bevor mir recht klar wurde, was ich da wissen wollte.

»Nein«, sagte sie ganz einfach. Ich goss die Pflanzen und beendete meine Visite. Währenddessen beschäftigte mich der Gedanke, wie merkwürdig es sein musste zu wissen, dass man sterben würde. Es freute mich, dass Sue in ihrem Glauben Trost fand.

Es war lange her, dass ich mich so fühlte wie Sue, aber unser Gespräch rief mir diese Zeit in Erinnerung, als ich zu Beginn meiner Schwangerschaft in all meinen Ängsten selbst Trost bei der Kirche suchte.

Ich war nach meinem ersten Semester an der Uni für den Sommer nach Hause zurückgekehrt. Ich hatte wohl eine Magen-Darm-Grippe, die ich irgendwie nicht loswurde. Schließlich hatte meine Mutter genug, mir ständig beim Spucken zuhören zu müssen. »Das reicht jetzt. Wir fahren ins Krankenhaus«, sagte sie.

Im Krankenhaus angekommen setzte ich mich in der Empfangshalle an einen Tisch, um den Fragebogen zu meiner Gesundheit auszufüllen. Als ich bei der Frage nach der letzten Regelblutung angekommen war, überfiel mich die Panik. Meine Periode war immer schon sehr unregelmäßig gewesen, aber ich konnte mich einfach nicht erinnern, im letzten Monat oder im vorletzten eine Blutung gehabt zu haben. Da überfiel mich eine erneute Welle der Übelkeit, und so übersprang ich diese Zeile.

Im Untersuchungsraum kam eine hochgewachsene Krankenschwester in pinkfarbenem Kasack auf mich zu. Sie hatte ihr lockiges Haar zu einem Dutt gedreht und reichte mir einen Plastikbecher.

»Nun, Liebes, das Wichtigste zuerst: Schwangerschaftstest.«

Ich vermied den Blickkontakt mit meiner Mutter und marschierte auf die Toilette.

Als ich zurückkam, sah meine Mutter mich an. »Besteht denn überhaupt die Möglichkeit?«, wollte sie wissen.

»Nein, ich bin nicht schwanger«, behauptete ich.

Wie aufs Stichwort kam die Krankenschwester wieder herein und verkündete laut: »Sie sind schwanger.«

Ich spürte, wie mir Tränen in die Augen stiegen, während meine Mutter mir tröstend die Hand auf den Rücken legte.

Auch die Krankenschwester tröstete mich, während sie auf ihrem Blatt Papier Eintragungen vornahm. »Nun, Kleines, das ist doch kein Grund zum Weinen«, sagte sie. »Sie haben ja mehrere Möglichkeiten. Lassen Sie sich von niemandem einreden, dass das nicht so ist. Es ist Ihr Körper, okay?«

Ich nickte, und dann traten meine Mutter und ich aus dem Krankenhaus hinaus in die volle Sonne. Das Einzige, was meine Mutter auf der Fahrt nach Hause sagte, war: »Ich werde dich nicht verurteilen und ich werde dir nicht meine persönliche Meinung aufdrängen. Wenn du es behalten willst, werde ich es lieben. Wenn nicht, dann werde ich dieses Geheimnis mit ins Grab nehmen.«

Wieder zu Hause ging ich sofort in mein altes Kinderzimmer. Ich legte mich aufs Bett und sah aus dem Fenster. Die ganze Straße war gesäumt von Strandhäusern wie dem unseren. Häuser von Familien, wie ich sie mir auch gewünscht hätte. Zwei Menschen, die sich an der Uni verlieben, ihren Abschluss machen, heiraten, Kinder kriegen und sich ein perfektes Heim in Strandnähe einrichten.

»Ich kann das immer noch haben«, sagte ich mir. »Ich kann einen Abbruch vornehmen lassen und niemand außer mir wird das wissen.« Ich begann, Abtreibungskliniken in der Nähe zu suchen. Als ich die nächstgelegene gefunden hatte, fing ich an, mich über den Eingriff selbst zu informieren. Ich beschloss, für nächsten Montag einen Termin zu buchen. Ich notierte mir die Telefonnummer und legte den Zettel in meine Nachttischschublade, weil ich nicht wollte, dass meine Mutter ihn sah. Ich wusste, dass ich sie nicht bitten konnte, mich zu begleiten. Ich schämte mich viel zu sehr.

Am nächsten Morgen blinzelte schon die Sonne durchs Fenster, als ich aufwachte. Ich ging ins Badezimmer und zog mich aus, um unter die Dusche zu gehen. Als ich in den Spiegel sah, stellte ich mir vor, wie das Baby in meinem Bauch lag. Es war so eine merkwürdige Idee, dass es sich nicht real anfühlte. Als ich nach unten ging, sah ich, dass meine Mutter ihre Autoschlüssel suchte, um zur Kirche zu fahren. Normalerweise brachte sie an Sonntagen den ganzen Morgen und den Nachmittag in der Kirche zu. Da ich nicht mit meinen Gedanken allein sein wollte, fragte ich, ob ich mitkommen dürfe. Zu jener Zeit war ich, wenn ich in der Kirche saß, mit meinen Gedanken schon so oft ganz woanders gewesen, weil ich nichts von all dem ernst nahm, was da erzählt wurde. Daher glaubte ich auch kein bisschen, die Messe würde mich von meiner Absicht abbringen. Ich wollte nur einfach nicht alleine sein. Ich merkte, dass meine Mutter meine Frage ungewöhnlich fand, aber sie nickte einfach nur. Vermutlich dachte sie, dass ich das Baby behalten möchte, da ich ja in die Kirche mitkommen wollte, aber das war nicht so.

Wir kamen also in der Kirche an, die meine Mutter besuchte, seit sie sich von meinem Vater hatte scheiden lassen. Damals war ich siebzehn, und ich war noch nie dort gewesen. In meinen Augen war dies die schönste Kirche, die ich je gesehen hatte. Sie bestand fast ganz aus Glas, und wenn man aufmerksam war, hörte man die Ozeanwellen, die an den nahen Strand schlugen. Wir fanden einen Platz ganz hinten und sangen die Kirchenlieder mit. Ich war zerstreut, gelangweilt und fragte mich, warum ich überhaupt mitgekommen war.

Schließlich hob Father Tom, der Priester im seidenen Gewand, seine Hände zum Himmel. In einer Hand hielt er eine Bibel, in der anderen ein Notizbuch. Nach einigen Augenblicken legte er beides auf das Rednerpult vor ihm.

Er schwieg und blickte auf die beiden Bücher hinab. Dann schlug er das Notizbuch zu und sagte: »Ich hatte für den heutigen Tag eine Predigt vorbereitet. Ich habe den ganzen Tag damit zugebracht, sie zu schreiben, aber Gott sagt mir, dass ich hier zu jemandem sprechen muss.«

Ich verdrehte die Augen. Das war doch nur eine billige Masche, um die Aufmerksamkeit der Leute auf sich zu ziehen.

»Gottes Plan kann sich mitunter sehr verwirrend anfühlen«, fing er an. »Oft stehen wir da und fragen uns: ›Warum ich, Gott?‹ Oder: ›Warum hast du mir nicht dieses andere Leben gegeben? Es sieht so viel einfacher aus als meines.‹«

»Also, das trifft auf jeden Fall auf mich zu«, dachte ich. »Aber vermutlich auf mindestens die Hälfte der Anwesenden.«

»Auf meinem Weg zur Kirche hielt mich ein Paar mit zwei Kindern an«, fuhr er fort. »Sie haben mich gebeten, ein Foto von ihnen zu machen. Dabei erhielt ich eine Botschaft. Jemand hier sehnt sich nach dem Leben, das dieses Paar führt. Ein Leben mit einem hübschen Vorgarten mit weißem Zaun – der Uni-Abschluss, die Hochzeit, zwei Kinder, bis der Tod euch scheidet. Aber das ist nicht, was Gott sich für diese Person wünscht.«

Ich schielte bei diesen Worten des Priesters hinüber zu meiner Mutter, aber sie wandte ihren Blick nicht ab von Father Tom.

Ich fing an, an meinen Nägeln zu kauen, von denen der Lack absplitterte.

»Sie müssen diese Idealvorstellung von Ihrem Leben aufgeben, um das Leben zu führen, das Ihnen bestimmt ist. Sie müssen Ihre Studentenverbindung, Ihr Uni-Leben aufgeben und den Weg, auf dem Sie augenblicklich unterwegs sind.«

Diesmal sah ich meine Mutter empört an, aber auch ihr war der Kinnladen nach unten geklappt. Ich war schockiert, denn was der Priester sagte, beschrieb ganz genau meine Situation. Aber als ich mich in der Kirche umschaute, sah ich viele Mädchen in meinem Alter.

»Sie müssen dieses Baby bekommen«, fuhr er fort. »Okay, was läuft denn hier ab?«, fragte ich mich. Das passte einfach viel zu gut.

Ich schoss meiner Mutter finstere Blicke zu, weil ich sie im Verdacht hatte, für das Ganze verantwortlich zu sein. Aber sie schwört bis zum heutigen Tag, dass sie zu niemandem aus ihrer Kirche auch nur ein Wort gesagt hat. Sie konnte außerdem ja nicht wissen, dass ich ausgerechnet an diesem Morgen zur Kirche würde mitkommen wollen.

»Das Leben wird anfangs nicht leicht sein, aber dies ist das Leben, das Ihnen bestimmt ist, und es wird die Mühe wert sein«, schloss Father Tom seine Predigt.

Als meine Mutter und ich die Kirche verließen, war ich verwirrter als je zuvor. Wir fuhren schweigend heim, und ich brachte jede Minute bis zum Montagmorgen damit zu, mich wegen meiner Entscheidung zu quälen.

Am Montagmorgen hielt ich die Telefonnummer der Abtreibungsklinik in der Hand, aber ich brachte es einfach nicht fertig, dort anzurufen. Und wenn Father Tom nun recht hatte? Wenn dies mein Weg war? Ich wusste, das Leben würde nicht einfach werden, wenn ich das Baby behielte – und es wäre ganz sicher nicht das Leben, das ich mir ausgemalt hatte.

Tage wurden zu Wochen, und ich rief eben nicht bei der Klinik an. Meine Mutter und ich sprachen nicht wirklich darüber, bis sie mir eines Morgens sagte, ich müsse den Arzt anrufen. Langsam sah man mir an, was los war, und das Zeitfenster für einen Abbruch begann sich zu schließen.

Als ich beim Frauenarzt anrief wegen einer Schwangerschaftsvorsorge, war mein Schicksal besiegelt. In diesem Moment hatte ich das Gefühl, dass irgendwie schon alles in Ordnung kommen würde. Ich hatte ausgerechnet dort Trost gefunden, wo ich ihn am allerwenigsten erwartet hätte.

Die Zeit verging, und ich stellte tatsächlich fest, dass es im Allgemeinen stimmt, dass die Dinge schon in Ordnung kommen. Manchmal muss man sich nur eben durch viel Ungewissheit und eine Menge harter Arbeit pflügen, um an diesen Punkt zu kommen. Und das schien auch auf mein Verhältnis zu Sue zuzutreffen. Nachdem ich sie nun einige Monate lang besucht hatte, stellte ich irgendwann fest, dass Ms Sue jede Pflege verweigerte, wenn ich nicht verfügbar war. Für sie hieß es: ich oder niemand. Und konnte ich nicht zu ihr kommen, dann litt sie lieber weiter Schmerzen. Das wollte ich natürlich nicht, aber andererseits tat es meinem Selbstbewusstsein gut, dass ich das Vertrauen dieser Frau gewonnen hatte, die mir und dem Pflegedienst im Allgemeinen anfangs so skeptisch gegenübergestanden war. Es zeigte mir, dass sie wusste, dass ich sie sah, wie sie war, und dass sie mir am Herzen lag. Für mich war das eine Bestätigung, dass ich auf dem richtigen Weg war. Und es bestärkte mich auch in dem, was ich von Dr. Kumar gelernt hatte: dass da sein und trösten manchmal nicht nur ausreichten – sondern einfach alles sind.

Während ich Ms Sue versorgte, erzählte sie mir alles über ihr Leben. Am liebsten mochte ich die Geschichten von ihren Weltreisen. Sie und ihre beste Freundin waren jahrelang als Lehrerinnen tätig. Sobald sie genug Geld gespart hatten, kündigten sie und reisten zusammen durch die Welt. Als ich Sue fragte, wie es ihr damit gegangen war, ihre Kinder alleinzulassen, sagte sie: »Sie haben Postkarten bekommen, und ich habe den Eiffelturm gesehen.«

Sue war scharfsinnig und couragiert, vor allem für einen Menschen ihres Alters und ihrer gesundheitlichen Situation. Mit der Zeit begriff ich, dass das, was ich anfangs für Kälte gehalten hatte, in Wirklichkeit eine Mischung aus einem skurrilen Sinn für Humor und der Verteidigungshaltung war, die sie einnahm, um sich nicht ins Abseits geschoben zu fühlen.

Sue half mir zu verstehen, dass das Alter einen isolieren konnte. Sie hatte keine Angst vor dem Tod, und dazu trug ihr Glaube viel bei. Aber ihre Haltung im Allgemeinen hatte viel mit der Tatsache zu tun, dass – wie sie selbst sagte – »all meine Freunde tot« waren.

»Sind Sie sicher?«, fragte ich am Ende.

Es stellte sich heraus, dass Sue sich dessen nicht *wirklich* sicher war. Mit ein wenig Nachbohren erfuhr ich, dass Sue noch nie das Internet genutzt hatte. Also sollte ich mich bei meinem nächsten Besuch hinsetzen und auf Google nach all ihren Freunden suchen, um herauszufinden, ob sie wirklich alle tot waren. Wo das Internet uns keinen Aufschluss geben konnte, wollte Sue, dass ich die Kinder ihrer Freunde recherchierte, damit sie sie dann anrufen und fragen konnte, ob ihre Freunde tot waren. (Und ja, genauso direkt hatte Sue es formuliert.)

Bald stellten wir fest, dass eine ihrer Freundinnen noch lebte. Und zwar nicht nur irgendeine Freundin, sondern eben jene, mit der sie auf Weltreise gegangen war. Die zwei begannen, sich zu schreiben, und das machte beiden offensichtlich Spaß. Sie waren wie Teenager, die sich über ihre Eltern beschweren, nur dass es in diesem Fall die Kinder waren, über die sie sich beklagten. Sue schrieb ihrer Freundin, ihre Kinder hätten sie hierher nach Florida geschleift. Ihre Freundin schimpfte, dass ihre Sprösslinge sie ins Altenheim gesteckt hätten.

Die Briefe und diese wieder aufgenommene Verbindung bedeuteten Sue viel. Es war schön zu sehen, wie ihr Leben sich wieder entfaltete. Auch wenn ich das in der Schwesternschule nicht gelernt hatte, so wusste ich doch, dass das Gießen von Sues Pflanzen, die Sandwiches, das Internet und das Aufgeben der Briefe für sie genauso wichtig waren wie alles, was ich medizinisch für sie hätte tun können.

Eines Morgens aber, um genau acht Uhr, erhielt ich einen Anruf von unserer gestressten Nachtschwester. Sie berichtete, Ms Sue hätte nachts kaum atmen können. Die Nachtschwester hatte versucht, ihr zu helfen, aber Ms Sue lehnte – wenig überraschend – jede Hilfe ab, geschweige denn einen Krankenwagen. Die Schwester berichtete weiter, Ms Sue hätte nach mir gefragt und wissen wollen, wie schnell ich bei ihr sein konnte.

Nach nicht einmal einer halben Stunde war ich dort und hatte Glück, keinen Strafzettel wegen Geschwindigkeitsüberschreitung zu kassieren, während ich über den Highway raste. Ich traf Ms Sue in ihrem Bett liegend an, im Pyjama, was ein Alarmsignal war, weil sie gewöhnlich immer um sechs Uhr aufstand, sich anzog und die Lippen schminkte. Irgendetwas stimmte hier wirklich nicht. Sie hatte ausreichend Blutsauerstoff, konnte aber trotzdem nur schwer atmen. Ich war leicht panisch. Sue und ich hatten mehrere Monate zusammen verbracht. Ich war noch nicht bereit, sie zu verlieren, und ich konnte es kaum ertragen, sie leiden zu sehen. Nach wenigen Sekunden, in denen ich diesen Gefühlen erlaubte, mich mitzureißen, meldete sich meine innere Programmierung und ich schaltete in den Schwesternmodus. Ich verabreichte ihr ihre Medikamente, wodurch der Blutsauerstoff ein wenig anstieg. Schließlich konnte sie wieder normal atmen, und wir beide konnten uns entspannen im Wissen, dass dies nicht *der* Tag war.

Ich setzte mich zu Sue aufs Bett und stieß einen Seufzer der Erleichterung aus.

»Ich hatte wirklich Angst. Ich habe meinen Glauben nie in Zweifel gezogen, aber als ich jetzt dachte, ich müsse sterben, stellte ich ihn doch infrage«, gestand sie und sah mich an.

Ich nickte und legte meine Hände über die ihren. Dann wiederholte ich, was sie vor Kurzem noch zu mir gesagt hatte. »Ich glaube, da würde Ihnen eine Menge Leute zustimmen, obwohl sie das nicht so offen zugeben würden.«

Bald kam auch Ms Sues Sohn, und ich zeigte ihm, wie er die Medikamente geben musste, damit sie schmerzfrei blieb. Ich verließ das Haus, um den nächsten Patienten aufzusuchen, allerdings nicht, ohne Sue gesagt zu haben, dass ich für sie jederzeit zu erreichen sei. Ich konnte den Gedanken nicht ertragen, dass sie unter starken Schmerzen sterben müsste. Ich war entschlossen, am Ende bei ihr zu sein, was mir bei Mr Carl ja nicht gelungen war. Und ich stellte sicher, dass alle wussten, dass sie nötigenfalls mich und nicht die Nachtschwester verständigen sollten.

Dann rief ich Steve an, unseren Kaplan. Er war so alt wie meine Großeltern und war schon seit mehr als vierzig Jahren im Kirchendienst. Er war zuverlässig und hatte in all den Jahren nicht einen Tag gefehlt. An seinen freien Tagen ging er zum Angeln. Obwohl er nur selten über sein Privatleben sprach, bekamen wir hin und wieder ein verschwommenes Foto von ihm zu sehen, auf dem er einen Fisch hochhielt. Diese Aufnahmen stammten alle von seinem völlig antiquierten Handy. Auch auf ähnlichen Fotos erkannte ich ihn kaum: Da trug er Sonnenbrille, abgeschnittene Shorts und Flipflops – ein gewaltiger Kontrast zu seinen maßgeschneiderten Anzügen, die er als Kaplan trug. Ich hatte mit ihm sowohl im Hospiz zusammengearbeitet als auch vorher schon im Altenheim. Steve war jeder Mensch wichtig, den er kennenlernte, und über die Jahre hatten Chris und ich zu ihm eine Beziehung aufgebaut. Steve selbst war natürlich ein religiöser Mensch, aber er war auch eine Kraft des Guten für unsere Patienten, weil er jedem das geben konnte, was er im Moment brauchte, auch wenn diese Person kein bisschen religiös war. Steve hatte Ms Sue während seiner wöchentlichen Besuche in den letzten paar Monaten kennengelernt. Dabei hatte er mir erzählt, dass sie zwar zusammen in der Heiligen Schrift lasen und gemeinsam beteten, doch er habe ihre harte Schale nie durchbrechen können und sie auch nie wirklich kennengelernt.

»Ich glaube, dass Ms Sue bald rübergehen wird«, sagte ich zu ihm.

»Dann bereite ich alles vor, damit wir ihr nötigenfalls die Sterbesakramente spenden können«, versprach er mir.

Am nächsten Morgen stand ich mit Steve an Ms Sues Bett. Sie hatte immer noch Schwierigkeiten mit dem Atmen, aber ihr Zustand hatte sich seit dem Vortag gebessert, was an der nun höheren Dosis Morphin lag.

»Er muss jede Minute kommen«, sagte Steve.

Und wie aufs Stichwort trat ein älterer Mann im Priestergewand in Ms Sues Zimmer. Ich erkannte ihn sofort, obwohl ich ihn seit dem entscheidenden Tag vor Jahren in der Kirche nicht mehr gesehen hatte.

»Father Tom, es ist gut, dich zu sehen«, begrüßte Steve ihn. »Dies ist eine unserer Schwestern, Hadley. Und das hier ist Sue.«

»Schön, Sie kennenzulernen, Sue«, sagte Father Tom und kniete sich neben ihr Bett. Ich fühlte mich ein wenig unsicher, wie ich da so stand und ihm zusah. Father Tom hatte ja keine Ahnung, wer ich war, und doch hatte er auf mein Leben einen so massiven Einfluss ausgeübt. Wir senkten unsere Köpfe zum Gebet, und ich lauschte seiner Stimme. Jener Stimme, die in den letzten Jahren immer wieder in meiner Erinnerung erklang.

Ich war an jenem Tag ein anderer Mensch als damals, als schwangere Neunzehnjährige in der Gemeinde. Ich hatte jetzt einen Sohn, hatte die Schwesternschule abgeschlossen, hatte ein Haus gekauft und ernährte uns beide mit meiner Vollzeitstelle als Hospizschwester. Ich hatte einen Freund, den ich irgendwann mal heiraten wollte. Ich hätte Father Tom gerne von meiner Geschichte erzählt, ihm erklärt, wie sehr er mein Leben verändert hatte, aber jetzt war nicht der richtige Zeitpunkt dafür. Heute ging es um Ms Sue, und ich tat mein Bestes, mich ganz auf seine Worte zu konzentrieren, während er gemeinsam mit ihr betete.

Am Ende der Zeremonie bat uns Father Tom, uns an den Händen zu fassen und das Vaterunser zu sprechen. Ich liebte dieses Gebet und ich spürte, wie mir das Herz aufging, während wir es gemeinsam sprachen. Dabei war, was ich verspürte, keineswegs ein religiöses Gefühl. Es war vielmehr eine aufrichtige Liebe zu den drei Menschen, die mit mir in diesem Raum waren.

Zwei Nächte später kam der Anruf: Ms Sue konnte nicht mehr atmen. Auf der Fahrt zu ihrem Haus ging mir die Frage durch den Kopf, wie ich je eine gute Hospizschwester sein wollte, wenn ich den Tod meiner Patienten fürchtete? Doch diese Gedanken legten sich, als ich in Sues Haus trat und eine Ruhe spürte, wie ich sie dort noch nie erlebt hatte. Ms Sue lag im Bett und atmete schwer, aber war das … ein Lächeln auf ihrem Gesicht? »Das muss das Morphin sein«, dachte ich.

»Wie geht es Ihnen?«, fragte ich, während ich die Sauerstoffgabel unter der Nase zurechtrückte.

»Ich bin so aufgeregt. Ich kann es kaum erwarten, endlich meinen Mann wiederzutreffen. Er steht direkt neben Ihnen«, antwortete sie.

Ich wusste, dass niemand neben mir stand, aber zu der Zeit war ich mit dem Phänomen bereits so vertraut, dass ich nicht infrage stellte, was Ms Sue sah. Trotzdem durchzuckte mich ein Schreck. Aber dabei ging es weniger darum, was Ms Sue sah, sondern um die Erkenntnis, dass ihre Zeit wohl tatsächlich zu Ende ging. Ich spürte, dass sie bald einschlafen würde, also fragte ich sie: »Haben Sie Angst?«

»Nein. Er ist gekommen, um mich mitzunehmen. Ich werde endlich wieder mit ihm zusammen sein.« Und dann schloss sie mit einem Lächeln die Augen.

Ich versuchte, ebenfalls zu lächeln. Ich freute mich für Sue, war aber tieftraurig, sie nun zu verlieren. Obwohl wir insgesamt neun Monate miteinander gehabt hatten, einige Monate mehr, als sie selbst erwartet hatte, war ich immer noch nicht bereit dafür. Ich zog die Spritze mit ihren Medikamenten auf und prüfte, dass ich auch bestimmt die richtige Dosis hatte. Als ich mich hinkniete, um sie ihr zu geben, öffnete Sue die Augen und sah mich an.

»Er sagt, dass wir heute Abend gehen werden«, krächzte sie.

Eine Träne lief mir über die Wange. »Okay«, flüsterte ich. Wenn ich jetzt noch ein Wort mehr sagte, würde ich anfangen loszuheulen.

Sue lächelte immer noch. Mit geschlossenen Augen sagte sie: »Ich weiß jetzt schon, dass Sie am Himmelstor einmal von unglaublich vielen Menschen erwartet werden, aber die sollten mir besser aus dem Weg gehen, denn ich werde die Erste sein, die Sie da oben umarmt. Verstanden?« Nach all den Monaten, in denen ich mein Bestes getan hatte, um Ms Sue ein Gefühl der Geborgenheit zu vermitteln, war nun sie es, die mich tröstete.

Ich konnte mir nicht helfen, ich schluchzte einfach los. Ich versuchte, den Rotz und die Tränen vom Gesicht zu wischen, weil ich Sue nicht mit meinen Gefühlen belasten wollte. Nach einigen Minuten hatte ich mich wieder im Griff. Ich überprüfte noch ein letztes Mal, ob es ihr gut ging und ob sie auch wirklich schmerzfrei war. Sie schlief, und sie sah wirklich aus wie ein Engel – so unglaublich friedlich.

Als ich an jenem Abend zu Bett ging, fürchtete ich, dass nun jederzeit der Anruf kommen konnte.

Daher war ich überrascht, als ich aufwachte, weil mein Wecker um sieben Uhr morgens klingelte. Ich schaute auf mein Telefon, voller Angst, dass ich den Anruf möglicherweise versäumt hatte, aber nichts. Ich goss mir Kaffee ein und machte mich fertig für den Tag. Dabei guckte ich alle paar Minuten aufs Telefon, ob die Lautstärke auch hoch genug eingestellt war, sodass ich den Anruf auch ganz bestimmt nicht überhören konnte. Punkt acht Uhr wählte ich die Nummer von Ms Sues Sohn.

»Fred. Hadley am Apparat. Geht es ihr gut?«

Er schwieg kurz, dann sagte er ganz ruhig: »Sie ist um etwa drei Uhr morgens gegangen. Es war alles sehr friedlich. Ihre Kollegin ist gekommen und hat alles gemacht.«

»Es tut mir so leid. Ich dachte, jeder hätte gewusst, dass ich angerufen werden wollte, um für sie da zu sein. Das muss ein Fehler sein. Es tut mir echt leid«, stammelte ich schockiert.

»Mama hat uns gebeten, Sie nicht zu stören, wenn sie sterben sollte. Dad hat ihr wohl gesagt, dass Sie damit nicht fertig würden.«

Als ich diese Worte hörte, strömten die Tränen. Er hatte recht gehabt.

Obwohl ich immer gewusst hatte, dass Ms Sues Zeit begrenzt war – wie das bei all meinen Patienten der Fall ist –, war sie mittlerweile Teil meines Lebens, meines Tagesablaufs. Ich konnte mir kaum vorstellen, dass ich die eine Stunde jeden Montag, Mittwoch und Freitag anders als mit Ms Sue verbringen würde, dass ich nicht mehr ihre Pflanzen gießen, ihre Sandwiches machen und alles andere tun konnte, das ihr half, während sie mir ihre Geschichte erzählte.

Einige Tage später kam Steve in mein Büro und hielt mir ein Blatt Papier hin. »Ich glaube, das solltest du lesen«, meinte er.

Es war Ms Sues Nachruf, und zu meinem Erstaunen wurde darin mein Name genannt. Man dankte mir, dass ich mich um sie gekümmert hatte. Ungläubig schüttelte ich den Kopf, während mir die Tränen über die Wangen liefen. In den sechs Jahren, die ich mittlerweile Hospizarbeit machte, bin ich nur drei Mal in einem Nachruf namentlich erwähnt worden. Bei Ms Sue war es das erste Mal. Es war etwas ganz Besonderes, in diesem kurzen Abriss eines so langen Lebens einen Platz zu haben und Teil dessen zu werden, wie man sich für immer an Ms Sue erinnern wird.

Auch ich werde mich ewig an sie erinnern.

4

Sandra

Ich saß im Auto vor dem Haus meines zweiten Patienten an diesem Tag, als Travis mich anrief. »Hallo, Hadley! Wie sieht denn dein Tag so aus?«

»Land unter«, antwortete ich. Ich war ohnehin schon zu spät dran, was hieß, das Mittagessen würde ich ausfallen lassen müssen.

»Nun, ich möchte, dass du eine Patientin aufnimmst, die ganz in der Nähe der Adresse lebt, wo du gerade bist.«

»Ich habe heute noch vier Patienten. Kann das nicht eine andere Schwester übernehmen?«, protestierte ich lautstark. Meine Stimme überschlug sich fast.

»Nein«, gab er kurz zurück und legte auf.

Ich spürte, wie ich unter Stress geriet, während ich mir die Telefonnummern der vier Patienten heraussuchte, die noch auf meiner Liste standen. Ich legte großen Wert darauf, verlässlich und pünktlich zu sein, deshalb ärgerte es mich, dass ich jetzt alles über den Haufen werfen musste. Ich rief den Sohn meines ersten Patienten an, der mich aber beruhigte: »Hadley, du kannst kommen, wann immer du willst. Hauptsache, wir bekommen dein stets lächelndes Gesicht zu sehen«, versicherte er mir mit breitem Südstaatenakzent. Und schon fiel die Spannung von mir ab.

Ich atmete kurz durch und sammelte meine Gedanken. Ich nahm das Tablet und las die Infos, die man mir über meine neue Patientin geschickt hatte: Ms Sandra, fünfzig Jahre alt, Brustkrebs. Offensichtlich musste sie auf der Stelle in den Hospizdienst aufgenommen werden. Schuldgefühle übermannten mich. Wie konnte ich mich über eine kleine Unannehmlichkeit nur derart aufregen, wenn die Ehefrau, Mutter oder beste Freundin anderer Menschen im Sterben lag? Ich sah mir ihre Krankengeschichte an. Sie hatte die Diagnose vor drei Monaten bekommen und dann Chemotherapie und Bestrahlungen erhalten. Aber der Krebs hatte bereits in die Knochen, die Lunge und die Leber gestreut. Er verwüstete ihren Körper, weshalb der Onkologe ihr den Hospizdienst empfohlen hatte. In der »Sondernotiz«, die wir immer erhielten, stand, dass Sandra unglaubliche Schmerzen hatte und vermutlich keine Woche mehr leben würde. Ich tippte ihre Adresse in mein Navi ein und fuhr los.

Ein paar Minuten später bog ich in eine geschwungene Auffahrt ein, unmittelbar am Strand. In der Mitte der Auffahrt versprühte ein Springbrunnen seine Wasserstrahlen. Vor der Garage stand ein Tesla. (Ich fragte mich, was wohl erst *in* der Garage stehen mochte, wenn schon ein Tesla vor dem Haus geparkt war.) Dementsprechend groß war auch das Haus. Ein Haus, wie es sich unzählige Menschen erträumen – absolut perfekt.

Ich spürte, wie mein Selbstbewusstsein bröckelte. Menschen, die in solchen Häusern wohnen, hören normalerweise nicht auf die Ratschläge einer Krankenschwester von Mitte zwanzig. Ich hatte immer wieder Sätze gehört wie diesen: »Nun, ich spreche zuerst mit meinem Freund darüber, der Arzt ist. Dann treffen wir eine Entscheidung.« Ich hatte Angst, dass das auch hier so ablaufen würde, bei einem offensichtlich wohlhabenden Paar.

Also setzte ich mein breitestes Kundendienstlächeln auf, stählte mich innerlich und klopfte an der Vordertür. Sandras Ehemann

George, ein müde aussehender Mann um die fünfzig, machte mir auf. Ohne ein Wort zu sagen, winkte er mich herein, drehte sich dann um und ging ins Haus. Ich folgte ihm zögernd nach in das weitläufige Foyer. Von der Decke hing ein Kronleuchter, der fast so groß war wie der Tesla draußen. Ich bestaunte ihn fasziniert, und es dauerte eine Minute, bis ich merkte, dass George mit mir sprach und sich dafür entschuldigte, dass er so abwesend war.

»Das ist schon in Ordnung«, versicherte ich ihm. Ich hielt Ausschau nach anderen Familienmitgliedern oder Personal und erwartete instinktiv, jemanden zu sehen, der die Küche putzte oder den Boden, aber da war niemand.

Das Wohnzimmer hatte ein Panoramafenster, das vom Boden bis zur Decke reichte und einen Blick auf das Wasser bot, der so spektakulär war, dass ich beinahe versucht war, die Hand danach auszustrecken. Ms Sandra saß auf dem Sofa und schaute aus dem Fenster. Erwartungsgemäß war sie sehr schwach, aber ausgesprochen gut gekleidet. Schüchtern stellte ich mich vor und erklärte, dass ich vom Hospizdienst käme. Sie wandte sich zu mir um, und ich sah, dass sie Tränen in den Augen hatte.

»Ich bin so froh, dass Sie da sind«, sagte sie. »Ich habe so starke Schmerzen.«

Das bereitete mir Sorgen. Medikamente für den Hausgebrauch zu bekommen, ist nicht so einfach, wie sie im Krankenhaus zu verabreichen, wo man nur die hauseigene Apotheke anrufen muss. Ich wollte aber nicht, dass Ms Sandra unnötig Schmerzen litt.

Ich fragte, welche Medikamente sie gegen den Schmerz nähme. Sie meinte, ihr Mann hätte ihr *Norco* gegeben, eine Kombination aus Acetaminophen (Paracetamol) und Hydrocodon (ein Opioid). Das ist zwar ein gut wirksames Medikament, aber für Krebsschmerzen ist es normalerweise nicht stark genug, besonders wenn der Krebs schon in die Knochen vorgedrungen ist. Ich war ziemlich erstaunt, als ich dann noch hörte, dass sie davon auch noch die niedrigste Dosis nahm, und das alle sechs Stunden, wie der Beipackzettel es forderte.

Alarmiert fragte ich, ob ich unseren Arzt anrufen könne. Sie nickte nur.

Als ich Dr. Kumar am Telefon hatte, erklärte ich ihm die Situation.

»Das darf doch nicht wahr sein«, sagte er nur. »Ich werde sofort ein Rezept für Morphin ausstellen und es an die Apotheke faxen. In zwei Minuten haben Sie's.«

Ich dankte ihm erleichtert. Dann drehte ich mich zu George um und fragte, ob jemand das Mittel aus der Apotheke holen könne, während er und ich die Aufnahmeformalitäten erledigten.

»Ich bin allein hier«, antwortete er. »Ich finde nicht, dass sich jemand um meine Frau kümmern sollte außer mir. Das ist meine Aufgabe.« Das erlebte ich nun zum ersten Mal. Die meisten wohlhabenden Menschen beschäftigten doch ein Heer von Angestellten.

Ich rief die nächstgelegene Apotheke an. Ich landete in der Warteschleife, wo man mir zuerst die Öffnungszeiten nannte und dann für Grippe-Impfung warb. Ich versuchte vergeblich, die Null zu drücken, um ein menschliches Gegenüber zu erreichen. Die vielleicht einminütige Ansage fühlte sich an wie eine Stunde, während Sandra die Tränen übers Gesicht liefen.

Endlich meldete sich ein Apothekenhelfer. »Ich muss mit einem Apotheker sprechen«, drängte ich. »Mein Arzt faxt Ihnen gleich ein Rezept, und ich brauche es auf der Stelle für eine Hospizpatientin.« Ich hörte ein Klicken. Mir klappte das Kinn nach unten, weil ich schon dachte, der Mann hätte aufgelegt. Glücklicherweise meldete sich gleich darauf eine andere Stimme – der Apotheker. *Gott sei Dank*! Ich erklärte ihm die Situation, und er meinte, ich sollte ihm eine Viertelstunde Zeit lassen. Ich dankte ihm aus tiefstem Herzen. Apotheken müssen sich für uns Hospizleute nicht unbedingt aus dem Fenster lehnen, aber es ist natürlich wunderbar, wenn sie es trotzdem tun.

Sobald George losfuhr, rief ich Dr. Kumar an und fragte, was wir tun könnten, um Ms Sandras Schmerzen zu lindern, bis ihr Mann mit dem Medikament zurückkam. Er empfahl eine weitere Dosis Norco. Während wir darauf warteten, dass das Medikament wirkte, massierte ich Sandras Rücken und redete ihr gut zu, aber sie wimmerte immer noch vor Schmerzen. Also holte ich die Fernbedienung für die Stereoanlage, und bald erfüllte die samtige Stimme von Norah Jones den Raum. Ich streichelte immer noch über Sandras Rücken, während wir beide zusahen, wie sich die Wellen vor dem Fenster auf den Strand ergossen. Es schien ein bisschen zu helfen, allerdings nicht viel. Als ihr Mann mit der Tüte von der Apotheke zurückkam, fragte ich Ms Sandra, ob sie immer noch Schmerzen hätte. Sie nickte unter Tränen, und ich verabreichte ihr zunächst eine niedrige Dosis Morphin, um sicherzustellen, dass sie keine unerwünschte Reaktion auf das Mittel zeigte.

Eine Stunde nach meinem Eintreffen war Ms Sandra endlich entspannt, schmerzfrei und schlief tief und fest. Ich konnte förmlich sehen, dass dem Ehemann eine Last von den Schultern genommen war. »Danke«, sagte er leise. »Ich habe sie seit Monaten nicht mehr so entspannt gesehen. Das hat mich fast umgebracht.« Er wandte das Gesicht ab. Offensichtlich fand er seine Worte schlecht gewählt. Ich nickte verständnisvoll.

»Sie können die nächste Dosis in eineinhalb Stunden geben. Wir machen jetzt einen Plan, auch für ein paar andere Dinge. Dann müssen Sie nicht so viel im Gedächtnis behalten.«

»Danke. Das hört sich gut an. Ich kenne mich wirklich nicht so gut aus und bin auch noch todmüde.«

Ich ging und holte ein Notizbuch und einen Stift aus meiner Pflegetasche. »Sie hat das Morphin vor dreißig Minuten bekommen. Es ist jetzt zwei Uhr. Der Arzt meinte, sie solle es alle zwei Stunden erhalten, ganz nach Bedarf.« George nickte, und ich fuhr fort. »Darf ich Ihnen jetzt erklären, wie Sie feststellen, wie schwer die Schmerzen sind, wenn sie Ihnen das nicht sagen kann?«

»Warum sollte sie mir das nicht sagen können?«, fragte er.

Ich hielt kurz inne. Der arme Mann hatte ohnehin schon mit allerlei zu kämpfen. Vielleicht sollte ich ihn nicht überfordern. Dann aber erinnerte ich mich an die Nachricht des Onkologen: *Wird vermutlich keine Woche mehr überleben.* »Manchmal verlieren die Menschen am Ende des Lebens die Fähigkeit zu kommunizieren«, erklärte ich ganz ruhig. »Normalerweise sieht das so aus, als würden sie nur noch schlafen.«

Georges Augen weiteten sich, als er seine schlafende Frau ansah.

»So weit sind wir noch nicht«, versicherte ich ihm. Das beruhigte ihn ein bisschen, aber es war ihm anzusehen, dass er immer noch angespannt war. »Nun, für heute war das schon viel. Wie wäre es, wenn ich morgen noch mal vorbeikomme?«, schlug ich vor.

»Das wäre wunderbar. Danke, Hadley.«

Ich ging zum Wagen und überprüfte meine Textnachrichten. Eine war von Chris, der mich bat, ihn anzurufen. Mein Herz schlug schneller. Er schickte nie solche Nachrichten, wenn ich arbeitete.

Das Telefon klingelte zwei Mal, bevor er ranging. »Hallo! Es ist meine Mutter. Wir sind in der Notaufnahme.« Angst überfiel mich. Bevor Chris und ich uns kennengelernt hatten, hatte man bei seiner Mutter Babette ein Glioblastom entdeckt, eine aggressive Form von Gehirntumor. Sie war damals erst dreiundfünfzig, aber man gab ihr nur noch wenige Monate zu leben. Und doch war sie zwei Jahre später immer noch auf den Beinen. Wir wussten, dass dies geschenkte Zeit war. Die Tage, an denen sie mit bildgebenden Verfahren untersucht wurde, waren immer Anlass zur Freude oder zur Verzweiflung. Aber mittlerweile war sie schon seit Längerem stabil. Auf dem letzten MRT hatte der Tumor keine Veränderungen gezeigt.

An manchen Tagen vergaß man beinahe, dass Babette krank war. Sie war selbst früher Krankenschwester gewesen, ein echtes Energiebündel, und sie sah nie krank aus. Ich war immer erstaunt, wie gesund sie wirkte, ganz anders als unsere Hospizpatienten mit Gehirntumor. Aber der Schein trog, und Babettes bevorstehender Tod lag wie eine dunkle Wolke über unserem Leben. Wir wussten nicht, wann der Regen niedergehen würde. Aber dass wir bis auf die Haut durchnässt würden, falls wir uns nicht unterstellen konnten. Nur dass es keinen Unterstand gab, keinen Ort, an den wir hätten fliehen können. Also standen wir einfach da und warteten auf den Regen, warteten auf Anrufe wie diesen.

Als ich einige Wochen, nachdem wir angefangen hatten, miteinander auszugehen, Chris' Eltern kennenlernte, war ich zunächst einmal eingeschüchtert. Wir hatten beim Beachvolleyball ein anderes Paar kennengelernt, und die beiden hatten uns zu sich nach New Orleans eingeladen. Das war zwar eines unserer ersten Dates gewesen, aber wir beschlossen trotzdem, es zu wagen. Es hörte sich gut an, und meine Mutter erklärte sich bereit, währenddessen auf Brody aufzupassen. Als Chris seinen Eltern erzählte, dass wir gemeinsam verreisen würden, wollten sie mich vorher kennenlernen.

Es kann einen schon nervös machen, die Familie des neuen Freundes kennenzulernen. Vor allem aber machte mir Sorgen, dass sie von der Aussicht, bald eine alleinerziehende Mutter in der Familie zu haben, vielleicht nicht eben begeistert wären. Vermutlich war ich nicht gerade das, was eine Mutter sich für ihren einzigen und gut ausgebildeten Sohn wünschte. Außerdem belastete mich, dass Babette auch einmal Krankenschwester gewesen war. Sie hatte als Schulkrankenschwester angefangen und sich dann hochgearbeitet, bis sie Präsidentin der Berufsvereinigung der Schulkrankenschwestern in Georgia war. Diesen Beruf hatte sie aufgeben müssen, nachdem sie ihre Diagnose erhalten hatte. Ich wusste, dass ihr das wirklich schwergefallen war.

An dem Tag, als wir uns mit seinen Eltern zum Abendessen trafen, zupfte ich nervös am Rock meines Kleides herum, während Chris den Wagen auf den Parkplatz des Strandrestaurants lenkte. »Sie werden dich mögen«, versicherte er mir, weil er meine Anspannung spürte.

Ich lächelte und nickte, auch wenn ich mir dessen ganz und gar nicht sicher war. Dann stieg ich aus dem Auto und ging bei Chris untergehakt ins Restaurant.

Wir steuerten auf einen Tisch zu, an dem ein Mann in einem schicken Buttondown-Hemd saß, die grauen Haare glatt zur Seite gekämmt. Neben ihm saß eine ausgesprochen zart gebaute Frau mit blondem Haar. Ihnen gegenüber zwei leere Stühle. Tom, der Vater, sah uns zuerst und stupste Babette an. Chris' Eltern standen auf, als er mich vorstellte.

»Hallo«, sagte ich lächelnd und hoffte, die beiden würden nicht merken, wie unbeholfen ich mir vorkam. Wenn doch, so ließen sie sich das wenigstens nicht anmerken. Tom und Babette umarmten sowohl Chris als auch mich, und ich fühlte mich auf der Stelle besser.

Nachdem wir uns gesetzt hatten, wandte Babette sich an mich. »Ich habe gehört, Sie sind auch Krankenschwester.«

»Ja, bin ich«, antwortete ich und nickte, während ich an meinem Wasser nippte.

»Erzählen Sie mir doch von Ihrer Ausbildung.«

Ich sah Chris an, ein wenig schockiert, wie offen Babette war, aber er unterhielt sich gerade mit seinem Vater. »Also, ich habe meine Prüfung vor ungefähr einem Jahr gemacht«, fing ich an.

»Wollen Sie immer als Krankenschwester arbeiten? Ich habe gehört, Sie haben ein Baby.«

»Ja, das habe ich zumindest vor.«

»Ich bin zu Hause geblieben, als die Kinder noch klein waren«, erzählte Babette. »Das ist wichtig. Karriere kann man immer noch machen.« Das hatte nun wohl Chris' Aufmerksamkeit erregt, denn er unterbrach unser Gespräch, um mich und Babette in seine Unterhaltung mit Tom einzubinden. Es ging um New Orleans.

Als wir später an jenem Abend aufbrachen, sagte Babette zu Chris, für alle Umstehenden hörbar, wie sehr sie ihn liebe und wie stolz sie auf ihren Sohn sei– Single mit Doktortitel. Ich hatte das Gefühl, dass Chris wunderbare Eltern hatte, aber Babette schien zu missfallen, dass ich schon ein Kind hatte. Außerdem wirkten sie so eng verbunden, dass ich mir absolut nicht vorstellen konnte, wie Brody und ich da hineinpassen sollten. Würde ich Chris von meinen Bedenken erzählen, würde er bestimmt versichern, dass meine Ängste unbegründet waren. Aber das Dasein als junge, alleinerziehende Mutter hatte mein Ohr geschärft für die Missbilligung, die sich hinter den Worten der Menschen manchmal verbarg – und häufig stellte sich heraus, dass mein Misstrauen sehr wohl einen Grund hatte.

Wir waren erst seit kurzer Zeit zusammen, aber Chris war … einfach anders. Ich wusste jetzt schon, dass ich ihn heiraten wollte. Aber in Augenblicken wie diesen fragte ich mich, ob das schöne Leben in einem Haus mit Vorgarten und strahlend weißem Gartenzaun, das ich mir für mich und Brody ausgemalt hatte, nicht völlig außer Reichweite war.

In dem Jahr, das seit diesem ersten Treffen vergangen war, hatte sich Brodys und meine Beziehung zu Chris enorm vertieft, und wir standen nun auch Babette und Tom näher. Als ich im Krankenhaus ankam, verspürte ich dieses altvertraute Gefühl: Ich war nicht bereit, Babette gehen zu lassen.

Einen Augenblick lang blendeten mich die Deckenleuchten im Wartezimmer zur Notaufnahme. Ich war an eben jenem Krankenhaus zur Schwester ausgebildet worden und ein Jahr lang Praktikantin in genau dieser Notaufnahme gewesen. Ich ging durch den Warteraum und hielt Ausschau nach Chris und seiner Familie. Dabei erblickte ich mehrere Frauen vor dem Schwesternzimmer, die sich miteinander unterhielten. Ich kannte fast jede von ihnen persönlich.

Eine Schwester, die mir den Rücken zugewandt hatte, sagte gerade: »Was erwarten die von uns? Sie hat Krebs. Wir können sie nicht heilen. Für mich ist das reine Zeitverschwendung.« Als ich herantrat, drehte die Schwester sich um. Ich blieb wie angewurzelt stehen: Es war Theresa, die mich ausgebildet hatte – ein Mensch, zu dem ich aufgeblickt und den ich idealisiert hatte. Ich hatte unbedingt so werden wollen wie sie. Und ich war mir sicher, dass sie von Babette sprach.

Theresa und ich sahen uns an, sagten aber kein Wort. Ich konnte nicht so tun, als wüsste ich nicht, was Theresa für ein Mensch war. Natürlich wusste ich das. Ich war danebengestanden, während sie mit den Patienten redete, unzählige Male. Nur wurde mir jetzt auf einmal klar, wie falsch ich gelegen hatte. Jeder dieser Patienten war irgendjemandes Babette, die geliebt wurde. Es war eine unerträgliche Erkenntnis. Ich sah die Schwestern an, die um Theresa herumstanden. Sie hatten ihr nicht zugestimmt, aber eben auch nicht widersprochen. Und damals hätte ich sicher dasselbe getan, stumm und folgsam, selbst in Momenten, in denen ich nicht damit einverstanden war, wie sie eine Patientin oder deren Angehörige behandelt hatte.

Ich drehte mich um, als ich Chris' Stimme hörte. Er rief mich von der Türschwelle zu Zimmer 4. Bevor ich zu ihm ging, sah ich Theresa noch einmal an. In der ganzen Zeit, in der eine die andere ansah, sprachen wir nicht ein Wort miteinander.

In Zimmer 4 lächelte mich Babette aus dem Krankenhausbett an. Ich sah sofort, dass sie geschwächt war. Tom saß im Stuhl neben ihrem Bett, mit stoischem Blick, war er doch eine Kraft, auf die man sich verlassen konnte. Er hielt Babettes Hand und behielt dabei den Monitor im Auge, der regelmäßig ihren Blutdruck anzeigte.

»Was glaubst du, was los ist?«, fragte ich Babette.

»Ich glaube, ich habe Grippe oder eine andere Infektion«, gab sie zurück. »Ich habe versucht, mit meinem Hausarzt zu sprechen, aber er meinte, ich solle ins Krankenhaus gehen. Ich will nicht in der Notaufnahme sein, aber er meinte, ich müsste mich behandeln lassen, bevor wir die Chemotherapie wieder aufnehmen können.«

Ich nickte und machte Platz, als Theresa hereinkam und auf dem Monitor Knöpfe zu drücken begann. Babettes letzte Werte leuchteten auf.

»Sieht gut aus«, meinte Theresa. Dann wollte sie ihr eine klare Flüssigkeit in den Venenzugang spritzen.

Babette zog den Arm zurück. »Warten Sie bitte. Was geben Sie mir da?«

»Ich muss Ihnen das nicht geben«, sagte Theresa und zog die Spritze zurück.

»Ich weigere mich ja nicht. Ich möchte nur wissen, was das ist«, erklärte Babette.

»Ein Medikament, das Ihr Arzt Ihnen verordnet hat. Möchten Sie das mit ihm klären?«

Als ich von Theresa ausgebildet wurde, fand ich ihren No-Bullshit-Ansatz, wie sie das nannte, immer super. Nun sah ich, dass sie einfach nur unhöflich war. Babette sah aus, als würde sie es mit Theresa aufnehmen, aber der immer friedfertige Tom mischte sich ein.

»Es genügt, wenn Sie uns den Namen des Medikaments nennen. Mehr wollen wir nicht. Und wir wissen Ihre Arbeit sehr zu schätzen«, sagte er zu Theresa.

Am nächsten Morgen rief ich beim Hospizdienst an, um mir die Berichte von letzter Nacht geben zu lassen. Ich wollte wissen, ob jemand von meinen Patienten angerufen hatte. »Ms Betty ist gestürzt. Ich bin hingefahren und habe ihr geholfen. Sie hatte einen Hautriss am rechten Arm. Du solltest heute noch mal vorbeischauen und morgen den Verband wechseln. Mr Robert hat vor einer Stunde angerufen und gefragt, wo du bleibst. Ich habe ihn daran erinnert, dass es sieben Uhr morgens ist und er seinen Termin erst um neun Uhr hat. Das ist alles.« Ich war erstaunt, dass keine Nachricht von Ms Sandra dabei war.

Nachdem ich aufgelegt hatte, rief ich Ms Sandras Mann an.

»Hallo, Hadley!«, antwortete George sofort, viel munterer als am Vortag.

»Wie war die Nacht?«

»Super! Wir haben beide geschlafen. Ich habe Sandra zwei Mal geweckt, um ihr die Medikamente zu geben, aber ansonsten haben wir gut geschlafen. Wir frühstücken gerade auf der Terrasse. Sie wollte Kaffee. Sie hat seit Monaten nicht mehr um Kaffee gebeten!« Er jubilierte beinahe. Ich lächelte, denn einmal mehr wurde ich Zeugin für die Wunder einer guten Schmerzkontrolle.

»Kann ich heute Morgen vorbeikommen?«, wollte ich wissen.

»Wir können es gar nicht erwarten, Sie zu sehen.«

Eine Stunde später begrüßte mich ein anderer Mensch als der, der mir gestern an der massiven Eingangstür entgegengekommen war. George sah kein bisschen müde aus. Er trug einen Anzug und hielt eine Tasse Kaffee in der Hand.

Ms Sandra saß lächelnd auf dem Sofa, und ich gab ihr dieses Lächeln unwillkürlich zurück. Zuerst kontrollierte ich wie üblich ihre Vitalparameter und alle Körpersysteme. Ihr Mann erledigte währenddessen einen Anruf, der wohl geschäftlicher Natur war.

»Sie arbeiten heute?«, fragte ich George.

»Es hört ja nie auf!«, rief er. Ich drehte mich zu Ms Sandra um und fragte sie: »Und Sie? Haben Sie auch gearbeitet?«

»Ach, Liebes«, antwortete sie. »Ich war Hausfrau von Beruf. Ich hatte das Beste beider Welten. Liebe *und* Geld.« Jetzt, wo sie schmerzfrei war, zeigte sich Sandras warmherziger Humor. Ich lachte mit ihr und machte meine Einträge. Dann versprach ich, in ein paar Tagen wiederzukommen, und ging.

Die Wochen kamen und gingen ohne weitere Zwischenfälle. Sandra strafte ihren Onkologen mit seiner Eine-Woche-Diagnose Lügen. Und ich sah einmal mehr, wie wichtig ein gutes Schmerzmanagement ist. Ja, Sandra hatte immer noch Krebs und das im Endstadium. Trotzdem hatte sie jetzt ein *Leben*. Sie war glücklich. Bei meinen Besuchen lachten wir viel zusammen, und ich erfuhr immer mehr über meine bemerkenswerte Patientin. Denn die »Hausfrau von Beruf« hatte tatsächlich mehrere gemeinnützige Organisationen für Pflegekinder in unserer Gemeinde geleitet.

Nach einigen Monaten fing Ms Sandra langsam an abzubauen, obwohl sie den Schmerz immer noch im Griff hatte. Am Ende konnte sie nicht mehr gehen, aber George blieb an ihrer Seite und lernte unter meiner Anleitung, wie er sie sicher in den Rollstuhl setzen konnte. Das Lächeln blieb auf Sandras Gesicht, während ihr Mann sich so liebevoll um sie kümmerte. Und er hielt Wort:

Außer ihm berührte sie niemand. Die Familie kam und ging, wobei ein Angehöriger immer noch netter war als der zuvor. Man dankte uns, weil das Hospiz Sandra ihre Lebensqualität zurückgegeben hatte, und sei es auch nur für den Moment.

Obwohl sie einflussreiche und angesehene Leute waren, vertrauten Sandra und George mir und ließen mich die Entscheidungen treffen, die ihnen das Leben leichter machen sollten. Während der Zeit mit ihnen machte ich entsprechende Vorschläge, die sie akzeptierten, was mein Selbstvertrauen als Krankenschwester stärkte. Diese Erfahrung erinnerte mich daran, dass der Tod für uns alle zum Leben dazugehört, ganz egal, wie unsere Lebensumstände aussehen. Es gibt keinen hübschen weißen Vorgartenzaun, der stark genug wäre, um den Lauf der Dinge aufzuhalten. Wenn die Zeit kommt, wünschen wir uns alle dasselbe: Fürsorge, Geborgenheit und Verbundenheit.

Etwa drei Monate, nachdem ich Ms Sandra in den Hospizdienst aufgenommen hatte, saß ich im Büro und aß zu Mittag, als mein Telefon läutete. Zu meiner Überraschung sah ich, dass es Ms Sandras Nummer war. Sie und George hatten noch nicht einmal angerufen und ich hatte ihr Haus gerade erst vor wenigen Stunden verlassen.

»Hadley«, sagte George, als ich ranging. »Etwas ist anders.«

Ich spürte einen Kloß im Hals, als ich das Sandwich weglegte und nach meinem Autoschlüssel griff. Auf der Fahrt zu den beiden sagte ich mir einmal mehr, dass ich aufhören musste, mich meinen Patienten immer so tief verbunden zu fühlen. Für Hospizschwestern ist dies der direkte Weg in den Burn-out. Ich stieg auf die Bremse, als mir ein Tourist vors Auto lief, der offensichtlich auf dem Weg zum Strand war. Er beschimpfte mich wüst. »Muss nett sein, jetzt an den Strand zu gehen«, dachte ich mir.

Ich bog in die mittlerweile vertraute Einfahrt ein. Als ich aus dem Auto stieg, blendete mich die Sonne. Ich blieb eine Sekunde stehen, um das Gezwitscher der Vögel und den leichten Wind über dem Wasser zu genießen. Ich bin immer wieder erstaunt, wie das Leben einfach weitergeht, auch wenn sich rundherum Tragödien abspielen.

George öffnete die Tür, noch bevor ich klopfen konnte. Er begleitete mich nach drinnen. Ms Sandra lag auf dem Krankenhausbett, den Blick auf das Fenster mit dem wunderschönen Panorama gerichtet. Aber auch ich spürte sofort, dass etwas anders war – die Stille im Raum war beinahe mit Händen zu greifen. Am Morgen war Sandra zwar schwach gewesen, aber sie hatte mit uns geredet. Nun schwieg sie. Ich nahm ihre Hand. Sie war eiskalt. Ich hatte Angst, dass sie womöglich schon gestorben war, aber dann hörte ich, wie sie einen keuchenden Atemzug tat. Mir war klar, dass sie jetzt wohl starb. Ich sagte George Bescheid. Mit sanfteren Worten. Ich verabreichte ihr noch einmal Medikamente, damit sie sich wohlfühlte. Dann setzte ich mich ihm gegenüber hin.

»Wie lange noch?«, fragte er.

»An diesem Punkt sind es vermutlich noch zweiundsiebzig Stunden oder weniger.«

George seufzte und strich sich dann über die Stirn. Dann sagte er: »Okay. Unsere Tochter ist auf dem Weg von Chicago hierher. Sie sollte in einer Stunde da sein.«

»Ich werde im Moment noch bleiben, um auf Ms Sandra aufzupassen, wenn das für Sie in Ordnung ist.«

»Das wäre mir sehr recht. Haben Sie eine Idee, was man jetzt sonst noch tun könnte?«

»Wir könnten die sanfte Musik anmachen, die sie so gern hört«, schlug ich vor.

George nickte und verließ den Raum. Eine Minute später kam er mit einem Kofferradio zurück und einem Diffusor für ätherische Öle. »Sie liebt dieses Ding.«

»Perfekt«, sagte ich und lächelte ihm zu.

Wir machten den Diffusor an und ließen im Hintergrund Norah Jones laufen. Ein Duft, der ans Meer erinnerte, strömte durch den Raum. George und ich saßen einander gegenüber, und er erzählte mir Geschichten von Ms Sandra als Mutter. Wie sie ihr ganzes Leben der Tochter gewidmet hatte, zu der sie ein sehr enges Verhältnis hatte. Sie hatten jeden Tag miteinander telefoniert, auch als das Mädchen längst erwachsen war. Mein Herz fühlte mit der Tochter, der gleich einer der schwierigsten Tage ihres Lebens bevorstehen würde.

Als Georges Tochter anrief und sagte, dass sie am Flughafen einen Leihwagen genommen hatte und gleich da sein würde, fiel mir auf, dass er ihr nicht sagte, dass ihre Mutter tatsächlich schon im Sterben lag. Als würde er meine Gedanken lesen, sagte er: »Ich möchte ihr das nicht am Telefon sagen, um keinen Unfall zu riskieren.« Ich nickte verständnisvoll. George erzählte mir immer neue Geschichten von Ms Sandra, deren Hand er hielt. Er hatte Tränen in den Augen und gleichzeitig lächelte er, während er an die glücklichen Zeiten mit seiner Frau dachte.

Mitten im Satz wurde die Luft im Raum auf einmal schwer. George hörte auf zu sprechen, und wir schauten beide Sandra an. Nach einem Augenblick des Schweigens fragte er: »Was soll ich tun?«

Ohne zu zögern, wie ich das immer tue, wenn ich schwere Entscheidungen treffe, sagte ich ihm voller Selbstvertrauen: »Halten Sie weiter ihre Hand und reden Sie weiter mit ihr.« Ich hielt Sandras andere Hand und betete, dass die Tochter schnell hier sein würde.

Als George Sandra sagte, wie sehr er sie liebe, vernahm ich voller Erleichterung das Geräusch der Haustüre.

»Hallo, Mom und Dad!«, klang es aus dem Foyer. »Ich stelle nur schnell die Reisetasche ins Gästezimmer. Bin gleich da.«

Ich hielt immer noch Sandras Hand, als ich zur Tochter hinausbrüllte: »Kommen Sie! Jetzt sofort!« Ich war selbst überrascht von meinem Kommandoton.

Einen Augenblick später stand ihre Tochter neben Sandras Bett. Sie war natürlich schockiert, fing an zu weinen, küsste ihre Mutter auf die Stirn und sagte ihr, wie sehr sie sie liebte.

In eben diesem Moment sah ich, dass Ms Sandra, die geliebte Frau und Mutter, ihren letzten Atemzug tat.

Bis heute empfinde ich es als kleines Wunder, dass Ms Sandras Tochter genau in dem Augenblick ankam, als ihre Mutter zum letzten Mal die Luft dieser Erde atmete. Sandra war Mutter bis zum Letzten. Sie hielt so lange durch, bis sie die Hand ihres Kindes noch einmal halten durfte. Ich zweifle nicht im Geringsten daran, dass die Ankunft der Tochter und Sandras gleichzeitiger Abschied kein Zufall waren.

Eine der erstaunlichsten und schönsten Erfahrungen, die ich als Hospizschwester immer wieder mache, ist die Art, in der die Menschen sich für den Zeitpunkt ihres Todes entscheiden. So viele Menschen können abends nicht *einschlafen*, und doch scheinen wir über den Moment unseres Todes eine gewisse Kontrolle zu haben. Ich hatte Patienten, die unbedingt allein sterben wollten und in den kurzen Momenten gingen, in denen sie sich selbst überlassen waren, weil ihr Angehöriger ins Badezimmer ging. Und andere, die wie Sandra bis zu dem Moment durchhalten, in dem ihre Lieben an ihrer Seite sind.

Ich habe dies so oft erlebt, dass es mich eigentlich nicht mehr überraschen sollte, aber es fasziniert mich doch immer wieder.

5

Elizabeth

Fröhliche Weihnachtslieder erklangen aus dem Autoradio, als ich an einem finsteren Wintertag zu Elizabeths Haus fuhr. Elizabeth wohnte, einen Kilometer vom Strand entfernt, in einer ruhigen Sackgasse in einer Mittelschicht-Gegend, die überall sonst als Oberschichtviertel durchgehen würde.

Die Frau an der Tür stellte sich als Elizabeths Schwester Julia vor. Sie schien um die vierzig zu sein. Hinter ihr im Haus war alles still bis auf das Surren der Geschirrspülmaschine.

»Sind Sie die Schwesternhelferin?«, fragte sie mich, sobald ich das Haus betreten hatte.

»Ich bin die Schwester«, korrigierte ich, um einen ruhigen und selbstsicheren Ton bemüht. Ich war nun fünfundzwanzig und seit eineinhalb Jahren Krankenschwester, doch viele Patienten meinten, ich sähe aus wie achtzehn. Und das verunsicherte mich auch aus dem Grund, dass die Krankenschwestern, mit denen ich zusammenarbeitete, alle deutlich älter waren als ich. Für viele war die Hospizarbeit der zweite Beruf, den sie erlernt hatten.

Julia lächelte schief. »Nun, normalerweise würde ich ja sagen, wir freuen uns, Sie zu sehen, aber irgendwie fühlt es sich eher so an, als seien Sie der Engel des Todes.«

Ich nickte verständnisvoll. »Leben Sie hier mit ihr?«, fragte ich.

»Nee. Ich habe einen Mann und zwei Kinder, um die ich mich kümmern muss, aber ich wohne nur eben die Straße runter und komme oft her, um nach ihr zu sehen. Ich bin Hausfrau und Mutter. Elizabeth redet in der Familie nur mit mir.« Julia hielt einen Moment inne, bevor sie fortfuhr. »Mit dem hier hat allerdings niemand gerechnet. Wir dachten alle, Dad wäre der Nächste, der gehen muss. Wegen seinem Herz und so. Ich weiß nicht, wie das passieren konnte ...« Ihre Stimme erstarb, und sie sah zu Boden.

Ich nickte. »Ich verspreche, ich werde mich gut um sie kümmern.«

Sie seufzte tief und antwortete: »Na ja, so ist vermutlich das Leben.« Julia putzte sich die Nase und zeigte den Flur hinunter, nach links. »Sie ist da drin. Sie können reingehen.«

Ich nickte und ging fix in die Richtung, die Julia mir wies. Alles, was ich über Elizabeth wusste, war, was ich in ihrer Akte gelesen hatte: *Vierzig Jahre. Lungenkrebs. Operationen und Chemotherapie ohne Erfolg. Nichtraucherin. Keine Angehörigen mit Lungenkrebs. Unbekannte Ursache.* Ich konnte mir nicht vorstellen, wie es sein musste, so eine niederschmetternde Diagnose zu erhalten, ohne dass es eindeutige Ursachen gab. Ich stellte mich auf eine zornige Patientin ein. Ich hatte schon ganz zu Anfang meiner Tätigkeit davon gehört, dass viele Krebspatienten ihre Wut an den Hospizschwestern auslassen. Ich versuchte, solche Ausbrüche nicht persönlich zu nehmen, wenn es dazu kam. Aber an manchen Tagen war dies nun mal schwieriger als an anderen.

Als ich den Raum betrat, war das Erste, was mir auffiel, eine Kerze, die auf Elizabeths Nachttisch brannte und einen Duft von Zitrone und frisch gewaschener Wäsche verströmte. Ein klarer, hoffnungsvoller Duft. Als Nächstes fiel mein Blick auf ein lächelndes Gesicht. »Sie sind ja ein süßes kleines Ding!«, meinte Elizabeth, als sie mich erblickte.

Über diese Bemerkung musste ich selbst lachen und fühlte mich deutlich erleichtert.

Elizabeth war eine schöne Frau, die viel jünger aussah als vierzig. Sie hatte blondes Haar, blaue Augen und die Haut einer Porzellanpuppe. Sie war sehr dünn, hatte aber muskulöse Arme, betont durch das ärmellose purpurfarbene Tanktop, das sie trug.

»Ich muss Ihre Vitalparameter kontrollieren, wenn das in Ordnung ist«, sagte ich, einen Augenblick lang geblendet von so viel Schönheit.

»Natürlich, Schätzchen!«, antwortete Elizabeth freundlich. Sie hatte mit Sicherheit gemerkt, wie nervös ich war, und tat alles, damit ich mich wohlfühlte.

Als ich die Blutdruckmanschette über ihren Arm streifte, fragte ich sie, ob sie viel Sport treibe.

Sie seufzte und meinte: »Ja, ich habe Yoga-Unterricht gegeben. Leider geht das jetzt nicht mehr.«

Ich nickte wieder und spürte, wie ich rot anlief. Ich hätte sie das nicht fragen sollen. Natürlich konnte sie jetzt kein Work-out mehr machen. »125 zu 70«, meldete ich und tippte die Zahlen ins Tablet ein.

»Sie sollten auch regelmäßig ein Work-out machen«, meinte Elizabeth.

»Mach ich, ja.«

Als ich alles überprüft hatte, fragte Elizabeth, wann ich wiederkommen würde.

»Sie können diese Nummer täglich anrufen. Es ist immer jemand da, der sich um Sie kümmern wird. Und wenn es für Sie passt, komme ich Ende der Woche wieder?«

»Hört sich super an, Hadley.«

Julia begleitete mich hinaus und sah mir zu, wie ich aus der Einfahrt ausscherte, als wolle sie sicherstellen, dass ich den Briefkasten nicht umfuhr. Sie war zwar oberflächlich sehr nett, aber es fehlte ihr die Warmherzigkeit ihrer Schwester. Irgendwie machte es den Eindruck, als würde sie mir auf die Finger sehen, um herauszufinden, ob ich der Aufgabe auch gewachsen war.

Während ich zu meinem nächsten Patienten fuhr, ließ ich mir meinen Besuch bei Elizabeth noch einmal durch den Kopf gehen. Ich zuckte zusammen, als mir meine Bemerkung mit dem Work-out wieder einfiel. Am gleichen Morgen war ich aufgestanden und hatte mich im Badezimmerspiegel gemustert, wobei ich mein Äußeres nach und nach zerpflückte. Ich stieg auf die kalte Waage und wartete, bis sie das Ergebnis anzeigt. Ich sah die Null blinken, dann erschien die Zahl 115 auf der Anzeige. Ich seufzte und schimpfte mich selbst, weil ich gestern Abend mit Chris ein Stück Kuchen gegessen hatte. Dann zog ich die schwarzen Tennisschuhe an und steckte mir das Haar hoch. Ob er mich wohl verlassen würde, wenn ich nicht mehr so dünn sein sollte wie damals, als wir uns kennenlernten? Ich musste unbedingt auf 112 Pfund bleiben oder darunter.

Ich war vierzehn, als meine Essstörung sich bemerkbar machte. Ich saß auf einem Barhocker in unserer Küche und machte meine Englisch-Hausaufgaben. Die Luft war erfüllt vom Knoblauchduft, und nebenan im Wohnzimmer lief *Jeopardy* im Fernsehen.

»Oh, das weiß ich! Es ist China!«, rief meine Mutter und wedelte mit ihrem hölzernen Kochlöffel in der Luft herum. Zufrieden rührte sie in der blubbernden Flüssigkeit auf dem Herd. Wir lachten, als Alex Trebek, der Moderator, sagte: »Die richtige Antwort ist Japan.«

»Das hast du jetzt wirklich gewusst, Mama«, neckte ich sie.

Ich schnappte mir einen Kartoffelchip aus der offenen Packung neben mir und biss genussvoll hinein. Meine Mutter nahm einen Schluck aus dem Rotweinglas und zählte mir ihre Kochtipps auf in der Hoffnung, dass ich einmal selbst eine Familie haben und für sie kochen würde. Sie redete mit Händen und Füßen und wie immer beim Kochen strahlte sie.

In dem Moment hörten wir, wie die Eingangstür aufging, und wir drehten den Kopf zur Tür. Ich nahm mir noch einen Chip aus der Packung, als mein Vater in die Küche kam und an mir vorbeiging, ohne mich anzusehen.

Ich atmete erleichtert auf. Mein Vater war sehr streng und auch unberechenbar. Bei ihm war ich stets auf der Hut. An guten Tagen spielte er auf der Veranda Gitarre und bereitete auf dem Grill ein tolles Abendessen für die Familie zu, während er uns erzählte, dass mein Bruder und ich die besten Kinder überhaupt seien. An schlechten Tagen aber genügte es, wenn ein Sofakissen nicht an seinem Platz lag. Dann fing er an, auf mich einzuschimpfen, dass ich nie einen Mann finden würde, denn kein Mann würde jemals ein derart schlampiges Mädchen heiraten wollen.

»Stimmt etwas nicht?«, fragte meine Mutter sanft. Auch sie zog den Kopf ein, wie um sich kleiner zu machen.

»Ich habe nachgedacht«, sagte er, während er in die Küche trat. Er ging auf und ab und strich sich mit den Fingern durchs Haar. Da wusste ich, dass etwas Fieses kommen würde. Ich hielt mich mucksmäuschenstill und hoffte, dass die bösen Worte nicht für mich bestimmt sein würden. »Ich hätte nie geglaubt, dass ich mal mit einer fetten Frau verheiratet sein würde.« Er spuckte die Wörter förmlich in Richtung meiner Mutter.

Ich sah meine Mutter entsetzt an. Sie stand am Herd und rührte weiter im Topf. Auch wenn sie mit dem Rücken zu mir stand, war nicht zu verkennen, dass sie mit aller Kraft ihre Tränen zu verbergen suchte.

Mein Vater seufzte schwer, als er merkte, dass sie auf seine Bosheiten nichts sagen würde, und schon war er wieder zur Tür hinaus.

In vielerlei Hinsicht war dies ein typischer Tag in meiner Kindheit – damals kam mir das alles völlig normal vor. Heute weiß ich natürlich, dass ein solches Verhalten alles andere als normal ist. Aber an jenem Tag kamen seine Worte anders bei mir an. Ich hatte plötzlich keinen Hunger mehr. Es verlangte mich nicht länger nach Chips und nicht nach dem Abendessen. Ich starrte den Rücken meiner Mutter an und verglich ihre Taille mit meiner. Sie sah fast genauso aus wie ich. Also kam ich zu dem Schluss, dass mein Vater mich wohl auch für fett hielt.

Vor diesem Tag hatte ich nie groß auf meine Körperform geachtet. In der Rückschau weiß ich, dass ich sehr schlank war, aber ich fühlte mich einfach nicht so. Ich registrierte es, wenn mein Vater mich beim Abendessen fragte, ob ich *tatsächlich* einen Nachschlag bräuchte. Und plötzlich war ich mir meines Körpers unglaublich bewusst. Ich wollte alles dafür tun, dass ich in eine bestimmte Kleidergröße passte, um jeden Preis. Ich wusste, dass mein Vater wusste, welche Größe ich hatte, denn wenn ich im Zeugnis eine Eins oder eine Zwei stehen hatte, durfte ich mit ihm einkaufen gehen. Und er war stolz, dass ich Size Zero hatte.

Obwohl diese Erinnerungen in meinem Gedächtnis sehr präsent sind, wäre es falsch, für das, was dann weiter mit mir passierte, nur eine Person verantwortlich zu machen. Eine Person, die wohl ihre eigenen Gründe hatte, sich als Elternteil so zu verhalten, wie sie es getan hatte. Meine Essstörung wurde durch die gesellschaftlichen Verhältnisse noch verschärft. Teenager-Zeitschriften mit Artikeln wie: »Fünf Wege, über die Feiertage fünf Pfund zu verlieren« waren damals allgegenwärtig. Ich verinnerlichte auch die Gespräche der Erwachsenen, wenn sie sich über ihr Gewicht und die neueste Modediät, die sie gerade ausprobierten, unterhielten.

In der Highschool sah ich die Zahlen auf der Waage wie meine Zeugnisnoten: als Ausweis meines Wertes. Gute Noten und ein niedriges Gewicht waren ein Grund zum Feiern. Das Gegenteil bedeutete, dass ich mich mehr anstrengen musste, wenn andere mich lieben und akzeptieren sollten.

Diese krankhafte Fixierung auf mein Gewicht hielt auch an der Uni und an der Schwesternschule an, ja selbst noch, als ich zu arbeiten anfing. Ich hatte Essanfälle, erbrach mich danach oder nahm Abführmittel, um mein Gewicht unter Kontrolle zu halten. Oder ich ging dem Essen gleich ganz aus dem Weg. Als ich mit Brody schwanger war, übergab ich mich jeden Tag, weil ich an Hyperemesis gravidarum litt, dem unstillbaren Schwangerschaftserbrechen. Ich war überzeugt, dass das Karma war, die Strafe dafür, dass ich mir so oft den Finger in den Hals gesteckt hatte, um mich zu übergeben. Meine Mutter versicherte mir, dass das nicht stimmte (und mittlerweile weiß ich das natürlich).

Die Zeit in der Schwesternschule war ein ständiger Kampf, ein Teufelskreis aus Sorgen über unbezahlte Rechnungen, Kümmern ums Baby und dem Zwang, gute Noten zu schreiben, weil ich andernfalls mein Stipendium verlieren würde. Das Einzige, was ich in dieser Situation meiner Ansicht nach kontrollieren konnte, war mein Gewicht.

In Wirklichkeit hatte ich gar nichts unter Kontrolle. Aber ich war gut darin, meine Essstörung zu verschleiern. Die einzige Person, die etwas zu bemerken schien, war eine Lehrerin: Professorin Lopez. Das lag wohl daran, dass sie Krankenpflegerin für Psychiatrie war.

»Hast du etwas gegessen?«, fragte sie mich manchmal bei der praktischen Ausbildung, bei der wir zwölf Stunden in der Klinik verbrachten.

»Ich hatte viel zu tun«, sagte ich und zuckte mit den Schultern.

»Ich bin gerade auf dem Weg zur Cafeteria. Was hättest du denn gerne? Ich lade dich ein«, gab Frau Lopez mit einem warmen Lächeln zurück. »Auf leeren Magen kann man nicht lernen.«

Eines Tages bat mich Frau Lopez im Unterricht nach vorne. Wir saßen alle an unseren Computern und absolvierten gerade eine Testprüfung. Das einzige Geräusch im Raum kam von der Lüftung.

»Wie geht es dir, wenn du an die Prüfung am Montag denkst?«, wollte sie wissen.

»Das schaffe ich schon«, antwortete ich.

»Deine Punktwerte sagen etwas anderes. Du weißt ja, dass du mindestens vierundsiebzig Prozent erzielen musst, um in dem Programm zu bleiben. Was ist los?«

Ich zögerte. Anders als meine Freundin Summer war ich die Jüngste in der Klasse und die einzige alleinerziehende Mutter. Die meisten meiner Klassenkameraden waren so alt wie meine Eltern.

»Mein Sohn schläft gerade nicht gut«, gestand ich. »Er bekommt Zähne und will die ganze Zeit getragen werden. Früher konnte ich ihn mit Spielzeug ablenken oder ich las ihm aus meinen Prüfungsunterlagen vor. Aber das klappt einfach nicht mehr. Ich komme halt nicht zum Lernen.«

Frau Lopez nickte und rieb sich nachdenklich das Kinn. »Komm nächsten Samstagmorgen in mein Büro. Bring deinen Jungen und deine Lehrbücher mit.«

Ich nickte, wusste aber nicht, was sie vorhatte.

Als ich am Samstagmorgen mit meinem quengelnden Sohn in der einen und den Büchern in der anderen Hand auf der Schwelle stand, begrüßte Frau Lopez mich mit ihrem breiten Lächeln und nahm Brody auf den Arm.

»Der junge Mann lässt also seine Mama nicht lernen, hm?«, sagte sie sanft zu ihm. »Aber Mama bleibt jetzt hier, und du und ich wir spielen ganz leise. Wenn Mama etwas nicht versteht, dann werde ich ihr helfen.«

Ich war so erleichtert! Schnell packte ich meine Bücher aus und machte mich ans Lernen. Ich wollte diese Gelegenheit nutzen, so gut ich nur konnte.

Professorin Lopez verbrachte den ganzen Samstag mit Brody und mir. Als ich ihr Büro verließ, fühlte ich mich besser auf die Prüfung vorbereitet als zu Beginn unserer Sitzung. Ich konnte sogar noch zu Hause ein paar Stunden lernen, denn Brody war im Kindersitz eingeschlafen. Schließlich hatte er den ganzen Tag gespielt.

Am Montagmorgen lieferte ich Brody in der Kita ab und ging ganz selbstbewusst in meine Prüfung. Normalerweise mussten wir ein paar Stunden warten, bevor unsere Noten online bekannt gegeben wurden, aber als ich aus dem Computerraum trat und an Professorin Lopez' Büro vorbeikam, schoss sie heraus.

»Du hast es geschafft, Mama!«, sagte sie und umarmte mich. »Sechsundachtzig Prozent. Ich bin so stolz auf dich.«

Ich gab ihr die Umarmung zurück, während mir Tränen der Dankbarkeit übers Gesicht liefen.

Professorin Lopez war einer der Menschen, die mich wirklich gesehen haben, die an mich geglaubt und für mich einen Unterschied gemacht haben. Es ist schon erstaunlich, wie Menschen unser Leben nachhaltig beeinflussen können, auch wenn man sie nur kurz gekannt hat.

Ein paar Tage nach meiner ersten Visite war ich wieder bei Elizabeth. Es war Heiligabend, und ich versuchte, noch bei allen meinen Patienten die Runde zu machen, bevor ich bei Chris' Eltern Brody wiedersah. Am Morgen hatten wir Geburtstag gefeiert mit Ballons, einem Kuchen und Geschenken. Und nun war ich unterwegs zu allen Patienten, die mich brauchten, damit ich hinterher Weihnachten feiern konnte. Eine der Hierarchieregeln in der Welt der Krankenschwestern ist, dass man Feiertagsdienste den Neuen aufbrummt. In meinem ersten Jahr hatte ich naiverweise gefragt, ob ich am Heiligabend frei haben könnte, um Brodys Geburtstag zu feiern. Und bekam gesagt, wenn ich an den Feiertagen frei haben wolle, hätte ich Lehrerin werden sollen. Wann immer ich mich über diese Bemerkung ärgerte, dachte ich an die Krankenschwestern, die damals auch nicht bei ihrer Familie sein konnten, weil sie mir zur Seite standen, als ich Brody zur Welt brachte. Das machte die arbeitsreichen Feiertage etwas erträglicher.

Als ich Elizabeth dieses Mal untersuchte, schlief ein kleiner weißer Hund selig neben ihr im Bett. Ich war froh, dass sie an Weihnachten nicht ganz alleine war.

»Schmerzen?«, fragte ich.

»Überhaupt keine«, sagte sie. »Was das angeht, habe ich Glück.«

»Übelkeit oder Erbrechen?« Einen Moment lang dachte ich daran, wie ich mich an jenem Morgen selbst übergeben hatte, wenn auch aus einem ganz anderen Grund.

»Nein. Nur diese ewige Schwäche«, antwortete sie. Ich notierte es und machte weiter mit meinen Formularen. Elizabeth antwortete höflich auf all meine Fragen.

Wir waren gerade mit allem durch und ich überlegte, was als Nächstes anstand, da meinte Elizabeth: »Dürfte ich vielleicht etwas loswerden?«

Ich steckte das Tablet in meine Tasche und wandte mich ihr zu. »Aber natürlich.«

»Ich hatte ja viel Zeit zum Herumsitzen und Nachdenken. Ich kann ja nicht viel anderes machen.«

Ich nickte und beugte mich vor, damit sie merkte, dass ich ihr auch zuhörte.

»Ich glaube, ich habe einen Großteil meiner Zeit auf dem Laufband verschwendet.«

Das war nicht, was ich erwartet hatte, aber ich war neugierig.

»Ich denke nur daran, wie oft ich eingeladen worden war, um mit Freunden an den Strand zu gehen. Ich bin nicht mitgekommen, weil ich dachte, mein Bauch sei zu hässlich. Und die Geburtstagsfeiern, die ich ausließ, weil ich mein Essen immer selbst machte, damit ich zwanghaft Kalorien zählen konnte. Ich lud nicht mal an meinem Geburtstag Freunde ein, weil ich keinen Kuchen essen wollte.«

Ich merkte, dass ich unwillkürlich den Atem anhielt. »Da klingelt was bei mir«, antwortete ich, während ich zu Boden sah. Ich schämte mich, dass es so offensichtlich war.

Elizabeth sah mir in die Augen und sagte: »Ich hatte das Gefühl, als müsste ich Ihnen das sagen. Ich erkenne mich selbst in Ihnen. Aber ich hätte niemals angenommen, dass ich mit vierzig sterben werde. Ich dachte, ich hätte mehr Zeit. Ich wünschte, ich hätte mehr Zeit mit meinen Lieben verbracht. Und den verdammten Kuchen gegessen.«

»Das ist ein guter Rat«, sagte ich leise. »Iss den Kuchen.«

»Iss den Kuchen«, wiederholte sie und ließ sich zurück in die Kissen sinken.

Ich schloss schweigend meine Notizen ab und verabschiedete mich von Elizabeth. Am Montag, so versprach ich, würde ich zurück sein.

Als ich zum Haus von Chris' Eltern fuhr, dachte ich über Elizabeths Worte nach. Die Leute sprachen mich eigentlich nur dann auf mein Gewicht an, wenn sie mir sagen wollten, wie gut ich aussah. Üblicherweise dann, wenn ich gerade ein paar Pfund abgenommen hatte, oder damals, als ich nach Brodys Geburt zur »Schnellrückbilderin« wurde. Das aber auch nur, weil ich während der ganzen Schwangerschaft unter Übelkeit gelitten hatte und gleich nach Brodys Geburt von Pontius zu Pilatus gerannt war, um alles auf die Reihe zu bekommen und uns beiden ein stabiles Einkommen zu sichern. Aber das Lob fühlte sich toll an. Niemand fragte je nach, warum ich kein Abendessen mit Freunden hatte oder niemals Süßigkeiten zu mir nahm. Aber wie Professorin Lopez, die merkte, dass mit mir etwas nicht stimmte, hatte auch Elizabeth das registriert. Es war, als würde sie mich ganz und gar durchschauen.

Auf dem Parkplatz von Babettes und Toms Wohnanlage frischte ich im Rückspiegel meinen Lippenstift auf und versuchte mich an einer positiven Ausstrahlung. Trotz ihrer Diagnose war Babette immer guter Dinge, selbst wenn ihre Untersuchungsergebnisse nicht gut aussahen, wie es diese Woche der Fall gewesen war. Ich wollte diese Zuversicht widerspiegeln, obwohl ich geistig und körperlich eigentlich todmüde war.

Ich roch das Abendessen schon, als ich noch in der Tür stand. In der Wohnung wimmelte es von Verwandten aus der Stadt, die zum Fest gekommen waren, und es herrschte Feiertagsstimmung. Im Wohnzimmer sah ich Brody, der mit Babette und all ihren Enkelkindern in einem enormen grünen Lehnsessel saß, während sie *The Night Before Christmas* vorlas, was eine Familientradition war. Chris erhob sich vom Sofa und gab mir einen Kuss. Der Anblick ließ mir das Herz aufgehen. Brody und ich waren nun Teil von etwas Größerem – einer richtigen Familie.

Nachdem die Geschichte zu Ende war, rief Babette: »Also, los! Zeit zum Christbaum-Schmücken!« Ich schnappte mir mein Weinglas und fand einen Platz auf dem Sofa, während Babette die Christbaumkugeln herauskramte. Als sie eine herausgriff, auf der stand »Beste Krankenschwester aller Zeiten«, sagte sie: »Hadley, diese Ehre kommt ja wohl dir zu!« Damit reichte sie mir die Kugel und ich platzierte sie vorsichtig an einem noch leeren Zweig. »Nur die besten Männer heiraten Krankenschwestern, nicht wahr, mein Lieber?« Damit zwinkerte sie Tom zu.

Das tat mir im Herzen weh, weil ich ja wusste, wie vergänglich all das war. Mein Herz schmerzte wegen Chris, der vermutlich wusste, dass dies das letzte Weihnachten war, das er mit seiner Mutter erleben würde. Und auch für mich, weil diese starke, energiegeladene Frau, die ich lieben gelernt hatte – die mich und meinen Sohn in ihre Familie aufnahm –, bald nicht mehr Teil ebendieser Familie sein würde.

Wir aßen gemeinsam zu Abend. Einige Familienmitglieder saßen an dem kleinen Esstisch aus Holz, die anderen verteilten sich im Wohnzimmer. Als wir aufräumten, fragte Babette: »Na, wer von euch möchte Käsekuchen?«

Chris lehnte höflich ab und wandte sich dann mir zu. Natürlich hätte auch ich Nein sagen können, nachdem er schon abgelehnt hatte (und das hätte ich auch normalerweise getan). Dieses Mal aber klangen mir noch Elizabeths Worte im Ohr. Heute Abend würde ich den Kuchen essen.

»Sehr gerne«, sagte ich.

Chris runzelte überrascht die Stirn. »Dann nehme ich auch welchen, Mama.«

Ich genoss jeden einzelnen Bissen dieses Kuchens, während ich mich fallen ließ in diesen familiären Augenblick der Zugehörigkeit. Hier waren wir nun, Brody und ich, genau dort, wo ich uns immer hingewünscht hatte.

Auf der Fahrt nach Hause dachte ich einmal nicht an das Essen, das mein Körper gerade verdaute. Stattdessen lächelte ich und sah mir die Weihnachtsdekorationen an den Häusern an, während Chris mir von jenem Weihnachtstag erzählte, an dem die Familie ihren Hund bekam: Holly. Im Stillen dankte ich Elizabeth, wie ich das seitdem sicher mehr als eine Million Mal gemacht habe. Denn seit jenem Tag hatte ich zwar den ein oder anderen Augenblick der Schwäche, was meine Essstörung anging, aber ich hatte nie wieder einen Rückfall.

Als Chris und ich nach Hause kamen, brachten wir den schlafenden Brody ins Bett. Dann begann unsere eigentliche Arbeit: Wir bauten die riesige Feuerwache auf, die Santa Claus in diesem Jahr für Brody hinterlassen würde. Die Stunden vergingen, während Chris ein winziges Stück ums andere hinzufügte. Ich sah auf die Uhr: Es war 3.00 Uhr morgens. »Ich glaube, das ist gut genug«, sagte ich und begutachtete unsere Arbeit. »Er wird nicht merken, wenn das ein oder andere Stück fehlt.«

Chris sah gar nicht erst auf, während er die winzigste Schraube der Welt mit dem winzigsten Schraubenzieher der Welt anzog. »Santa macht das nicht ›gut genug‹. Bei Santa ist alles perfekt«, murmelte er.

Nach nicht einmal einer Stunde Schlaf stand ich am Morgen des ersten Weihnachtstages auf, um dafür zu sorgen, dass auch bestimmt alle Geschenke an Ort und Stelle waren. Ich konnte kaum erwarten, Brodys Gesicht zu sehen, wenn er entdeckte, was Santa ihm alles gebracht hatte. Es war das erste Jahr, in dem ich mir alles leisten konnte, was er sich gewünscht hatte. In den Jahren davor hatte ich jeden Monat zehn bis fünfzehn Dollar beiseitegelegt, damit Santa ihm wenigstens ein Geschenk machen konnte. Dieses eine Päckchen machte er dann auf und kuschelte sich dann mit seinem kleinen, warmen Körper an mich. Ich scrollte durch Facebook und beneidete all die »normalen« Familien, deren riesige Wohnzimmer voller Geschenke für ihre Kinder waren. Ich schwor mir, dass ich das eines Tages auch für Brody würde tun können – und nun war es mir endlich gelungen.

In diesem Moment öffnete sich die Tür von Brodys Schlafzimmer, und ich hörte, wie die Vorfreude seine kleinen Füße immer schneller laufen ließ. Kaum war er im Wohnzimmer angekommen, leuchtete sein Gesicht vor Freude auf. Chris gesellte sich zu uns und wir alle saßen auf dem Boden und öffneten Geschenke. Anschließend stürzten wir uns auf einen riesigen Stapel Pfannkuchen.

Während wir aßen, läutete mein Telefon. Ich war heute in Rufbereitschaft und musste ein paar Patienten besuchen, aber dafür hatte ich eigentlich noch gut dreißig Minuten Zeit. Am anderen Ende meldete sich Will, unser »Letzte-Stunde-Freiwilliger« und in meinen Augen ein Heiliger. Seine Aufgabe war es, an der Seite von Patienten zu bleiben, die niemanden hatten, sodass sie nicht alleine sterben mussten. Üblicherweise hieß das, dass er über Nacht bei ihnen blieb. »Fröhliche Weihnachten!«, sagte er.

»Fröhliche Weihnachten«, gab ich zurück. »Ich habe noch nicht in den Bericht geguckt. Hast du denn eine letzte Stunde gehabt? Am Heiligabend?«

»Ja. Bei Ms Elizabeth.«

Mir blieb der Mund offen stehen. Das war der letzte Name, den ich erwartet hätte. Von der Schwäche mal abgesehen, hatte sie sich am Vortag noch ganz wohlgefühlt.

»Es tut mir leid, Will. Ich bin nur total geschockt. Soll ich gleich hinfahren, damit du Weihnachten zu deiner Familie kannst?«

»Nein, das ist schon in Ordnung. Ihre Schwester wollte über alles informiert werden, aber ich weiß nicht, was ich ihr erzählen soll. Travis meinte, ich solle dich anrufen, weil sie für heute bei dir auf dem Plan steht.«

»Ich fahre gleich los«, versprach ich.

Ich hielt vor Elizabeths Haus mit den weihnachtlich geschmückten Palmen, die es umrahmten. Es war eine Weihnachtsszenerie zu hundert Prozent Florida. Bei jedem, der hier vorüberfuhr, würde sie unweigerlich Gedanken an eine fröhliche Bescherung erwecken. In Wirklichkeit aber verlebte in diesem Haus gerade jemand seine letzten Momente auf Erden.

Ich ging hinein, ohne zu klopfen, in der Hoffnung, dass Elizabeth meine Präsenz spüren würde, die ihr vertraut war. Als ich in ihr Zimmer trat, saß Will im Sessel neben ihrem Bett. Ich dankte ihm wortreich dafür, dass er da war. Er winkte Elizabeth zum Abschied zu, und ich fing an, sie zu untersuchen, damit ich Julia sagen konnte, wie es aussah. Elizabeth trug kein Makeup und war sehr blass. Auch das blonde Haar war zerzaust. Die Finger schimmerten beinahe bläulich und fühlten sich kalt an. Ich zog die Decke herunter und horchte Herz und Lunge ab. Ihr Herzschlag war unregelmäßig, manchmal langsam, dann wieder schnell. Die Lungen hörten sich an wie Reiskräcker, die man zerdrückt. Ein klares Anzeichen, dass sich Flüssigkeit in der Lunge sammelte.

Ich desinfizierte mir die Hände und holte mein Telefon heraus, um Julia anzurufen. Als sie sich meldete, hörte ich im Hintergrund weihnachtlichen Jubel von der Familie. Ich sagte ihr, dass es nun vermutlich nicht mehr länger dauern würde und sie am besten herüberkommen sollte. Sie meinte, sie würde kommen, sobald sie konnte, aber es sei ihren Kindern wichtig, Weihnachten mit der Mama zu verleben. »Wenn Sie mal Kinder haben, werden Sie das verstehen, meine Liebe.«

Als ich auflegte, spürte ich, dass sich im Raum etwas verändert hatte. Ich fing an, mit Elizabeth zu sprechen, obwohl ich wusste, dass sie nicht antworten würde. Ich zermarterte mir das Gehirn, wie ich die Atmosphäre ein bisschen mehr »Elizabeth-like« gestalten konnte, da hörte ich die Tür. »Gott sei Dank«, dachte ich. »Julia hat es sich doch noch anders überlegt.«

»Oh, Ms Elizabeth!«, erklang es hinter mir. Verwirrt drehte ich mich um. Es war nicht Julia, sondern Deja, eine der Schwesternhelferinnen. Wie immer war sie dezent geschminkt und hatte das lange Haar zu Zöpfen geflochten. Ich war so froh, sie zu sehen. Deja war wie ich noch jung, aber sie hatte eine ruhige, mütterliche Energie an sich – ich fühlte mich in ihrer Gegenwart ebenso aufgehoben und getröstet wie unsere Patienten. Kein Zweifel, sie würde eine großartige Krankenschwester abgeben. Daher redete ich ihr immer gut zu, doch die Schwesternschule zu besuchen. Deja war ebenfalls alleinerziehende Mutter. Schon das verband uns beide. »Fröhliche Weihnachten!«, sagte sie und umarmte mich. »Ich habe gehört, was los ist, und wollte gleich kommen. Ich wusste, dass du auch hier sein wirst.«

»Du hättest aber deinen Jungen am Weihnachtstag nicht alleinlassen müssen. Du hättest ja auch warten können«, entgegnete ich.

»Ich kann ja nicht zulassen, dass du die Einzige bist, die im Büro sämtliches Lob einheimst«, meinte Deja kichernd. »Dann sorgen wir mal dafür, dass unsere Freundin sich wieder ähnlich sieht.«

Deja kramte in Elizabeths Nachttisch herum und holte eine Kerze heraus. Als sich der Raum mit einem cleanen Zitronenduft füllte, fühlte es sich gleich mehr nach dieser friedlichen Umgebung an, die ich hier kennengelernt hatte. Ich nahm die Fernbedienung und stellte die sanften Instrumentalstücke an, die Elizabeth so mochte.

»Ms Elizabeth, Hadley und ich werden sie jetzt waschen«, sagte Deja leise.

Ich ging ins Badezimmer und ließ das Wasser laufen, bis es warm war. Als ich Elizabeths Schubladen nach Badeseife und Waschlappen durchsuchte, fand ich ihre Make-up-Tasche. Ich hatte Elizabeth noch nie ohne Make-up gesehen, also nahm ich sie mit.

Während ich sie wusch und ihre Kleidung wechselte, schminkte Deja sie mit dem Geschick einer Profi-Kosmetikerin. Als wir fertig waren, sah Elizabeth richtig gut aus.

»Weißt du, sie hat mir gesagt, es täte ihr leid, dass sie ihr halbes Leben damit verbracht habe, sich Sorgen zu machen, was andere von ihr dachten«, erzählte ich Deja. »Das hat mir wirklich die Augen geöffnet.«

»Mir hat sie gesagt, ich sei schön. Und das war wirklich ernst gemeint, das habe ich gleich gemerkt. Ich weiß nicht, ob ich selber das je von mir geglaubt habe, aber sie hat es«, erzählte Deja.

Ich lächelte. »Ich glaube, sie wollte, dass du es glaubst, denn es ist wahr.«

Als Deja zusammenpackte und sich verabschiedete, sah ich Tränen in ihren Augen schimmern. »Sie ist etwas Besonderes«, sagte Deja.

»Sie ist mein Vorbild. Wir alle können viel von Elizabeth lernen.«

Ich ging wieder in Elizabeths Zimmer und erwartete eigentlich, die ruhige Atmosphäre von vorhin vorzufinden. Aber obwohl der Zitronenduft noch in der Luft lag und die Musik noch spielte, war etwas anders. Mir war sofort klar, dass Elizabeth von uns gegangen war. Es ist schwer zu erklären, aber jede Hospizschwester, jeder Mensch, der schon einmal dabei war, wenn jemand starb, kennt diese Erfahrung – die fast greifbare Veränderung in dem Moment, in dem ein Mensch seinen Körper verlässt. Ein bisschen so, als würde man einen Raum betreten mit der Erwartung, jemand Bestimmten anzutreffen, nur um dann festzustellen, dass man allein ist. Manchmal ist diese Veränderung intensiver, und manchmal geht dieser Moment dem körperlichen Tod voraus, bei anderen Menschen kommt er danach. In Elizabeths Fall war ihre Abwesenheit sehr deutlich.

Ich holte mein Stethoskop heraus und setzte es auf Elizabeths bewegungslose Brust. Ich horchte auf den Herzschlag, der, wie ich wusste, nicht da war. Nach zwei Minuten sprach ich im leeren Zimmer den Todeszeitpunkt aus. Elizabeth hatte diese Welt genauso verlassen, wie sie gelebt hatte – allein.

Jahre später denke ich immer noch über Elizabeth nach. Ich erinnere mich noch gut, dass ich sie nie traurig oder wütend sah, obwohl sie jung und allein starb. Sie fragte nie: »Warum ich?« Sie war der Inbegriff eines Menschen, der aus dem, was er hat, das Beste macht.

Sie wusste nicht, dass sie ein wichtiges Gespräch zwischen mir und Chris angestoßen hatte. Er hatte keine Ahnung, dass ich überzeugt war, er würde mich nicht mehr lieben, wenn ich nicht mehr so schlank wäre wie zu Beginn unserer Beziehung. In der Rückschau weiß ich, dass er *niemals* auf diese Idee gekommen wäre. Mir aber war die Verbindung von Geliebtwerden und Gewicht schon von Kindesbeinen an vorgelebt worden, sodass ich beides nicht mehr trennen konnte … bis ich Elizabeth kennenlernte.

Ihre Worte haben mich verändert: *Iss den Kuchen*. Seitdem höre ich immer, wenn ich drauf und dran bin, mich zu überfressen, nur um dann alles wieder von mir zu geben, ihre Worte. Und sie halten mich jedes Mal zurück, weil sie mich daran erinnern, was wirklich zählt.

6

Edith

»Hallo, Hadley. Hättest du heute vielleicht Zeit, dir eine Neuaufnahme anzusehen?«, fragte Travis.

»Ja, klar«, sagte ich. Die Begutachtung von Menschen, die neu in den Hospizdienst aufgenommen werden sollen, war ein ganz normaler Teil unserer Aufgaben. Die Überweisung an den Hospizdienst wird zwar vom behandelnden Arzt veranlasst, aber seitens von Medicare, einer der staatlichen Krankenversicherungen in den USA, bestehen für eine Aufnahme gewisse Voraussetzungen, die ein Patient erfüllen muss. Dessen sind sich die überweisenden Ärzte nicht immer bewusst. Wir als Hospizschwestern müssen prüfen, ob ein Patient die Richtlinien von Medicare erfüllt (die auf ganz bestimmten Daten basieren). Danach legen wir unsere Entscheidung einem Arzt zur offiziellen Absegnung vor – in unserem Fall war das Dr. Kumar.

»Super«, meinte Travis. »Die Dame heißt Edith und hat Alzheimer. Sie lebt mit ihrem Mann John zusammen und wie es scheint, braucht sie den Hospizpflegedienst.«

»Alles angekommen«, sagte ich und tippte die Adresse der Dame in mein Navi.

Das Haus von Edith und John sah aus wie aus einem Märchenbuch ausgeschnitten. Ein verschlungener Pfad führte durch pinkfarbene Blumensträucher zu einem von wildem Wein überwucherten Cottage aus rotem Backstein. Als ich klingelte, hörte ich, wie sich hinter der Tür jemand bewegte.

»*Bitte*, Edith, bleib nur einen Moment da stehen«, hörte ich eine flehende Stimme. Ein paar Sekunden später erschien ein Mann um die achtzig mit kurzen, weißen Haaren in der Tür. Er stand mit gekrümmtem Rücken da und statt einer Begrüßung trieb er mich an: »Schnell, ich kann sie nicht so lange allein lassen.«

Als ich das Haus betrat, fielen mir sofort die wunderschönen dunklen Parkettböden und die alten Möbel auf. Im Flur hingen Familienfotos aus helleren Tagen. Die Familie war offensichtlich recht abenteuerlustig gewesen. Es gab Bilder von John, Edith und ihren Kindern vor dem Eiffelturm, auf der Chinesischen Mauer und auf der Freiheitsstatue. Ich konnte vom Flur ins Wohnzimmer sehen, wo eine große, ebenfalls weißhaarige Frau neben dem Sofa stand. Es handelte sich offensichtlich um die gleiche Frau wie auf den Fotos, nur eben älter. Ihr einst langes, sandfarbenes Haar war zu einem kurzen, weißen Bob geschnitten. Die Laufschuhe hatten Hausschuhen Platz gemacht, aber die Fotos zeigten vor allem eines: Ediths Fältchen kamen von Jahrzehnten herzhaften Lachens.

»Ich habe dir doch gesagt, du sollst nicht aufstehen. Bitte setz dich!«, sagte John zu Edith, die ihn locker um dreißig Zentimeter überragte. Er nahm sie an der Hand und führte sie zurück zur Couch, ganz offensichtlich entnervt.

»Hallo, mein Name ist Hadley. Ich nehme an, Sie sind Ms Edith und Mr John?«, fragte ich.

»Ja, das sind wir«, bestätigte John. Edith summte etwas vor sich hin und sah aus dem Fenster.

»Man hat mir gesagt, ich solle Edith untersuchen, ob sie Hospizpflege bekommen kann. Stimmt das?«

»Ja, das auch. Ich brauche Hilfe. Das geht hier schon seit Jahren so«, meinte John. Es war völlig klar, dass er erschöpft und mit den Nerven am Ende war, verständlicherweise. Ich wusste aus unseren Notizen, dass John schon seit Jahren seine Frau versorgte. Es ist unglaublich anstrengend, einen anderen Menschen zu pflegen – vor allem, wenn der unter Alzheimer leidet. Der Weg in die Demenz vollzieht sich gewöhnlich über einen längeren Zeitraum. Bis der Pflegende schließlich für alle Bedürfnisse des Patienten verantwortlich ist.

Ich nickte, während ich mein Stethoskop hervorholte, um Edith abzuhorchen. Es gibt für jede Krankheit bestimmte Kennzahlen, die über die Aufnahme in den Hospizdienst entscheiden. Der Zustand von Demenzpatienten wird anhand der FAST-Scale beurteilt. Diese Abkürzung steht für *Functional Assessment Staging Tool*. Da die Alzheimer-Erkrankung sich stufenweise verschlimmert, durchläuft ein Patient die vom FAST nach Schweregrad unterschiedenen Phasen gewöhnlich nacheinander, während seine Fähigkeiten Schritt für Schritt abnehmen. Um in den Hospizdienst aufgenommen zu werden, muss der Alzheimer-Patient mindestens eine 6E erreichen (was einer moderat schweren Demenz entspricht) oder eine 7A (schwere Demenz). Konkret heißt das, dass der Patient nicht mehr allein die Toilette aufsuchen und bedienen kann oder am Tag nicht mehr als fünf bis sechs Worte spricht. Manchmal fließen in die Beurteilung aber auch andere Faktoren ein wie Stürze, Gewichtsverlust oder häufige Besuche im Krankenhaus beziehungsweise schwere Erkrankungen.

Ich begann Ediths Evaluierung auf Stufe 4 für leichte Demenz. Das ist gewöhnlich der Punkt, an dem die Angehörigen das Problem bemerken und reagieren. »Kann sie selbstständig Aufgaben erledigen wie Rechnungen zahlen oder Mahlzeiten zubereiten?«, fragte ich John. Natürlich wusste ich die Antwort, aber ich musste ja fragen.

John sah mich an, als wäre ich nicht ganz dicht. »Liebes, das kann sie schon seit Jahren nicht mehr.«

Stufe 4 fiel also schon mal weg und so ging ich weiter zu 5, was einer moderaten Demenz entspricht. »Müssen Sie ihr helfen, ihre Kleidung auszuwählen? Weiß sie zum Beispiel, dass sie heute, wo es warm ist, Shorts tragen sollte?«

»Dabei muss ich ihr helfen«, gab John zur Antwort. Das hieß: Wir waren bei Stufe 6A bis 6C für eine moderat schwere Demenz.

»Müssen Sie ihr beim Anziehen helfen?«

»Ja.«

»Beim Baden oder beim Toilettengang?«

»Beim Baden ja, was die Toilette angeht, trägt sie Windeln.«

Ich kreuzte also 6A bis 6C an. Weiter mit 6D und 6E: »Braucht sie die Windeln immer oder sagt sie Ihnen manchmal, dass sie auf die Toilette muss?«

»Sie war seit Jahren nicht mehr selbstständig auf der Toilette und sie sagt nie, dass sie muss. Ich wechsle die Windeln, wenn sie riechen. Wie bei einem Baby«, antwortete er unverblümt.

Also ein Kreuz bei 6D und 6E. Nun waren wir bei 7A – schwere Demenz. War 7A auch erfüllt, gab Dr. Kumar stets seine Zustimmung, dass ich die Patientin aufnehmen konnte. »Wie viele verständliche Wörter sagt sie denn so am Tag?«

»Vielleicht zehn bis zwanzig.«

Ich nickte. Hier konnte ich also kein Kreuz machen.

Ich scrollte weiter durch die Liste. Währenddessen ließ sich Edith zum ersten Mal vernehmen. »Die Wäsche«, sagte sie, bevor sie schnell – aber schwankend – aufstand und durch den Flur lief. John eilte ihr hinterher.

»Verdammt noch mal, Edith. Setz dich«, schimpfte er. Sie sah ihn mit großen Augen an.

»Ich kann Ihre Wäsche machen, Ms Edith«, sagte ich.

Edith sah mich an und schüttelte dann zornig ihren Kopf, immer und immer wieder, während sie versuchte, sich von John loszumachen. Er stöhnte frustriert auf. »Jede Sekunde an jedem einzelnen Tag geht das so«, klagte er.

Ich sah mich um und entdeckte den Wäschekorb auf dem Esstisch auf der anderen Seite des Flurs. John hielt Edith fest, während ich in die Küche ging, mir den Korb schnappte und ihn neben dem Sofa auf den Boden stellte. Edith setzte sich wieder hin und fing an, die Wäsche durchzusehen und zu falten. John setzte sich neben sie, offensichtlich völlig erschöpft von seiner Rolle als Pfleger.

Ich nahm mir wieder meine Liste vor. »Wie steht es denn mit dem Essen bei ihr?«

»Schlecht. Sie isst wie ein Vögelchen. In den letzten Monaten hat sie elf Pfund abgenommen«, antwortete er unglücklich.

»Mir ist aufgefallen, dass sie auch nicht ganz sicher auf den Beinen ist. Ist sie schon mal gestürzt?«

»Ich weiß gar nicht mehr, wie oft. Ich kann nicht einmal mehr auf die Toilette gehen.«

»Würden Sie sagen, dass Sie im letzten Monat mehr als zehn Mal gestürzt ist?«

»In der letzten Woche trifft es schon eher.«

»Okay«, sagte ich. »Ich werde jetzt unseren Arzt anrufen. Kann ich für einen Moment rausgehen?« John wies mit dem Arm auf die Eingangstür, als wolle er sagen: »Aber gerne doch.« Ich ging hinaus, das Tablet immer noch in der Hand, und rief Dr. Kumar an.

»Hallo, Hadley«, begrüßte er mich, munterer als üblich.

»Also«, fing ich an. »Ich habe hier eine Alzheimerpatientin zur Einschätzung, aber sie ist 6E. Allerdings glaube ich, dass Sie sie vielleicht doch zulassen werden.«

»Also los«, meinte er.

»Ihr Mann sagt zwar, dass sie zwischen zehn und zwanzig verständliche Wörter pro Tag spricht, und ich habe gehört, dass sie im richtigen Kontext von der Wäsche geredet hat, aber sie hat in den letzten beiden Monaten elf Pfund abgenommen und sie stürzt ständig, also mehr als zehn Mal pro Woche.«

Dr. Kumar wurde still. Offensichtlich überlegte er.

»Und ihr Mann braucht wirklich Hilfe. Bitte«, sagte ich nachdrücklich.

»Sie wissen ja, dass die Kriterien objektiv zutreffen müssen, Hadley.«

Ich schwieg, weil ich Angst hatte, er würde Nein sagen.

»Dann nehmen Sie sie jetzt einfach auf«, fuhr Dr. Kumar fort. »Aber wir müssen in den nächsten neunzig Tagen belegen, dass sich ihr Zustand weiter verschlechtert. Dafür brauche ich verlässliche Daten, okay?«

»Ja, ich hab's verstanden! Danke«, sagte ich zu Dr. Kumar, bevor ich auflegte und zurück ins Haus ging.

»Gute Neuigkeiten«, sagte ich zu John, als ich die Tür hinter mir schloss. »Wir können sie aufnehmen.«

»Großartig! Ich müsste unbedingt einiges erledigen. Ich bin in ein paar Stunden wieder da«, meinte John.

Ich hielt kurz inne und suchte nach den richtigen Worten. »Ich weiß nicht, ob man Sie korrekt informiert hat, aber wir bleiben nicht rund um die Uhr«, sagte ich sanft. »Ich würde Ihnen empfehlen, dass Sie sich Hilfe holen. Unsere Sozialarbeiter können Ihnen bezahlte Hilfen besorgen oder Ms Edith in ein Heim einweisen.«

John seufzte voller Verzweiflung. »Ich habe ihr versprochen, dass ich sie nie in ein Heim bringen werde. Ich jedenfalls würde nie ins Heim wollen. Wie teuer sind denn diese Hilfen?«

»Meines Wissens verlangen sie rund dreißig Dollar die Stunde, und sie wollen eine bestimmte Stundenanzahl haben. Meist sind das sechs Stunden oder mehr.«

»Dreißig Dollar die Stunde!«, rief er aus.

Ich nickte langsam. Mir war schon klar, wie schwierig es ist, mit einem nicht steigerbaren Einkommen die nötigen Pflegestunden zu bezahlen, aber andere Möglichkeiten gab es leider nicht. »Was wir Hospizpflegerinnen machen: Wir helfen Ihnen, Edith zu versorgen. Ich werde ein oder zwei Mal die Woche kommen. Und zwei bis drei Mal die Woche kommt eine Schwesternhelferin und hilft Edith beim Duschen oder Baden. Unser Sozialarbeiter kommt einmal im Monat, auch unser Kaplan. Und dann ist immer eine Krankenschwester verfügbar für Notfälle«, erklärte ich. »Und wenn Sie sich angesichts dieser Sachlage Pflegeheime ansehen wollen, würde ich das verstehen.«

John unterbrach mich sofort und schüttelte den Kopf. »Kommt nicht infrage. Ich mache das.«

Vielen Menschen ist nicht klar, dass Hospizdienste und Pflegeheime Geschäftsbetriebe sind. (Ich denke auch nicht gerne über diesen Punkt nach.) Aber so liegen die Dinge nun mal. Und wenn die Kosten nicht durch eine Versicherung gedeckt sind, dann steigen sie schnell ins Unermessliche und lassen Patienten und Pflegenden keine Wahl mehr. Pflege ist eine schwere und emotional belastende Arbeit, die unendlich viel Kraft kostet und sich über einen sehr langen Zeitraum erstrecken kann, wie dies bei John der Fall war. Selbst wenn die staatliche Krankenversicherung die Kosten für eine Hospizschwester wie mich übernimmt, ist die pflegende Person doch stets verantwortlich für den Alltag des

Patienten – und da gibt es eine ganze Menge zu tun. Ich wollte John zwar gute Nachrichten überbringen, aber die Wahrheit ist, dass es gar nicht so viele Optionen für Menschen wie ihn und Edith gibt. Und selbst wenn er Edith ins Heim hätte geben wollen, dann muss man wirklich entweder sehr reich oder sehr arm sein, um sich das leisten zu können. (Im letzteren Fall bezahlt der Staat.) Dazwischen gibt es nicht viel – außer man stellt jemanden ein, der sich um die Pflege kümmert, was ebenfalls teuer ist. Und die meisten Menschen liegen vom Einkommen her nun mal irgendwo dazwischen.

All das ging mir durch den Kopf, aber ich sagte nur: »Kein Problem.« Nachdem ich Ms Edith aufgenommen hatte und John die Nummer der Rufbereitschaft gab, verabschiedete ich mich von Edith, die mittlerweile das dritte Mal einen Waschlappen faltete.

Sie antwortete etwas Unverständliches und lächelte mich an, als ich ihre Schulter berührte.

Am nächsten Morgen legte ich eilig noch ein bisschen Make-up auf, während ich der Musik lauschte, die aus meinem Handy kam. Ich wartete, dass unser tägliches Telefon-Meeting losging. Von Montag bis Freitag konferierten wir morgens per Telefon, damit die Nachtschwestern und die Rufbereitschaft uns berichten konnten, was in der Nacht zuvor jeweils passiert war.

»Guten Morgen, alle zusammen!«, begrüßte uns Travis. »Amanda, kannst du bitte anfangen? Scheint so, als wäre es für die Rufbereitschaft eine aufregende Nacht gewesen.«

»Ja, ich habe viel Zeit zu Hause bei unserer neuen Patientin verbracht.«

»Oh, oh«, dachte ich. »Schon geht's los.«

»Ms Edith ist zwei Mal gestürzt, also bin ich hingefahren und habe nach ihr gesehen, um sicherzustellen, dass es ihr gut geht.

Ihre Vitalparameter waren in Ordnung. Ihre geistige Präsenz war wohl wie üblich.«

Ich atmete erleichtert wieder aus. Nun, das war nicht so ungewöhnlich, wenn man Rufbereitschaft hatte. So etwas passierte quasi ständig.

»Ich habe sie also beruhigt und zu Bett gebracht. Dann bin ich wieder nach Hause gefahren«, berichtete Amanda weiter. »Und dann, ungefähr eine Stunde später, rief ihr Mann mich noch einmal an. Ms Edith hatte das Haus verlassen, und er konnte sie nicht finden.«

Ich legte den Rougepinsel beiseite und setzte mich.

»Ich bin einige Minuten lang herumgefahren, um John bei der Suche zu helfen. Dann aber haben wir doch die Polizei geholt. Die hat Ms Edith schließlich im Straßengraben ungefähr fünfhundert Meter von ihrem Haus entfernt gefunden, wo sie Grashalme ausrupfte. Sie war unverletzt.«

»Hadley, du musst heute mit Mindy hinfahren. Sicherheit geht vor. Sie muss einfach ins Heim«, warf Travis ein. Mindy war unsere Sozialarbeiterin, die immer dann einsprang, wenn unsere Patienten eine weitergehende Unterstützung brauchten. Sie half mit Versicherungsfragen und kannte alle staatlichen und privaten Angebote außerhalb des Hospizdienstes.

»John war überdeutlich, was das angeht. Er sagte, er würde sie nie in ein Heim geben. Aber natürlich verstehe ich, was du meinst«, antwortete ich. Ich stellte das Telefon stumm und seufzte. Ich hasste solche Situationen.

Später an jenem Morgen stand ich mit Mindy vor dem Cottage und machte mich auf ein schwieriges Gespräch gefasst. Aber als die Vordertür aufging, stand ein Mann vor uns, der wohl bereit war, die weiße Fahne zu hissen.

»Hallo, John. Das ist Mindy, unsere Sozialarbeiterin«, begrüßte ich ihn und stellte sie vor. Es schmerzte mich, dass John noch gebeugter aussah als am Vortag. Edith saß im Schlafanzug auf dem Sofa. Sie hatte ein Kantinentablett vor sich auf dem Schoß, auf dem sich ein Stapel Waffeln türmte. Sie nahm sie einzeln in die Hand, sah sie an und legte sie wieder zurück. Auf dem Fernseher vor ihr liefen Zeichentrickfilme, was sie zu unterhalten schien.

»Wir haben gehört, was letzte Nacht passiert ist«, setzte Mindy mit leiser Stimme an. »Ich wollte Ihnen nur einmal schildern, welche Vorteile eine Ganztagspflege hat.«

»Ach, stecken Sie uns einfach irgendwohin und vergessen Sie uns«, jammerte John völlig verzweifelt. »Ich bin ohnehin schon vor Langem gestorben, als sie jede Erinnerung an uns als Paar verloren hat.«

Das gab mir einen Stich ins Herz. Ich konnte mir den Schmerz nicht vorstellen, den es bedeutet, von einem geliebten Menschen nur noch dann und wann erkannt zu werden. Ich hatte keine Ahnung, was ich darauf sagen sollte.

»Nun, es gibt da folgende Möglichkeiten«, fuhr Mindy fort und legte ein Blatt Papier vor uns auf den Couchtisch. »Und in allen Fällen handelt es sich wirklich um gute Einrichtungen, die auf dem neuesten Stand sind.« Ich versuchte, von meiner Seite aus die Namen der Pflegeheime zu lesen, die in der Nähe lagen und geschlossene Abteilungen hatten. Unter jedem Namen hatte Mindy die geschätzten monatlichen Kosten angegeben. Diese lagen zwischen 8 750 und 11 000 Dollar.

»Das Geld wird uns vermutlich in ein paar Jahren sowieso ausgehen«, sagte John, »aber für den Moment könnten wir uns 10 000 für uns beide leisten.«

»Das reicht aber nur für eine Person«, warf Mindy ein.

John fing an zu fluchen. »Wir können uns also nur für eine Person ein Pflegeheim leisten. Was für Möglichkeiten gibt es sonst noch?«, wollte er wissen.

Mindy und ich wechselten einen kurzen Blick. Tatsächlich *gab* es keine andere Möglichkeit.

John ahnte wohl, was uns gerade durch den Kopf ging. »Gut, ich verstehe. Ich werde darüber nachdenken. *Falls* ich mich dafür entscheide, welche Einrichtung ist die beste?«

»Wir dürfen uns dazu nicht äußern. Es tut mir leid«, antwortete Mindy.

Ich biss mir auf die Unterlippe, damit mir nicht doch was rausrutschte. Ich hätte ihm liebend gerne gesagt, was ich von den einzelnen Heimen hielt. Ich hatte durchaus eine Meinung, was den Umgang der einzelnen Einrichtungen mit den zu Pflegenden betraf.

John seufzte und legte den Kopf in beide Hände. »Na, dann bin ich mal wieder auf mich allein gestellt, wie üblich. Ich hab's kapiert.«

Mindy sah mich an und begann, ihre Unterlagen wegzupacken. Sie wusste nur zu gut, dass ich John meine Einschätzung geben würde, sobald sie die Tür hinter sich zugemacht hätte. Und ich wusste, dass sie nichts dagegen hatte.

Kaum hatte ich gehört, wie die Tür ins Schloss fiel, drehte ich mich zu John um. Er saß auf dem Sofa mit der Liste der Pflegeheime in der Hand. Und noch bevor ich etwas sagen konnte, meinte er: »Über Sutton Heights habe ich nur Gutes gehört.«

Ich stieß einen fast hörbaren Seufzer der Erleichterung aus, dass ich mich nicht unnötig aus dem Fenster lehnen musste. Sutton Heights war in meinen Augen das absolute Highlight. Die Pfleger und Pflegerinnen arbeiteten dort schon seit Ewigkeiten. Die Kommunikation zwischen dem Pflegepersonal und mir war immer bestens gelaufen, und an der Behandlung der Patienten hatte ich nie etwas auszusetzen gehabt. Also nickte ich heftig, um zu signalisieren, dass das eine gute Entscheidung wäre. John sah mich zuerst fragend an, dann lächelte er.

»Und was ist mit Beach View?« Ich hörte auf zu nicken, riss die Augen weit auf und biss mir auf die Lippen. Ich sagte nichts, und doch alles.

John lachte. »Aha, kapiert. Sutton Heights also.«

Ich lächelte zurück und konnte endlich ausatmen. »Sollen wir also den Papierkram für Sutton Heights erledigen?«, fragte ich.

»Nein, ich bin noch nicht so weit«, sagte er, jetzt wieder ernst.

Ich biss mir auf die Lippen. Travis würde sich aufregen, aber was sollte ich machen. Es war Johns gutes Recht, seine Frau zu Hause zu behalten, auch wenn wir nicht damit einverstanden waren.

»Okay«, entgegnete ich und zuckte mit den Schultern. »Dann versuchen wir also hier unser Bestes.«

»Einfach so?«, wollte John wissen.

»Ich bin hier, um Ihnen und Edith zu helfen. Aber Sie sind der Fahrer des Wagens. Ich bin nur die Beifahrerin. Sie können mich fragen, in welche Richtung es geht. Oder mir sagen, ich soll den Mund halten«, meinte ich mit einem Lächeln.

»Okay, verstanden«, sagte er und hörte sich schon viel munterer an.

Ich wünschte, ich könnte berichten, dass von nun an alles leichter wurde.

Einige Wochen später erhielt ich mitten in der Nacht einen panischen Anruf. »Hallo, hier spricht John, Ediths Mann. Ähm, ich weiß nicht, wie ich beschreiben soll, was hier vor sich geht«, kam es wie aus der Pistole geschossen, kaum dass ich abgenommen hatte. »Ich glaube, Sie sollten herkommen.«

Ich hörte Lärm im Hintergrund. Es hörte sich an, als würde Edith … schreien? »Hat sie Schmerzen?«, fragte ich.

»Sie glaubt, dass das Schlafzimmer brennt«, seufzte John vollkommen ermattet.

Als ich ankam, befanden John und Edith sich im Schlafzimmer. Er saß auf dem Bett und versuchte, Ediths Orientierungssinn wenigstens ansatzweise auf die Sprünge zu helfen. Vergeblich. Sie rannte auf und ab, hin und her und murmelte etwas in sich hinein. Zwischendrin schrie sie immer wieder laut: »Feuer! Feuer!« Ich hatte von unterwegs aus schon Dr. Kumar angerufen. Er riet mir, ich solle ihr für den Notfall das angstlösende Medikament geben, das wir Edith schon verordnet hatten, als sie in den Hospizdienst aufgenommen wurde.

In den nächsten zehn Minuten versuchte ich, Edith zu beruhigen. Ohne Erfolg. Sie lief immer noch auf und ab, raufte sich die Haare und behauptete, der Raum stünde in Flammen. Also rief ich nochmals Dr. Kumar an. Er meinte, ich solle ihr noch eine Dosis von dem angstlösenden Mittel geben und versuchen, sie abzulenken. Wie angewiesen bot ich Edith an, ihr etwas zu essen zu machen. Sie schüttelte nur den Kopf. John versuchte, sie zum Essen zu bewegen, aber sie stieß es weg. Also ging ich ins Wohnzimmer und schaltete den Fernseher ein. Dann fragte ich sie, ob sie nicht Lust hätte, mit mir fernzusehen. Sie aber setzte sich aufs Bett und sagte mit Tränen in den Augen, dass das Feuer den Raum verschlinge.

Nach dreißig Minuten war auch ich panisch, und wir alle drei völlig fertig. Schließlich holte ich mein Handy heraus und rief unsere dienstälteste Schwester an, die diesen Job schon seit fünfzehn Jahren macht.

»Hallo?«, antwortete Linda verschlafen mit ihrem ausgeprägten britischen Akzent.

»Ich bin's, Hadley«, sagte ich ein wenig ängstlich. »Es tut mir leid, dass ich dich aus dem Bett hole. Bitte sei nicht böse. Aber ich habe hier eine Alzheimerpatientin, die glaubt, ihr Bett stünde in Flammen. Sie hört nicht auf zu weinen und auf und ab zu laufen. Ich habe ihr schon die doppelte Dosis ihres angstlösenden Medikaments verabreicht, aber es wirkt *einfach nicht*«, erklärte ich hektisch.

»Liebes, warum räumst du das Schlafzimmer nicht einfach woanders hin?«, fragte Linda.

»Ähm. Wie? Wovon redest du?«, hakte ich leicht verwirrt nach.

»Wo ist denn das Feuer?«

»Es gibt ja in Wirklichkeit kein Feuer.«

»Nun, natürlich *gibt* es dieses Feuer. Es ist ihr Bett, das brennt, nicht wahr? Klar ist das stressig. Warum schiebst du ihr Bett nicht vom Feuer weg, damit sie schlafen kann?«, schlug Linda vor.

»Linda, ich glaube nicht, dass das funktioniert.«

»Probier's erst mal. Und falls es nicht klappt, rufst du mich noch mal an. Aber ich möchte wetten, dass es hinhaut. Gute Nacht«, flötete sie und legte auf.

Ich starrte das Doppelbett von Edith und John an. Wie sollte ich das denn verschieben? Und wo sollte ich damit hin? Ich rief nach John. »Ich habe eine Schwester angerufen, die tonnenweise Erfahrung hat. Sie meint, ich sollte euer Bett vom ›Feuer‹ wegschieben. Ich weiß, das hört sich gaga an, aber es gibt nicht zufällig ein zweites Schlafzimmer, wohin wir das Bett bringen könnten?«

John, der ebenso erledigt war wie ich, stand nur auf und öffnete die Tür zu einem Schlafzimmer am anderen Ende des Flurs, das ansonsten völlig leer stand.

»Okay, das schaffen wir. Ist es in Ordnung, wenn ich euer Bett verschiebe?«

»Sie sind mit Abstand die merkwürdigste Beifahrerin, die ich je hatte, aber aus irgendeinem Grund traue ich Ihnen. Also los!«

Ich ging zurück ins Schlafzimmer und überlegte, wie sich das Bett am besten verschieben ließ. Es sah so aus, als würden wir es problemlos durch die breite Tür bringen, ohne es zerlegen zu müssen. Edith stand neben mir, als würde auch sie überlegen, wie man das Bett von der Stelle rücken könnte. Ein paar Minuten später wimmerte sie wieder leise: »Feuer!« Das war einfach zu viel für mich. Es brach mir das Herz, ihren Kummer mitanzusehen. Ich würde es einfach versuchen.

Es war ein hölzernes Bett, und es sah schwer aus. Doch als ich versuchte, es von der Wand wegzuziehen, ging es ganz leicht. Vielleicht war es kein echtes Holz, denn das gute Stück ließ sich mühelos über den Teppich ziehen. Nun hatte ich genug Platz, um mich zwischen Wand und Kopfteil zu quetschen. Ich schob und schob, das Bett bewegte sich. Alle paar Sekunden guckte ich, ob ich auch noch in die richtige Richtung schob. Kaum hatte ich es halb zur Tür hinaus, schloss sich Edith mir an und schob auch. Ich weiß nicht, ob sie verstand, was wir hier trieben. Ganz sicher trug sie nicht viel zum Möbelrücken an sich bei, aber ich lächelte sie an und mit ›vereinten Kräften‹ schoben wir das Bett durch den Flur. Kaum waren wir damit im anderen Zimmer, blieb ich stehen und sah mich um. Edith deutete in die linke hintere Ecke des Raumes.

»Dorthin?«, fragte ich.

Sie nickte energisch.

Ich gehorchte und schob das Bett dorthin, wo sie es haben wollte. Als es stand und ich einen Schritt zurücktrat, um mein Werk zu bewundern, krabbelte Edith auf der Stelle hinein, drehte sich um und schien einzuschlafen. Es hatte funktioniert! Ich war selbst verblüfft.

»Gute Arbeit«, flüsterte John, sobald wir sicher waren, dass Edith eingeschlafen war. Ich legte ihm die Hand auf die Schulter und lächelte.

»Sie schaffen das. Auch Sie leisten gute Arbeit«, versicherte ich ihm.

»Es ist Zeit«, sagte er dann. »Würden Sie in Sutton Heights Bescheid sagen, dass sie kommt?«

Ich nickte. Die heutige Nacht war schwierig gewesen. Ich wusste, dass John, rein vom Kopf her, die richtige Entscheidung traf. Aber was wohl sein Herz dazu sagen würde?

Keine Woche später marschierte ich durch die Glastüren von Sutton Heights.

»Ms Edith?«, fragte die junge Dame am Empfang.

»Ja. Haben Sie sie schon kennengelernt?«

»Ihr Ehemann lebt praktisch hier. Ich habe ihn schon mehrmals in die geschlossene Abteilung gelassen«, meinte sie.

»Das überrascht mich nicht. Würden Sie es vielleicht nochmals machen?«

Die Empfangsdame stand auf und führte mich zur geschlossenen Abteilung. Sie gab den Code ein, der die schweren Türen öffnete.

»Ich nenne es Hotel California«, sagte sie, während sie wartete, dass die Türflügel aufgingen.

»Wie bitte?«

»Sie können immer rein, aber nicht mehr raus, wenn Sie erst mal drin sind.«

Die Worte der jungen Frau beschäftigten mich. Ein lautes Summen ertönte, ich verschwand hinter der Tür. Als ich zur Schwesternstation ging, sah ich, dass eine meiner liebsten Kolleginnen Dienst hatte.

»Hallo!«, begrüßte ich sie.

»Wer steht denn heute auf deiner Besuchsliste?«, fragte sie, da sie wusste, dass ich mehrere Patienten hier betreute.

Bevor ich noch antworten konnte, spürte ich eine Hand auf meinem Rücken. Ich drehte mich um und sah eine meiner Patientinnen. Sie strich mir sanft übers Haar, als ich sie anlächelte. »Eure Neue«, antwortete ich. »Ich habe sie zu Hause betreut.« Ich spürte, wie jemand mein Haar anhob und wieder fallen ließ. Überall sonst wäre dies seltsam gewesen, für uns aber war das absolut normal.

»Ah, ja, Edith. Sie macht sich prima! Am Morgen hat sie in der Tanzgruppe mitgemacht. Sie hat Zimmer sechs.«

»Unglaublich! Das hätte ich gerne gesehen!« Dann sagte ich der Patientin, die immer noch mit meinem Haar spielte, ich müsse jetzt los, aber ich würde sie morgen besuchen. Sie murmelte etwas Unverständliches, schmunzelte aber dabei. Ich nahm das als Okay und ging den hell erleuchteten Flur hinunter zu Zimmer sechs. John öffnete die Tür. Zum ersten Mal, seit ich ihn kannte, sah er ausgeruht aus. Edith saß am Fenster in einem Schaukelstuhl und genoss die Aussicht auf den Garten. Auch sie strahlte mich an, als ich eintrat.

»Nun, wie läuft es?«, fragte ich, ein wenig ängstlich auf Johns Antwort wartend.

»Eigentlich richtig gut«, gab er zurück und lachte Edith an, die sein Lachen zurückgab. Erleichtert holte ich meine Blutdruckmanschette heraus, um meine Untersuchung zu beginnen. »Ich müsste etwas besorgen. Wäre das für Sie in Ordnung?«, fragte John.

»Absolut. Machen Sie sich keinen Stress, John, weil Sie mal nicht da sein können. Ich kann ja immer die Schwestern fragen, wie es Edith geht, und Sie dann anrufen.«

»Nun, ich weiß nicht, ob ich die Zügel so locker lassen werde, aber danke für das Angebot.« Damit hauchte er Edith einen Kuss auf die Stirn und ging.

Ich arbeitete meinen Fragebogen ab, während Edith in den Garten hinaussah. Ihr Blick folgte den Vögeln und Schmetterlingen. Als ich zu der Zeile mit ihrem Gewicht kam, sagte ich zu Edith, ich würde gleich wieder hier sein. Ich müsste nur die Schwester etwas fragen.

Draußen auf dem Flur hörte ich harsche Worte. Offensichtlich ein Streit. »Wenn Sie mich nicht auf der Stelle hinauslassen, werden Sie von meinen Anwälten hören!«, schrie ein Mann.

»Sir, vielleicht sollten wir einfach Karten spielen?«, sagte eine junge Frau im Pflegerinnen-Outfit. Ihr gegenüber stand John.

»Ich bin nicht verwirrt, Sie verrückte Kuh! Ich will nur schnell heim!«, schimpfte John weiter.

»Aber Sie sind hier zu Hause. Hier sind Sie sicher«, versuchte es die junge Kollegin wieder.

Als ich merkte, dass sie John für einen Patienten hielt, der versuchte auszubüxen, sprintete ich los.

»Hallo! Ich kenne diesen Mann. Er ist der Ehemann einer meiner Patientinnen. Er selbst ist kein Patient«, sagte ich ihr.

»Oh! Ach herrje. Es tut mir ja so leid, mein Herr. Ich bin neu hier«, sagte sie zu John, während sie den Code eingab, der die Türen öffnete. Sobald er draußen war und die schweren Türflügel hinter ihm zufielen, fing ich an zu kichern. Die junge Pflegerin sah mich erschrocken an.

»Sie haben nichts falsch gemacht. Schließlich ist das Ihre Aufgabe. Sie machen das gut. Er wird das schon verkraften. Das kann ich Ihnen versprechen.« Ich versuchte, das Kichern zu unterdrücken, während ich ihr gut zuredete. Dann ging ich wieder zu Edith, um meine Visite abzuschließen. Ich erzählte Edith die ganze Geschichte, und sie kicherte mit mir, als ob sie mich verstanden hätte.

Während die Monate vergingen, baute Edith langsam immer mehr ab, aber sie hatte keine Schmerzen oder Ängste dabei. War sie anfangs noch in der Lage, zwanzig Wörter zu sprechen, waren es bald nur noch zehn und am Ende nur noch eines: »John«.

Irgendwann konnte sie nicht mehr gehen. Dieser Tag war für alle schwer, auch für das Personal im Pflegeheim, die Edith mochten – besonders aber für John. Er kam immer noch jeden Tag ins Heim und lernte, wie er seine Frau in den Rollstuhl heben konnte. Er rollte sie damit in den Speisesaal, wo sie zusammen aßen, damit sie auch mal etwas anderes zu sehen bekam. Dann verlor Edith mit der Zeit die Fähigkeit, aufrecht im Rollstuhl zu sitzen. John legte also ein Kissen zwischen ihren Arm und das kalte Metall des Rollstuhls, damit sie besser sitzen konnte. Sie sah immer noch strahlend zu ihm auf, obwohl sie mit ihm nicht mehr sprechen konnte.

Dass Edith ihr Lächeln verlor, geschah ganz allmählich. John wies mich eines Tages darauf hin.

»Es ist mir auch aufgefallen«, sagte ich zu ihm. »Unglücklicherweise gehört das bei dieser Erkrankung zur normalen Entwicklung.«

»Nicht mehr lächeln zu können, gehört zu den Stadien von Alzheimer?«, fragte John und sah mich entsetzt an.

»Möchten Sie, dass ich ehrlich bin?«, fragte ich.

»Ja. Ich mag keine Überraschungen.«

Ich zog mein Tablet heraus und zeigte John die Tabelle, die ich mittlerweile auswendig konnte.

»Wir haben hier angefangen«, bedeutete ich ihm. »Jetzt stehen wir hier.« Ich ließ meinen Finger von Phase 6E zu 7E wandern.

»Und das letzte Stadium ist, dass man den eigenen Kopf nicht mehr halten kann?«

Ich nickte und verzog schmerzlich das Gesicht.

»Das ist eine absolut grausame Krankheit«, seufzte John und schüttelte ungläubig den Kopf.

»Ja, das ist sie.«

Während die Monate vergingen, rechnete ich eigentlich damit, dass Johns Besuche weniger würden, aber er ließ nicht einen einzigen Tag ausfallen. Im letzten Monat ihres Lebens kam Edith nicht mehr aus dem Bett. Ich besuchte sie nun öfter oder schaute auch bei ihr vorbei, wenn ich bei anderen Patientinnen und Patienten Visite machte.

Eines Tages kam ich ins Zimmer und mir fiel auf, dass Edith eine unnatürliche Haltung einnahm. Ich ging zu ihr und sah, dass ihr Tränen übers Gesicht liefen. Ich versuchte, mit ihr zu reden, und strich ihr sanft über den Rücken. Sie musste starke Schmerzen haben. Ich lief hinaus und holte die Schwester.

»Haben Sie Notfallmedikamente parat?«, fragte ich.

»Ich muss einen Wert in den Computer eingeben, damit ich das Medikament herausgeben kann. Was soll ich schreiben?«, fragte die Schwester.

»Eine Zehn. Schwere Atmung, Tränen, schmerzverzogenes Gesicht, geballte Fäuste, Anspannung und insgesamt untröstlich.« Die Schwester tippte die Zahl ein und gab mir das Medikament.

»Stimmt etwas nicht mit ihr?«, wollte ich wissen.

»Nein, nichts.«

Nachdem ich Edith das Medikament gespritzt hatte, sah ich zu, wie sich ihr Körper entspannte. Dann untersuchte ich sie. Ich begann am Kopf, wie immer. Ihre Pupillen waren gleich groß. Keine Schnitte oder Kratzer an Kopfhaut oder im Gesicht. Ihr Haar war hübsch geflochten und sah frisch gewaschen aus.

»Können Sie mir Ihren Namen sagen?«, fragte ich, obwohl ich wusste, dass sie nicht antworten würde. Also klickte ich das Kästchen für die fehlende Selbstorientierung an.

»Können Sie mir sagen, wo Sie jetzt sind?« Keine Antwort.

»Wissen Sie, welchen Monat wir haben?« Keine Antwort, also keine zeitliche Orientierung.

»Hadley«, hörte ich es laut und klar. Ich sah vom Tablet auf und erwartete, eine der Schwestern von Sutton Heights zu sehen. Niemand da. Ich sah mich um, ein bisschen verwirrt. Da fiel mein Blick auf Edith, die mich direkt ansah. Es konnte doch nicht sein, dass sie gerade meinen Namen gesagt hatte. Bei ihrer Erkrankung konnte sie sich nicht an mich erinnern, geschweige denn meinen Namen sagen.

»Hadley«, sagte sie einmal mehr und sah immer noch zu mir auf.

»Ja, das bin ich«, sagte ich zu ihr und ergriff ihre Hand. »Ich bin Ihre Krankenschwester, und zwar schon seit Längerem. Ich kümmere mich um Sie. Es wird Ihnen gleich besser gehen. Ich verspreche es.«

Vielleicht war es ein Muskelkrampf oder Edith wollte mit mir kommunizieren (auch wenn sie dazu eigentlich nicht mehr fähig war): Auf jeden Fall drückte sie meine Hand für einen Moment. Während ich das Tablet in der einen Hand hielt und Ediths Hand in der anderen, schlief sie langsam ein.

Ich war froh, dass sie keine Schmerzen mehr hatte. Ich sah mir ihre Arme und Beine an. Ein paar blaue Flecken, was bei älteren Menschen öfter der Fall ist. Ansonsten war alles in Ordnung. Als ich Edith auf die linke Seite drehte und ihren Rücken ansah, setzte einen Moment lang mein Atem aus, während ich ihre Shorts herunterzog. Unmittelbar über ihren Pobacken prangte das größte Druckgeschwür, das ich je gesehen hatte. Es war größer als meine Handfläche, birnenförmig und violett, schwarz und rot zugleich.

Ich spürte, wie in mir die Wut aufwallte. In der Schule hatte ich gelernt, dass Dekubitalgeschwüre sich bilden, wenn man Patienten nicht so oft umbettet, wie es eigentlich nötig wäre. Wenn man sie zu lange in einer Stellung sitzen oder liegen lässt, übt dies Druck auf die betroffene Hautpartie aus, die dann reißt. Ich war wütend und peinlich berührt, dass ich ein Pflegeheim empfohlen hatte, das meine Patientin so schlecht behandelte. Ich hatte schreckliche Angst, John darüber zu informieren.

Dann rief ich Travis an, weil ich nicht sicher war, wie ich in diesem Fall von Vernachlässigung reagieren sollte. Sobald er ans Telefon ging, erzählte ich ihm von der klaffenden Wunde, die das Pflegepersonal offensichtlich übersehen hatte.

»Warte mal. Ich glaube nicht, dass du da richtigliegst. Einen Moment«, sagte er. Ich hörte, wie er etwas in den Computer tippte.

»Deja war letzte Nacht bei ihr und hat berichtet, dass Ms Ediths Haut nur minimale Druckstellen an Beinen und Armen aufweist«, meinte Travis. Nach einer kurzen Pause fragte er: »Hast du je vom Kennedygeschwür gehört?«

»Nein«, antwortete ich und überlegte fieberhaft, was ich in der Schwesternschule über Wundversorgung gelernt hatte.

»Du weißt aber, dass die Haut ein Organ ist, oder?«

»Sicher«, antwortete ich, weil mir nicht klar war, worauf er hinauswollte.

»Nun, am Ende unseres Lebens stellen die Organe langsam den Dienst ein. Das gilt auch für unsere Haut. Kennedygeschwüre tauchen manchmal buchstäblich aus dem Nichts auf, und sie sehen schrecklich aus. Das ist niemandes Schuld. Du musst nur dafür sorgen, dass sie keine Schmerzen hat.«

Ich hatte noch nie von einem Kennedygeschwür gehört, war aber froh, dass Travis mich aufgeklärt hatte, bevor ich das Personal fälschlicherweise beschuldigte. Meine Erleichterung schlug in Angst um, als mir bewusst wurde, dass ich John anrufen und ihm eröffnen musste, was auf ihn zukam. Zitternd wählte ich Johns Nummer. Er antwortete fröhlich.

»Hallo! Waren Sie heute schon in Sutton Heights?«, fragte ich zögernd.

»Nein. Aber ich bin gerade auf dem Weg dorthin!«

»Okay. Ich werde bleiben, dann können wir uns unterhalten.«

Während ich auf ihn wartete, beobachtete ich Edith und achtete darauf, dass sie es bequem hatte. Ich wünschte, sie hätte mir sagen können, was sie sah.

Kurz darauf kam John herein und trat an ihr Bett. »Etwas ist anders«, sagte er und sah besorgt drein. Ich war überrascht, aber auch beeindruckt, dass er es merkte. Ihn und seine Frau verband eine unglaublich enge Beziehung. Ich legte ihm die Hand auf die Schulter und erklärte ihm, was seit meiner Ankunft geschehen war. John weinte still vor sich hin, während er zuhörte.

»Ich komme mir wie ein Idiot vor, aber ich bin noch nicht bereit dafür. Dabei würde man doch meinen, nach allem, was wir gemeinsam durchgemacht haben, würde mich das nicht mehr schockieren«, sagte er und putzte sich die Nase.

»Ich glaube, das ist normal.«

»Was kommt als Nächstes?«

»Ich werde mit dem Personal sprechen, damit alle wissen, wann sie ihr die Medikamente geben beziehungsweise wann sie uns anrufen müssen. Wenn ich dann in der Nacht nicht mehr gebraucht werde, komme ich am nächsten Morgen wieder. Ist das für Sie in Ordnung?«

»Ja. Und danke für alles, Hadley«, sagte er.

Es gab in jener Nacht keine Anrufe wegen Edith – auch in anderen Nächten nicht. Ich besuchte Edith und John während der nächsten fünf Tage täglich, bis Edith fortging. Ich war nicht dabei, als es geschah, aber man sagte mir, es sei alles sehr friedlich verlaufen.

Zu meiner Überraschung war John schon weg, als ich zwanzig Minuten nach Ediths Tod ins Pflegeheim kam. Die Schwester sagte mir, er hätte es nicht ertragen können, Edith so zu sehen.

Ich wusch Edith und unterhielt mich dabei die ganze Zeit mit ihr. Dann öffnete ich das Fenster zum Garten. Ich schaute den Vögeln und Schmetterlingen zu, wie Edith vor einigen Monaten, und wartete darauf, dass die Mitarbeiter des Bestattungsunternehmens eintrafen. Danach verabschiedete ich mich ein letztes Mal von ihr, bevor man ihr das Leichentuch übers Gesicht zog. Dabei wende ich mich immer ab – diesen Moment mag ich am allerwenigsten. Ich zucke dann jedes Mal zusammen, weil ich das Gefühl habe, dass sie jetzt nicht mehr atmen können. Aber natürlich ist das eine völlig unbegründete Angst.

Ich dokumentierte den ganzen Ablauf und erledigte alle erforderlichen Anrufe. Dann verabschiedete ich mich vom Personal von Sutton Heights und wandte mich meinen Tagespflichten zu.

Ich saß im Büro und blätterte halbherzig durch meine Papiere, als Steve, unser Kaplan, hereinkam und sich neben mich setzte. »Ich habe mich heute mit Chris unterhalten«, sagte er. Steve besuchte häufig das Altenpflegeheim, in dem Chris arbeitete, um nach Hospizpatienten zu sehen. Die beiden waren schon seit einigen Jahren gute Freunde. Tatsächlich kannten sie sich länger, als ich die zwei kannte.

»Ach ja?«, fragte ich.

»Ja. Wir haben über seine Mutter gesprochen und für sie gebetet.«

»Oh, das ist aber nett von dir. Vielen Dank dafür!«

»Sie sagt, dass sie den Krebs besiegen wird«, erzählte Steve und sah mich an.

Ich biss mir auf die Lippen, sagte nichts und sah nur geradeaus auf meinen Computer. Ich wusste es besser. Ich hatte schon viele Patienten mit Gehirntumor gepflegt.

»Du glaubst wahrscheinlich nicht daran«, meinte er.

Ich schüttelte leicht den Kopf.

»Ich glaube, da bist du ein bisschen voreingenommen«, meinte er. So hatte er noch nie mit mir geredet. Die meisten Menschen gingen dem Thema von Babettes Krankheit und ihrem bevorstehenden Tod lieber aus dem Weg.

»Ich habe noch nie gesehen, dass ein Patient seinen Gehirntumor besiegt«, erklärte ich tonlos.

»Ja, aber du kümmerst dich auch nur um Menschen im letzten Stadium ihres Lebens, Hadley. So weit ist Babette noch lange nicht. Es kann ja nicht schaden, positiv zu denken«, meinte er gelassen.

Und da sprudelten plötzlich all meine Gefühle, die ich die ganze Zeit verborgen hatte, an die Oberfläche. »Ich kann damit nicht positiv umgehen. Der Tod ist schlimm, und er erwartet uns alle. Ich freunde mich mit meinen Patienten an, und dann sterben sie. Ich komme von der Arbeit, wir besuchen Babette und alles, was ich sehe, erinnert mich ans Sterben. Wir machen keine längeren Reisen mehr, falls etwas passieren sollte. Wir fahren nicht fort mit unserem Leben und schieben die Verlobung auf, weil eine Feier jetzt einen falschen Unterton hätte. An jedem einzelnen Feiertag liegt die Krankheit über uns wie ein Schatten, weil jeder denkt, dass es vielleicht ihr letzter ist. Aber niemand sagt etwas.« Mir schlug das Herz bis zum Hals. Ich glaube nicht, dass ich meine Gefühle jemals zuvor auf diese Weise offenbart habe. Ich empfand sie als unwürdig. Wann immer ich so dachte, erinnerte ich mich daran, wie viel schlechter alle anderen dran waren. Wenigstens lag ich nicht im Sterben.

»Du weißt doch, dass es völlig in Ordnung ist, wenn du dich so fühlst?«, fragte Steve. »Das ist völlig normal.«

»Ich habe die gleichen Kurse belegt wie du. Ich habe auch gelernt, den Menschen zu sagen, dass ihre Gefühle normal sind. Bei mir funktioniert das nicht.« Gleich darauf brach ich in Gelächter aus, bis schließlich die Tränen flossen. Ich wäre nie darauf gekommen, was sich da alles in mir aufgestaut hatte, aber darüber endlich reden zu können, tat mir wirklich gut.

»Ich habe Freunde, die Therapien anbieten. Ich könnte dir ihre Nummer geben, wenn du möchtest.« Seine Stimme klang väterlich.

»Ich verspreche dir, dass es mir besser geht, als es jetzt aussieht«, sagte ich, wischte mir die Tränen aus den Augen und dankte ihm, dass er mir zugehört hatte.

Der Winter verging und nahm viele meiner Patienten mit sich. Kennst du diese Tage, wenn die Temperaturen schon um die zwanzig Grad erreichen, die Sonne scheint, die Vögel zwitschern und man förmlich spürt, wie der Frühling die schwere Last des Winters abschüttelt? An einem dieser vollkommenen Tage wartete ich vor den verschlossenen Türen von Sutton Heights auf Einlass. Dabei fiel mir an der Tür ein knallbunter Flyer auf.

Ich las: TRIBUTE TO EDITH. Es sollte offensichtlich eine kleine Feier zu Ediths Ehren im Garten des Heims stattfinden, wo man in ihrem Namen eine Bank gestiftet hatte. Ich suchte nach dem Datum und der Zeit, weil ich gerne hingegangen wäre. Zu meiner Überraschung stellte ich fest, dass die Feier an ebendiesem Tag stattfand – eben jetzt, in diesem Moment. Ich ging durch die Tür und gleich weiter in den Garten, wo eine kleine Gruppe zusammensaß und John zuhörte, der Geschichten über Edith erzählte. Er hielt eine Urne in der Hand und berichtete, dass er in den letzten Monaten Ediths Asche an all den Orten verstreut hatte, die die beiden gemeinsam bereist und geliebt hatten. Er wirkte glücklich, und ich freute mich für ihn. Nachdem er zu Ende gesprochen hatte, streute er ein wenig von ihrer Asche neben die Bank.

Ich wartete, bis all die lieben Menschen wieder gegangen waren, die ihn in den Arm nehmen und ihm auf die Schulter klopfen wollten. Als ich merkte, dass sein Blick auf mich fiel, winkte ich ihm zu.

»Hadley, wie schön, dass Sie hier sind!«, rief er aus. »Ich wollte Sie schon anrufen, aber ich wollte nicht, dass Sie mich für einen verrückten alten Mann halten.«

»John, so was würde ich doch nie denken!«, versicherte ich ihm. »Sie sind mir immer willkommen. Das hätte ich Ihnen vielleicht sagen sollen.« Ich fragte, ob er das Gefühl gehabt habe, dass ich ihm als trauerndem Angehörigen gegenüber vielleicht zu verschlossen gewesen sei.

»Nein, nein. Nichts dergleichen. Aber ich kann Ihnen eine irre Geschichte erzählen! Außer Ihnen würde das vermutlich kein Mensch verstehen, aber vielleicht denken ja auch Sie, dass ich nicht mehr ganz normal bin.« Johns Augen fingen an zu leuchten, während er redete. So hatte ich ihn noch nie erlebt. Er hatte sich sogar zu seiner vollen Größe aufgerichtet, ein neuer Mensch.

»Ich verspreche hoch und heilig: Ich werde Sie nicht für verrückt halten!« Tatsächlich glaubte ich nicht, dass er mich noch mit irgendwas überraschen könnte.

»Erinnern Sie sich noch, wie Edith dachte, unser Schlafzimmer stünde in Flammen?«

»Natürlich. Das werde ich nie vergessen«, sagte ich ehrlich.

»Also, es ist so, keiner weiß, woran genau es lag. Vielleicht haben die alten Stromleitungen zu brennen angefangen, aber ein paar Monate nach Ediths Tod ist dieses Schlafzimmer komplett ausgebrannt.« John schien geradezu begeistert.

Ich bin sicher, der Schock war auf meinem Gesicht abzulesen. Es dauerte eine Weile, bis ich mich wieder gefasst hatte. Dann fragte ich: »Ihnen geht es aber gut?« Meiner Ansicht nach war das die sinnvollste Frage.

»Ja, aber nur, weil ich das Bett nie zurück in diesen Raum gebracht habe. Ich habe in dem anderen Zimmer geschlafen, seit Sie das Bett dorthin geschoben haben.« John machte eine kurze Pause, dann sagte er voller Gewissheit: »Edith wusste es.«

Mein Gehirn suchte nach einer anderen möglichen Erklärung, aber ich konnte keine finden. »Vermutlich hat sie das«, sagte ich leise.

Aber ... *wie*? Wie konnte sie das wissen?

Ich hatte während meiner Tätigkeit als Hospizpflegerin schon viele erstaunliche Erfahrungen gemacht, aber dies war das erste Mal, dass mir etwas vollkommen Unerklärliches begegnete. Und doch war es nicht von der Hand zu weisen. Ich bin sicher, dass jetzt der ein oder andere Lesende meint, das Ganze sei schlichter Zufall. Aber wenn, dann ist es schon ein gewaltiger Zufall, und das ist in meinen Augen als Erklärung nicht gut genug.

Von diesem Augenblick an und nach dem, was ich mit Edith erlebt hatte, veränderte sich mein Bild von Alzheimerpatienten ein für alle Mal. Man konzentriert sich so leicht auf die Tatsache, dass sie in so vielerlei Hinsicht nicht mehr da sind. Worüber wir nur selten nachdenken: *Wo sind sie denn*? Ich sage von meinen Patientinnen und Patienten oft, dass sie mit einem Fuß in dieser Welt stehen, mit dem anderen in der nächsten. Mittlerweile glaube ich – natürlich ohne es beweisen zu können –, dass Alzheimerpatienten zwar körperlich immer noch in dieser Welt sind, aber ab einem bestimmten Punkt stehen sie bereits mit beiden Beinen dort, wohin wir alle als Nächstes unterwegs sind, auf der anderen Seite. Man betrachtet sie nur allzu leicht wie Kleinkinder, die nicht wissen, was vorgeht. Aber ich glaube nicht, dass das stimmt. Edith und viele Alzheimerpatienten, die ich nach ihr betreut habe, haben diese Vorstellung Lügen gestraft, weil sie Dinge getan haben, die aus wissenschaftlicher oder medizinischer Sicht unmöglich waren.

Wie konnte Edith sich an meinen Namen erinnern – oder ihn gar aussprechen –, obwohl sie sich längst in der schweren Phase ihrer Erkrankung befand und die kognitive Fähigkeit zur Gedächtnisbildung eingebüßt hatte? Woher konnte sie wissen, wo genau das Feuer ausbrechen würde? Ich betrachte und behandle meine Patienten mit meinem Krankenschwesterngehirn, doch mein Krankenschwesterngehirn kann all diese Dinge nicht erklären. Ich glaube an die Medizin und die Wissenschaft, aber meine Erfahrung sagt mir, dass sie zwar viel, aber längst nicht alles erklären können.

Bis zum heutigen Tag habe ich keine Erklärung, warum oder wie all das geschehen konnte. Aber es ist einfach so passiert.

Bald nachdem John mir von dem Feuer erzählt hatte, traf ich Linda, die Krankenschwester, die mir damals geraten hatte, Ediths Bett zu verschieben, als sie vermeintlich halluzinierte. Ich berichtete ihr, was passiert war, und auch sie schien nicht überrascht zu sein.

»Solche Dinge geschehen nun mal«, meinte sie schlicht und zuckte mit den Schultern. »Ich freue mich, dass du das Bett verschoben hast.«

7

Reggie

Schon während ich auf das Restaurant zusteuerte, konnte ich meine langjährigen Freundinnen Molly und Kelly sehen, die auf der Terrasse auf Barhockern saßen und an ihren Weingläsern nippten. Für Januar war es erstaunlich warm, aber ich war trotzdem froh, dass sie einen Platz in der Nähe eines Heizpilzes gewählt hatten.

»Hallo, ihr Lieben!«, sagte ich und schob mich auf den leeren Stuhl neben Kelly, gegenüber von Molly.

»Wir haben gerade über die Arbeit gesprochen«, meinte Molly.

Ich nickte und lächelte. Molly arbeitete im Einzelhandel. Kelly, meine zweite Jugendfreundin, war Empfangsdame in einem Maklerbüro. Kelly hatte gerade zu Ende erzählt, wie wütend ein Klient einmal auf sie war, weil man ihm die Hypothek verweigert hatte, als der Kellner mit meinem Glas Wein ankam. »Cheers!«, riefen wir im Chor und stießen an.

Molly nahm den Gesprächsfaden wieder auf. »Das passiert mir auch immer wieder. Ich hatte erst kürzlich einen Kunden, der total sauer war, weil er einen Rabattcoupon nicht einlösen konnte. Und an diesem Tag hinterließen wirklich alle, die in den Laden kamen, ein totales Chaos auf den Verkaufstischen. Ich war ständig am Aufräumen.«

Ich nickte und schnappte mir ein paar Käsewürfel von dem Servierbrett auf unserem Tisch.

»Und du, Hadley? Wie läuft es denn bei dir?«

Ich überlegte, was ich darauf wohl am besten erwidern könnte. *Heute früh ist einer meiner Patienten gestorben, und dann habe ich nachmittags einer Frau, die bald Witwe werden würde, die Tränen getrocknet, weil ihr alles über den Kopf wuchs.* Das waren wohl kaum die richtigen Geschichten für die Happy Hour.

»Na ja, immer das Gleiche«, sagte ich schulterzuckend und wünschte mir, ich könnte mal erzählen, wie mein Job so ist und was er emotional mit mir macht. Aber das würde uns die Laune verhageln. Also stopfte ich mir noch ein Stück Käse in den Mund, um keinen Zweifel aufkommen zu lassen, dass ich zu diesem Thema nichts weiter beizutragen hatte.

Das war keine unübliche Situation, und es passierte auch nicht nur mit meinen Freunden. Ich hatte mir in den letzten Jahren einfach angewöhnt, Geschichten aus meiner Arbeit für mich zu behalten. Ich liebte meinen Beruf, und die Wahrheit ist: Obwohl ich dem Tod und den damit verbundenen Emotionen häufig begegnete, fühlte ich mich mit der Hospizarbeit lebendiger als je zuvor. Für mich war sonnenklar, dass ich meine wahre Berufung gefunden hatte. Trotzdem reagierten andere Menschen auf das, was ich machte, mit Abwehr.

Ich hatte mich längst an die Leute gewöhnt, die schnell das Thema wechselten, sobald die Sprache auf meinen Beruf kam. Mittlerweile tat ich das ganz automatisch selbst. Und die wenigen Male, bei denen ich das nicht getan hatte, hatte ich es immer bereut. Chris und ich hatten im Urlaub mal an einer Wohltätigkeitsveranstaltung teilgenommen. Irgendwann wollte ein Arzt von uns wissen, was wir beide beruflich machten. Chris erzählte, er sei

Physiotherapeut. Als der Arzt sich dann mir zuwandte, sagte ich, ich sei Hospizschwester.

»Oh«, sagte er und verzog das Gesicht, während er die Flüssigkeit in seinem Glas kreisen ließ. »Das ist ja deprimierend.« Und das kam tatsächlich von einem *Arzt*.

»Nein, eigentlich nicht«, antwortete ich lächelnd. »Ich mag die Arbeit …«

»Sie *mögen* den Tod?«, unterbrach mich der Arzt.

Ich spürte, wie mir die Röte ins Gesicht stieg. »Also, ein bisschen mehr ist da schon dran«, erklärte ich und suchte nach Worten. »Sie haben ja nicht ständig mit dem Tod zu tun.«

»Hmmm«, gab er zurück, offensichtlich desinteressiert. »Es war nett, Sie beide kennenzulernen.« Damit drehte er uns den Rücken zu. Peinlich berührt dachte ich, ich hätte wohl lieber sagen sollen, ich sei Krankenschwester, und es dabei bewenden lassen.

Und es waren nicht nur Fremde, die meine Arbeit merkwürdig fanden. Das galt auch für Freunde und Familie, vor allem, wenn ich erklärte, wie viel mir mein Beruf bedeutete. Bei einem besonders schmerzhaften Gespräch fragte mein Vater mich, wann ich mich endlich entschließen würde, wieder eine »richtige Krankenschwester« zu sein. Als ich widersprach und sagte, ich *sei* ja eine richtige Krankenschwester, hielt er mir vor: »Nun, eine Krankenschwester hilft, Leben zu retten, und lässt ihre Patienten nicht einfach sterben.«

Ich versuchte, seine Worte zu vergessen, aber das Gespräch beschäftigte mich noch lange. Ein paar Tage später fragten Chris' Eltern, wie es denn bei mir im Beruf laufe. Da ich eine ähnliche Situation nicht noch einmal erleben wollte, wich ich anders als sonst einer ehrlichen Antwort aus.

»Es ist ganz okay«, sagte ich mit einem schiefen Lächeln.

Chris sah mich erstaunt an. »Aber du liebst deine Arbeit!«, protestierte er.

»Ja schon«, sagte ich und schaute auf meinen Teller. »Aber manchmal zweifle ich doch daran. Vielleicht wäre es besser, ich würde ins Krankenhaus zurückgehen.«

»Jemand hat Hadley gesagt, sie sei keine richtige Krankenschwester«, erklärte Chris seinen Eltern. Er wollte weitererzählen, aber Babette unterbrach ihn.

»Hadley«, sagte sie und sah mir in die Augen. »Macht dein Beruf dich glücklich?«

»Ja«, antwortete ich.

»Das ist alles, was zählt«, befand Babette mit fester Stimme, als wäre damit alles geklärt. »Das Leben ist kurz. Ich weiß das sehr gut! Und wenn dein Glück anderen nicht passt, dann zum Teufel mit ihnen! Das geht sie doch gar nichts an.«

Die Erinnerung an diesen Moment hüte ich bis heute wie einen kostbaren Schatz.

Molly und Kelly schienen nicht zu merken, dass ich ausweichend antwortete, und so drehte sich unser Gespräch bald um Beziehungen.

»Brooks und ich haben uns endlich für ein Datum entschieden!«, erzählte Molly.

Ich lächelte und freute mich, dass wir das Thema elegant umschifft hatten. Und Molly erzählte uns nun alles über die geplante Hochzeit.

»Und ihr beiden? Läuten bei euch auch bald die Hochzeitsglocken?«

Chris und ich hatten uns vor einigen Monaten Ringe angesehen, aber seitdem hatte er das Thema nicht mehr erwähnt. Ich müsste lügen, würde ich behaupten, nicht ein klein bisschen enttäuscht gewesen zu sein. Aber Babette war so krank, und mir war klar, dass sie im Moment im Mittelpunkt stehen sollte.

»Ich bin bereit, aber ich warte noch!«, scherzte Kelly.

»Ich auch!«, stimmte ich ihr zu.

Wir tranken aus, zahlten und versprachen uns, uns bald wieder zu treffen. Vom Restaurant aus ging ich zum Strand, wo ich Chris traf, der Brody von der Kita abgeholt hatte, damit ich ein wenig Zeit mit meinen Freundinnen verbringen konnte. Ich sah die beiden schon von Weitem. Sie bauten eine Sandburg. Der Wind klebte mir förmlich die Haare ins Gesicht. Trotzdem blieb ich einen Moment stehen und schaute der Brandung zu. Ich wusste, dass dem Patienten, der am Morgen gestorben war, bald ein neuer folgen würde. Ein nie endender Zyklus, so wenig vorhersagbar wie die Wellen des Ozeans. Ich fragte mich, wen ich wohl als Nächstes pflegen durfte.

Die Frage wurde bald beantwortet. Schon zwei Tage später erhielt ich die Akte einer Neuaufnahme: *Reggie ist ein achtundfünfzigjähriger Mann, der eine Lebererkrankung im letzten Stadium hat. Kein Kandidat für eine Transplantation, weil er innerhalb der letzten sechs Monate Alkohol konsumiert hat. Der Name seiner Frau ist Lisa. Sie pflegt ihn. Sie haben keine Kinder oder andere Menschen, die ihnen helfen könnten.* Daneben eine handschriftliche, rot umrahmte Notiz: *Hohe Selbstbeteiligung. Sozialhilfe?* Und darunter: *Genehmigt.*

Ich seufzte erleichtert auf. Die Kosten für den Hospizdienst werden von Medicare, einer staatlichen Krankenversicherung, übernommen. Aber bei Patienten wie Reggie, die noch keine fünfundsechzig Jahre alt sind, ist das kompliziert. Manchmal übernimmt eine private Krankenversicherung die Hospizkosten zu hundert Prozent. Aber häufig muss der Patient einen Selbstkostenanteil entrichten, und der kann mehrere Tausend Dollar ausmachen. Dass die Sozialhilfe einer Kostenübernahme zugestimmt hatte, war sehr selten. Das traf nur auf etwa ein Prozent unserer

Patienten zu. Für uns hieß das, dass alles bezahlt wurde, was die Versicherung nicht übernahm.

Als ich an meinem Schreibtisch saß und Reggies Papiere durchging, hörte ich Steves Stimme hinter mir. »Hallo, hallo!«, rief er, als er ins Schwesternzimmer kam. Ich drehte mich auf meinem Stuhl um und lächelte ihm zu. Er trug ein weißes Hemd und eine schwarze Stoffhose, beides perfekt gebügelt. Er zog sich einen Stuhl heran, wobei dessen Füße über den Kachelboden scharrten. »Wie geht es Babette?«, fragte er. »Sie ist in meinen Gebeten.«

»Sie verliert immer noch Gewicht. Sie hat einen Onkologen hier in der Stadt und geht alle paar Monate zu Dr. Anderson. Manchmal habe ich das Gefühl, sie schieben sie von einem zum anderen, und niemand übernimmt wirklich Verantwortung. Aber du weißt ja, sie ist selbst Krankenschwester und sagt, sie hat das Ganze im Griff. Daher möchte ich mich nicht einmischen.«

»*Hat* sie es denn im Griff?«, wollte Steve wissen.

Ich schwieg. Irgendetwas war an Steve, das mich nichts verschweigen ließ.

Ich seufzte. »Ich weiß nicht. Es scheint ihr gut zu gehen, aber ich bemerke immer wieder solche Kleinigkeiten. Zum Beispiel, wenn sie den Code für den Lagerraum vergisst. Aber wir wissen nicht, ob das vom Krebs kommt oder ob das jedem passieren könnte. Ich wünsche mir für sie das Beste, aber ich möchte ihr nichts nehmen.«

Steve kam mit seinem Stuhl ein wenig näher. Er beugte sich zu mir, bevor er zu sprechen anfing: »Lass mich mal so fragen: Wenn du dich nicht einmischst, was ist das Schlimmste, was passieren könnte?«

»Sie würde nicht die bestmögliche Behandlung bekommen«, antwortete ich, ein wenig verwirrt wegen dieser Frage.

»Und was wäre das Schlimmste, falls du dich doch einmischen würdest?«

»Sie würde vielleicht eine bessere Behandlung bekommen, vielleicht aber auch nicht. Und sie wäre vielleicht verletzt, weil ich sie nicht für sich selbst bestimmen ließ.«

»Ich glaube, du weißt, was du tust«, sagte er, wobei er mir die Hand auf den Arm legte. Dann ging er nach nebenan in die Küche.

Ich seufzte, nickte und wandte mich wieder meinem Papierkram zu.

»Wer ist das?«, fragte Steve und zeigte auf den Stapel Blätter, während er sich Kaffee einschenkte.

»Reggie«, antwortete ich. »Ein möglicher neuer Patient, den ich bald treffen werde. Ich habe gerade gelesen, dass er Atheist ist. Ich glaube also nicht, dass er einen Kaplan braucht. Aber ich werde ihn trotzdem über deine Dienste informieren.«

»Ich kann jede Hilfe anbieten, die er braucht. Und ich werde nicht über Dinge reden, die er nicht hören will, okay?«

Ich lächelte und schüttelte den Kopf. »Ich weiß das, aber die meisten Menschen glauben mir nicht, wenn ich ihnen das sage. Sie fürchten, du kommst und schüttest ihnen einen Eimer Weihwasser über den Kopf.«

»Ich würde noch nicht mal meine Trinkwasserflasche mitbringen. *Cross my heart* – oder lieber doch kein Kreuz«, lächelte er und streckte mir seinen kleinen Finger entgegen.

Ich hakte ein und gab sein Lächeln zurück. Auch Kleine-Finger-Versprechen sind gültig.

An jenem Nachmittag besuchte ich Reggie zum ersten Mal zu Hause. Er lebte in einem geräumigen Wohnmobil, das stark reparaturbedürftig war. Ich sah, wie mich ein Mann beobachtete, eine Zigarette zwischen den Lippen. Ich winkte ihm zu, während ich durchs dichte Gras auf Reggies Wagen zuging. Dann schrie ich kurz auf. Ich hatte ein Loch übersehen und war hineingetreten. Der Nachbar lachte mich aus. Ich hob den Fuß und setzte meinen Weg fort, auf Reggies Tür zu, wo ich klingelte.

»Funktioniert nicht, Süße«, schrie der Typ zu mir herüber.

Ich klopfte. Von drinnen kam lautes Gebell.

»Ach, sei ruhig, Max«, schimpfte jemand hinter der geschlossenen Tür. Einen Moment später kam eine Frau in einem einfachen schwarzen Kleid heraus. Sie war wohl um die fünfzig. Ihr schwarzes Haar trug sie sauber hinters Ohr gekämmt, aber es fiel trotzdem eine Strähne über ihr Gesicht, als sie sich bückte und Max am Halsband nahm.

»Es tut mir so leid«, sagte sie, während Max sich allmählich beruhigte. Er wedelte munter mit dem buschigen Schwanz, wie nur ein Golden Retriever es kann.

»Ich bin's gewöhnt«, sagte ich. »Ich bin Hadley. Ich freue mich, Sie kennenzulernen.«

»Lisa. Die Freude ist ganz auf meiner Seite. Reggie ist hier drin.«

Sie wies mich in die Wohnecke, wo ein Kunstledersofa stand, daneben ein Couchtisch, der von Zeitschriften, Zigaretten und Mehrwegbechern fast ganz bedeckt war. Der Fernseher stand auf einem alten Holzgestell und war stummgeschaltet. Es lief gerade eine Gameshow. Gegenüber lag Reggie in einem Liegestuhl. Er trug ein einfaches weißes T-Shirt und Schlafanzughosen, die sich über seinen aufgetriebenen Bauch wölbten. Medizinisch nennt man das »Aszites« oder »Bauchwassersucht«. Sie gehört zu den typischen Symptomen von Leberkrebs.

Lisa ging zu Reggie und schüttelte ihn ein wenig an der Schulter, um ihn aufzuwecken. Er sah sich verwirrt um, bis sein Blick auf mich fiel. »Du erfüllst also endlich meinen letzten Wunsch, hm?«, sagte er zu seiner Frau.

Es berührte mich, dass er für den Hospizdienst so dankbar war, aber seine Frau kannte ihn besser. »Halt bloß die Klappe, Reggie. Ich meine es ernst«, schimpfte sie ihn.

»Du hast mir also eine persönliche Stripperin eingeladen«, sagte er und lachte los. Ich sah ihn erstaunt an, weil ich nicht wusste, was ich erwidern sollte. Ich sah an meinem üblichen blauen Schwestern-Outfit hinunter, Kasack, Hose und Tennisschuhe.

»Er ist verwirrt«, warf Lisa schnell ein, wie um seine Worte ungeschehen zu machen. »Das ist Teil der Erkrankung.«

Ich nickte in ihre Richtung und ignorierte Reggie. Noch vor einem Jahr hätte ich solch ein Verhalten zu rechtfertigen versucht. Mittlerweile wusste ich es besser.

»Ich muss Ihnen erst ein paar Fragen stellen, um zu klären, ob Sie in den Hospizdienst aufgenommen werden können. Ist das in Ordnung?«

»Natürlich. Wir brauchen Hilfe. Wir freuen uns, dass Sie da sind«, versicherte mir Lisa, bevor Reggie dazwischenfunken konnte. Ich stellte meine Pflegetasche ab und zog mein Tablet heraus.

»Okay. Erste Frage: Können Sie mir Ihren Namen sagen?«

»Reggie Bush. Sehen Sie das nicht? Ich sehe genau aus wie er«, gab Reggie mit einem Grinsen zurück.

»Ich sehe hier einen anderen Nachnamen«, entgegnete ich.

»Ach je, Sie verstehen keinen Spaß!«, stöhnte er. »Ich bin diese Fragen gewöhnt, schließlich komme ich gerade aus dem Krankenhaus. Mein Name ist Reggie. Wir haben Januar. Was wollen Sie denn noch wissen?«

Ich machte mein Kreuz in zwei der drei Kästchen, was hieß, dass er sich über seine Person und die Zeit im Klaren war. Fehlte nur noch der Ort.

»Wissen Sie, wo Sie hier sind?«

»Ja, in der Hölle«, meinte er ausdruckslos. Dann griff er nach einer von Feuchtigkeit beschlagenen Dose Bud-Light-Bier. »Ich bin bei mir zu Hause«, seufzte er. »Das ist meine Frau Lisa. Das ist mein Hund Max. Und das«, sagte er und prostete mir mit der Bierdose zu, »ist, was mich hierher gebracht hat.« Dann setzte er sie an und trank sie leer.

Ich machte mein Kreuz bei »Ort«, was hieß, dass er wusste, wo er war. Dann zog ich meine Stiftlampe heraus, um mit der körperlichen Untersuchung zu beginnen. Gewöhnlich begann ich am Kopf und arbeitete mich systematisch vor bis zu den Zehen, um bestimmt nichts zu übersehen. Als ich an Reggie herantrat, fiel mir auf, dass das Weiße seiner Augen schon gelb war – auch dies ein Zeichen für eine fortgeschrittene Lebererkrankung. Bei der weiteren Untersuchung sah ich, dass seine Arme sehr dünn waren. Die Haut hing lose daran herab, was mir sagte, dass er einst muskulös gewesen war.

»In welchem Bereich haben Sie früher gearbeitet?«, fragte ich, um die Stille zu durchbrechen.

»Auf dem Bau.«

»Da hatten Sie in dieser Gegend vermutlich viel zu tun. Ich schwöre, es vergeht kein Tag, an dem ich nicht irgendwo ein neues Gebäude aus dem Boden schießen sehe.«

»Ja, jeder will sich ein Stück vom Strand sichern«, sagte er. »Lisa und ich sind hierhergezogen, da war das hier noch ein kleines Fischerdorf. Da gab es rundherum schlicht gar nichts. Daher konnten wir uns den Grund hier leisten. Jeder Immobilienspekulant in der Stadt hat seitdem versucht, mir das Grundstück abzukaufen, aber ich sage immer Nein. Selbst wenn ich für Hunderttausende verkaufen würde, wie sie mir immer anbieten, wo soll ich denn danach hin? Überall sonst ist es noch teurer.«

»Sie wollen uns aus der Stadt vertreiben, Reggie. Darum geht es«, rief Lisa aus der Kochnische. »Sie mögen keinen Abschaum wie uns.«

»Gib es bloß niemandem, Lisa. Hörst du?«

»Wem sollte ich es denn geben, hm? Wir haben keine Kinder und keine Familie.«

»Gib es ihr«, sagte er und zeigte mit der Bierdose auf mich, während ich mein Maßband aus der Tasche holte. Lisa verdrehte die Augen. Offensichtlich war dies ein regelmäßiges Streitthema zwischen den beiden, für das es allem Anschein nach keine Lösung gab.

»Da wäre Ihr Nachbar aber ganz schön sauer«, sagte ich und lachte, um zu zeigen, dass das ein Witz sein sollte.

»Der mag niemanden«, sagte Reggie und schlürfte sein zweites Bier, das Lisa ihm wohl gegeben hatte, als ich in meiner Tasche herumkramte.

Ich entschuldigte mich, weil ich Dr. Kumar anrufen musste, um Reggie in den Hospizdienst aufzunehmen. Glücklicherweise saß der Nachbar nicht mehr auf seiner Veranda.

»Hallo, Hadley. Ich bin gerade mit dem Auto unterwegs. Ich kann mir also nichts ansehen«, meinte Dr. Kumar.

»Kein Problem. Der Fall liegt eigentlich ziemlich klar.«

Ich erstattete ihm Bericht über Reggie. Als ich sagte, er hätte Aszites, unterbrach der Arzt mich. »Wie schlimm ist es?«

Ich scrollte zu jenem Teil des Formulars, wo die Maße stehen sollten, nur um festzustellen, dass ich mich hatte ablenken lassen. Ich hatte Reggies Bauchumfang nicht gemessen. Meine Wangen wurden heiß. »Es tut mir leid. Ich habe vergessen, Maß zu nehmen. Ich hole das gleich nach und rufe Sie dann noch mal an.«

Dr. Kumar unterbrach mich. »Ist schon okay, Hadley. Ich weiß, dass Sie eine gute Krankenschwester sind. Wir sind schließlich ein Team. Beschreiben Sie mir einfach, was Sie gesehen haben.«

Ich machte den Mund auf, fand aber nicht die richtigen Worte, um Reggies Bauch professionell medizinisch zu beschreiben. »Ich … ich weiß nicht. Ich kann wirklich nachmessen und rufe Sie in zwei Minuten wieder an.«

»Sieht er aus, als wäre er schwanger?«, fragte Dr. Kumar. Ja – genau das hatte ich gedacht, es aber nicht zu sagen gewagt.

»Ja, gut neunter Monat.«

»Dann hat er vermutlich nicht mehr lange zu leben, angesichts seiner Laborwerte und nach dem, was Sie sagen. Nehmen Sie ihn auf und drücken Sie ihm mein herzliches Beileid aus.«

Ich stimmte zu und legte auf. Dann atmete ich tief durch und ging zurück zu Reggie und Lisa.

»Unser Arzt hat mir die Genehmigung erteilt, Sie aufzunehmen«, sagte ich dem Paar. Als hätte Max meine Worte verstanden, marschierte er zu Reggie und legte ihm seinen Kopf in den Schoß.

»Ein Hoch aufs Sterben«, sagte Reggie und kippte den Rest seines Biers runter.

Am Samstag weckten mich die Sonnenstrahlen, die durchs Fenster blitzten. Ich schaute aufs Handy: Kelly hatte getextet, ob ich Lust hätte, mir die Nägel machen zu lassen. Ich hatte in der Arbeit eine harte Woche hinter mir. Eigentlich wollte ich mich nur aufs Sofa lümmeln und mir irgendeine Reality-TV-Sendung ansehen. Die künstlich aufgebauschten Dramen ließen mich meinen Alltag immer vergessen. »Heute nicht, aber nächstes Mal sicher!«, schrieb ich zurück. Ich hatte acht Stunden, um mich zu entspannen, dann war ich auf die Geburtstagsfeier einer Freundin eingeladen. Und hinterher wollten wir noch bei Chris' Eltern zu Abend essen.

Ich guckte mir ein paar Fernsehsendungen an, verpackte das Geschenk für meine Freundin und machte mich fertig für den Abend. Obwohl es draußen kalt war, zog ich nur Jeans und ein pinkfarbenes Tanktop an – bei Chris' Eltern war ja schließlich geheizt. (Babette allerdings schien trotzdem vor Kälte zu zittern.) Ich zog mir meinen alten grauen Pulli über und sah kurz in den Spiegel. Nicht das beste Outfit, aber es sollte gehen.

Chris überhäufte mich mit Komplimenten, als er kam, und sagte mir, wie schön ich sei. Er sah schicker aus als üblich, aber er gab sich immer Mühe, wenn wir meine Freunde besuchten. Und ich wusste das zu schätzen.

Wir blieben ungefähr eine Stunde auf der Party, bevor wir uns verabschiedeten und zum Haus seiner Eltern fuhren. Kaum hatten wir in der Einfahrt geparkt, zog Chris sein Telefon heraus. »Ach, verflixt. Sie sind noch beim Einkaufen.« Er deutete auf den Bootssteg vor uns: »Sollen wir dort ein bisschen spazieren gehen?«

»Gerne!«, antwortete ich. Die Sonne war gerade am Untergehen. Perfektes Timing also.

Hand in Hand spazierten wir am Hafen entlang. An einem der Pfosten war ein wunderschönes Segelboot festgemacht. Chris lud mich auf das Boot ein.

»Das können wir doch nicht machen«, flüsterte ich kichernd.

Er drehte sich zu mir um und lächelte, während der Kapitän sagte: »Willkommen, Chris und Hadley!«

Wir kreuzten eine Weile durch die Bucht, bevor wir an einem unserer Lieblingsstrände anlegten, der schön versteckt gelegen war. Plötzlich wurde mir klar, warum Kelly mich heute Morgen zur Maniküre hatte schleifen wollen. Mein lachender Mund reichte fast bis zu den Ohren. Ich genoss jede einzelne Sekunde, während ich auf den entscheidenden Moment wartete.

Wir stiegen aus dem Boot und spazierten durch den Sand zu den Felsen. Wir kletterten hinauf, wie wir das schon unzählige Male gemacht hatten. Und plötzlich ließ Chris sich auf ein Knie sinken. »Hadley, ich würde mich zutiefst geehrt fühlen, wenn ich den Rest meines Lebens mit dir und Brody verbringen dürfte. Willst du mich heiraten?«, fragte er und strahlte mich an.

»Ja!«, rief ich, ohne auch nur eine Sekunde zu zögern. Ich ließ diesen Augenblick auf mich wirken, dann gingen wir zurück zum Boot. Die Sonne war längst untergegangen, aber ich kannte dieses Zwinkern in Chris' Augen. Offensichtlich war die Nacht noch nicht vorüber.

»Noch eine Überraschung«, sagte er und drückte meine Hand. Wir hielten auf das Louisiana Lagniappe zu, ein Restaurant direkt am Wasser, wo wir uns vom Kapitän verabschiedeten. Doch die Überraschung war keineswegs das Abendessen.

»Herzlichen Glückwunsch!«, schallte es aus vielen Mündern, während wir durch die Tür schritten. Ich sah mich um. Buchstäblich alle aus unseren Familien und all unsere Freunde waren hier. Mir blieb der Mund offen stehen, während ich alle umarmte. Aber am meisten überraschte mich meine Mutter.

»Wie bitte? Ich habe doch gerade noch mit dir telefoniert! Du hast gesagt, du bist in Texas! Hast du von all dem hier gewusst?«, fragte ich.

»Ich habe ein bisschen geschwindelt«, gestand meine Mutter mit Tränen in den Augen. »Chris hat das schon eine ganze Weile geplant. Ich freue mich so für euch beide.«

Ich trat zu Babette, die meinen Ring bewunderte und mir sagte, wie glücklich sie unseretwegen sei. »Ich weiß, es ist noch früh, aber habt ihr euch schon ein Datum überlegt?«, wollte sie wissen.

Ich zuckte mit den Schultern. »Ich habe mein Leben lang von meiner Hochzeit geträumt. Vermutlich muss ich eine Ewigkeit planen. Möglicherweise nächstes Jahr«, sagte ich, ohne an Babettes Zeit zu denken.

»Das hört sich wunderbar an«, sagte sie und meinte es ehrlich.

Einen Augenblick später spürte ich Chris' Hand auf meiner Schulter. Er reichte mir ein Glas Champagner, und wir hörten zu, während die Leute Reden hielten und uns für die Zukunft alles Gute wünschten. Auch Chris' Eltern. Und nach jeder Rede hoben unsere Lieben ihre Gläser und riefen: »Cheers!«

Am Montagmorgen war ich erschöpft, aber glücklich. Die unerwartete Feier am Wochenende trug mich mit guter Laune in die neue Woche. Ich goss mir Kaffee ein, während ich über Lautsprecher am Morgenmeeting teilnahm. Während meine Kollegen ihre Updates gaben, lehnte ich an der Küchenanrichte und bewunderte den funkelnden Ring an meiner linken Hand. Ich trug nie Schmuck, aber über dieses Prachtstück freute ich mich über die Maßen.

»Bei Reggie bin ich mehrmals gewesen«, hörte ich Jenna sagen, die am Wochenende Dienst hatte. Ich spitzte die Ohren. »Er hat es schwer. Starke Schmerzen und auch viel Verwirrung. Seine Frau kommt nicht gut damit zurecht. Sie möchte, dass er das volle Programm bekommt.« Ich verzog das Gesicht. »Volles Programm«, das hieß: Falls Reggie aufhörte zu atmen, sollten wir nicht einfach nur den Zeitpunkt des Todes feststellen, sondern den Notarzt holen, um ihn zu reanimieren. Und das, obwohl Reggie und Lisa eine Patientenverfügung unterzeichnet hatten, in der sie erklärten, dass Reggie nicht wiederbelebt werden sollte. Anscheinend hatte Lisa ihre Meinung jetzt geändert. Ich machte mir geistig eine Notiz und beschloss, gleich als Erstes zu den beiden hinzufahren.

Als ich bei Reggies Wohnmobil ankam, saß wieder der Nachbar auf der Veranda. Ich lächelte und winkte.

»Wird Reggie sterben?«, rief er mir zu.

Am liebsten hätte ich so getan, als hätte ich ihn nicht gehört, aber das ging nicht. »Ich darf keine medizinischen Informationen mit Ihnen teilen. Das wäre gegen das Gesetz.«

»Ich verstoße oft gegen das Gesetz«, meinte er. »Erwischt hat mich noch keiner.«

»Ich habe ein kleines Kind zu Hause. Ich kann es mir nicht leisten, meinen Job zu verlieren und in den Knast zu kommen.« Ich weiß nicht, warum ich zu diesem Fremden so ehrlich war. Oder mich überhaupt auf das Gespräch einließ. »Schönen Tag noch«, sagte ich und klopfte bei Reggie.

Dieses Mal war Lisa offensichtlich mitgenommener als bei meinem ersten Besuch. Max lief an ihr vorbei nach draußen, und sie schrie ihm nach: »Lass dich doch überfahren! Ist mir egal!« Sie war wohl ziemlich runter mit den Nerven.

»Max!«, rief ich. »Leckerli!« Und dieses magische Wort veranlasste ihn dazu, schwanzwedelnd die Treppe heraufzukommen, um sich seine Belohnung abzuholen. Ich streichelte ihm den Kopf und holte meinen schokofreien Müsliriegel hervor. Bevor ich ihn opferte, sah ich Lisa fragend an, ob das auch in Ordnung war. Sie nickte.

»Danke«, sagte sie. Dann brach sie in Tränen aus. Ich machte schnell die Tür zu, damit Max nicht wieder ausriss.

»Ich habe schon gehört, dass Sie ein hartes Wochenende hatten. Aber da gibt es Möglichkeiten.«

»Das hat mir auch die andere Schwester gesagt, aber ich will das nicht. Er soll nicht ins Heim oder von jemand anderem gepflegt werden. Er soll nicht sterben. Ich bin dafür nicht bereit!«, wehrte sie ab.

»Okay. Was sagen Sie zu dieser Möglichkeit: Sie nehmen jetzt eine Dusche und machen sich fertig, und ich untersuche Reggie. Lassen Sie sich ruhig Zeit.«

»Gut«, sagte sie, sichtlich entspannter. »Okay.« Dann ging sie schnell in den Schlafraum, ich aber wandte mich zuerst Max zu. Er lag auf dem Boden neben Reggies Liegestuhl.

»Sei jetzt ein guter Junge für dein Frauchen, okay?«, sagte ich zu Max. Max sah zu Reggie hoch, als wolle er erst seine Einwilligung einholen, aber Reggie schlief tief und fest. Ich hörte, wie die Dusche lief, und berührte Reggies Arm, um ihn zu wecken. Als das nicht funktionierte, sagte ich leise seinen Namen. Ich wollte ihn nicht erschrecken, aber als ich versuchte, ihn sachte an der Schulter zu schütteln, verfiel Max in lautes Kläffen, was Reggie aus dem Schlaf riss.

»Wa … was ist denn los?«, fragte er.

»Hallo, ich bin es, Hadley.«

»Oh ja, ich weiß, wer Sie sind.«

»Kann ich Ihnen ein paar Fragen stellen?«

»Schießen Sie los«, antwortete er, obwohl er die Augen wieder zugemacht hatte.

Mir schien Reggie wie immer, aber ich musste diese Fragen stellen, um festzustellen, ob er verwirrt war oder nicht.

»Können Sie mir Ihren Namen sagen?«

»Blöde Frage. Nächster Punkt …«, das war keine unübliche Antwort, also ging ich zur nächsten Frage über.

»Können Sie mir sagen, wo wir uns hier befinden?«

»Ja, Mexia in Texas.«

Ich blickte vom Tablet auf, weil ich wissen wollte, ob Reggie einen seiner Witze machte. Es schien nicht so. Und wir waren nicht in Mexia und schon gar nicht in Texas.

»Können Sie mir sagen, welches Jahr wir haben?«

»1977«, antwortete er, als wäre es das Selbstverständlichste von der Welt. »Meine Oma sagt, ich soll mich beeilen.«

»Tatsächlich? Wohin wollen Sie denn?«

»Ich weiß nicht. Oma gehört zu den Leuten, denen man gehorcht, ohne Fragen zu stellen.«

»Das glaube ich gerne. Haben Sie sie gesehen oder hat sie Sie angerufen?«

»Was ist das denn für eine doofe Frage. Sie steht doch da«, sagte er und zeigte mit dem Daumen links neben seinen Liegestuhl. »Noch was? Oder kann ich wieder schlafen?«

»Ich glaube, wir sind durch mit den Fragen«, sagte ich. Ich schloss die Untersuchung ab und räumte mein Tablet weg, als Lisa, wieder erfrischt, zurückkam. Ich lächelte ihr zu und fragte, ob wir uns irgendwo unterhalten könnten, wo wir Reggie nicht beim Schlafen störten. Sie führte mich auf die Veranda hinter dem Wohnmobil, von der aus wir Reggie immer noch im Blick hatten.

»Er sieht also seine verstorbene Großmutter.«

»Ja, und seine Eltern.« Sie zündete sich eine Zigarette an und bot auch mir eine an. Ich lehnte ab.

»Was sagen Sie dazu?«

»Die Ärzte haben uns ja gesagt, dass er Anzeichen von Verwirrung zeigen würde«, sagte sie und sog lange an ihrer Zigarette.

»Ich kann Ihnen versichern, dass ich diese Art Gespräche genauso ungern führe wie Sie. Aber dass er verstorbene Verwandte sieht und er zunehmend verwirrter wird, ist ein klares Zeichen, dass es ihm schlechter geht.« Ich hielt kurz inne und sagte dann sanft zu ihr: »Ich habe gehört, Sie möchten, dass er reanimiert wird, wenn er stirbt. Wir können das natürlich machen, aber ich möchte sicher sein, ob es wirklich das ist, was Sie wollen.«

Lisa seufzte und sah mich nicht an. Dafür zog sie noch einmal an ihrer Zigarette. »Ich möchte nicht, dass mein Mann stirbt«, entgegnete sie.

»Das verstehe ich.« Ich legte eine Pause ein und überlegte, wie ich dieses Gespräch am besten fortsetzen sollte. Ich dachte zurück an mein Gespräch mit Steve. »Wenn er bald sterben sollte, was wäre in Ihren Augen ein guter Tod?«

Dieses Mal sah Lisa mich an und antwortete: »Ich weiß nicht. Seine Hand zu halten. Ihm zu sagen, dass ich ihn liebe.«

»Da bin ich ganz bei Ihnen«, sagte ich. »Wenn er aber alle lebensverlängernden Maßnahmen bekommen sollte, dann muss ich sofort den Notarzt holen und ihm eine Herzdruckmassage geben. Der Krankenwagen wird ihn ins nächste Krankenhaus bringen, und die Chance, dass er es wieder verlässt, ist sehr gering. Nicht null, aber eben auch nicht gut.«

»Ach«, sagte Lisa leise.

Ich sah durchs Glasfenster auf den schlafenden Reggie. Er schlief wieder tief und fest, und Max wachte an seiner Seite. »Sie müssen diese Entscheidung nicht sofort treffen, aber vielleicht sollten Sie darüber nachdenken. Ich bin hier, um Ihnen zu helfen, aber ich möchte mich nicht einmischen.«

»Ich bin es einfach nicht gewöhnt, Entscheidungen zu treffen. Ich glaube, ich habe das in meinem ganzen Leben noch nicht getan. Reggie und ich sind zusammen, seit wir Teenager waren. Er hat immer alles entschieden. Und dann ist er krank geworden, und man hat uns herumgescheucht wie Vieh. Tests hier, Arztbesuche da. Und noch ein Spezialist in einer anderen Stadt.«

Ich nickte, während Lisa erzählte. Es hörte sich genauso an wie bei Babette. Lisa wusste nicht, wie gut ich sie verstand.

»Schlafen Sie jetzt erst mal drüber«, riet ich ihr.

Lisa nickte, und wir gingen wieder hinein. Ich verabschiedete mich von Reggie, der mich aber nicht bemerkte, und kraulte noch Max am Kopf, bevor ich das Wohnmobil verließ.

Etwa um sieben Uhr abends, ich rührte gerade in der Spaghettisauce, kam ein Anruf herein. Ich legte den Kochlöffel weg und ging ans Telefon.

»Hallo, hier spricht die Rufbereitschaft.«

»Hallo, hier ist Lisa, Reggies Frau. Ähm, ich glaube, er stirbt.«

Ich nahm das Telefon in die andere Hand. »Hallo, Lisa. Hier spricht Hadley. Ich bin gleich da.«

»Oh, vielen Dank«, sagte sie, und ich konnte die Erleichterung in ihrer Stimme hören.

Ich legte auf und war fünf Minuten später aus der Tür, nicht ohne Chris noch Anweisungen für die Sauce gegeben zu haben.

Etwas mehr als eine halbe Stunde später kam ich zum zweiten Mal an diesem Tag bei Reggies Wohnmobil an. Ich ging vorsichtig durchs Gras, um nicht wieder in ein Loch zu treten. Die Tür stand offen, also steckte ich den Kopf hinein und klopfte. Ich sah niemanden in der Wohnecke.

»Lisa? Hadley hier«, rief ich. Lisa kam um die Ecke und winkte mir, ihr in den Schlafraum zu folgen. Reggie lag im Bett. Sein Atem ging laut und rasselnd. Max lag neben ihm und winselte.

»Hat er sein Morphium bekommen?«, fragte ich.

»Ja, vor ein paar Minuten. Ich gebe es ihm alle paar Stunden.«

»Sie machen das großartig«, beruhigte ich sie. »Was würde er sich denn wünschen, um es gut zu haben? Manche Menschen schätzen es, wenn man für sie betet. Wir könnten auch Weihrauch verbrennen oder Kerzen anstecken. Andere wiederum lieben Musik.«

»Hm. Er glaubt, wenn man stirbt, wird alles auf einmal schwarz. Also keine Gebete. Ich glaube auch nicht, dass wir Kerzen haben.«

»Und Musik?«

»Country«, antwortete sie und sah ihren Mann liebevoll an. »Er liebt Countrysongs.« Sie stellte den Radiowecker neben dem Bett auf eine Station, die Countrymusik spielte.

»Lisa«, sagte ich. »Der Moment ist sehr nah. Wollen Sie, dass ich lebensverlängernde Maßnahmen vornehme, wenn er stirbt?«

Sie ignorierte mich, hielt Reggies Hand und sang bei den Songs mit. Ich sah zu, wie sie sein Haar kämmte und ihm sagte, dass sie ihn liebte. Mein Herz fing an, schneller zu schlagen, als ich merkte, dass er immer langsamer atmete. Bald würde der letzte Atemzug kommen, und ich wusste immer noch nicht, was Lisa in diesem Fall von mir wollte. Wenn lebensverlängernde Maßnahmen eingeleitet werden sollten, dann musste ich jetzt damit anfangen.

»Wenn es ein Jenseits gibt, Baby, schickst du mir dann ein Zeichen?«, sagte sie. Ich sah, wie er einmal mehr Luft holte. Manchmal weiß man einfach nicht, ob dieser Atemzug der letzte ist oder ob ihm noch andere folgen. Dann wieder *weiß* man es einfach. In dem Fall war ich mir sicher, dass das Reggies letzter Atemzug war.

»Lisa«, sagte ich mahnend.

»Nein. Tun Sie nichts«, sagte sie und hielt weiterhin seine Hand. Ich bewegte mich nicht.

In diesem Augenblick verkündete der Radiosprecher: »Gerade kam ein besonderer Wunsch für einen ganz besonderen Menschen herein.« Und dann erklang ein Song.

»Randy Travis«, sagte Lisa. »Zu diesem Song haben wir auf unserer Hochzeit getanzt.«

Mir lief es eiskalt über den Rücken.

»›Forever After All.‹ Er hat diesen Song für unseren ersten Tanz ausgewählt.« Lisa hielt inne. »Wie kann etwas für immer sein, wenn ein Mensch tot ist?«, fragte sie und wischte sich die Nase mit dem Ärmel. Dann stand sie auf. »Sie können ihn abholen lassen. Ich bin auf der Veranda.«

Ich war schockiert von dieser Ansage. Sobald sie hinausgegangen war, durchlief ich die üblichen Schritte. Ich horchte das Herz ab, säuberte ihn und rief das Bestattungsinstitut an. Max lag währenddessen an Reggies Seite, den Kopf in seinem Schoß.

Bald darauf klopfte es. Ich begrüßte die Bestatter, Dave und seinen Partner Sam, die ich von früheren Todesfällen her kannte. Lisa kam herein, als sie die Männer hörte, und folgte uns in den Schlafraum. Ihr Gesicht war ausdruckslos, und auch sonst merkte man ihr keinerlei Emotionen an.

Nachdem Dave die Bahre auseinandergeklappt hatte, wollte er Reggies Körper umbetten, aber Max sprang auf, stellte sich über Reggies Leichnam und knurrte uns böse an. Ich hatte Max noch nie knurren hören. Es war, als wüsste er Bescheid.

»Max!«, rief Lisa, packte ihn am Halsband und schob ihn hinaus. Dave und sein Mitarbeiter legten Reggie auf die Bahre und bedeckten ihn mit einem Tuch, bevor sie ihn hinaustrugen. Ich ging in den Schlafraum zurück und sah mir das Leintuch an. Manchmal bleiben Flecken zurück, wenn tote Menschen bewegt werden. Das ist für die Angehörigen immer tragisch, daher ziehe ich die Leintücher ab und gebe sie in die Wäsche. Max stand winselnd und keuchend auf dem Bett. Es klang fast, als weinte er. Das Leintuch war sauber, daher versuchte ich, Max zu beruhigen, indem ich seinen Kopf streichelte. Vergeblich. Nach ein paar Minuten ging ich zu Lisa hinaus, um mich zu verabschieden. Sie saß auf der hinteren Veranda und rauchte. Ich trat hinaus und schloss die Tür hinter mir, unsicher, was ich sagen sollte.

»Ich habe nie gerne getrunken«, sagte Lisa. »Aber jedes Mal, wenn es eine Beförderung gab, eine Hochzeit oder irgendeine andere Feier, hatten wir das Gefühl, trinken zu müssen.«

Ich setzte mich zu ihr, um zu zeigen, dass ich zuhörte und keine Eile hatte.

»Wir hatten wohl viel zu feiern.«

»Das hört sich doch gut an«, sagte ich zögernd.

»War es auch. Aber genau das ist zu einem echten Problem geworden. Und dieses echte Problem ist der Grund, dass ich jetzt mit über fünfzig ganz allein bin. Ich war noch nie allein. Was soll ich nur machen?«, fragte sie. Auf diese Frage wusste auch ich keine Antwort.

»Wir haben eine wöchentliche Selbsthilfegruppe«, sagte ich. Mein Blick wanderte über die Bäume hinter dem Wohnwagenplatz, deren Äste sich im Wind wiegten.

Lisa lächelte matt. »Sie sind echt nett. Versauen Sie Ihr Leben nicht so, wie wir das gemacht haben«, sagte sie und drückte die Zigarette aus.

»Ich war gerne für Reggie da. Und Sie haben sich wunderbar um ihn gekümmert. Ehrlich.«

Lisa lächelte wieder und meinte: »Danke. Das ist jetzt wohl ein Abschied.«

»Ich glaube, es heißt eher: bis später!« Ich versuchte es noch einmal. Ich sagte ihr, dass Steve wöchentliche Gruppengespräche für trauernde Angehörige anbot. Außerdem würde er sie im Laufe des nächsten Jahres immer mal wieder besuchen.

»Danke für alles, Hadley. Goodbye.«

Ich verstand den Wink und sammelte meine Siebensachen ein. Ich tätschelte Max noch mal den Kopf und winkte Lisa zu, als ich wegfuhr.

Die Fahrt nach Hause dauerte eine Dreiviertelstunde. Danach krabbelte ich völlig erschöpft ins Bett. Irgendetwas störte mich daran, wie der Abschied mit Lisa gelaufen war. Bevor ich einschlief, schickte ich ihr noch eine Textnachricht. Das war zwar nicht ausdrücklich gegen die Regeln, aber im Normalfall machen wir das nicht.

»Ich denke an Sie. Morgen rufe ich an«, tippte ich und drückte dann auf Senden. Ich wartete, bis die Meldung »Gesendet« aufschien. Dann steckte ich das Telefon ans Ladegerät, bevor ich einschlief.

Als ich am nächsten Morgen aufwachte, blickte ich als Erstes aufs Telefon. Keine Antwort. Also ging ich ins Wohnzimmer, wo Brody fröhlich quietschend mit seinen Lastwagen spielte, während Chris Kaffee trank.

»Guten Morgen! Ich habe gerade überlegt, ob du nicht Steve bitten könntest, uns zu trauen?«, fragte Chris. Ich hatte bereits online nach Pfarrern gesucht, aber noch keinen bestimmten ins Auge gefasst. Die Idee, dass jemand uns trauen sollte, der zu uns beiden eine Beziehung hatte, war natürlich toll. »Superidee!«, antwortete ich und beugte mich zu Brody runter, um ihm einen Kuss aufs Haar zu hauchen. »Ich werde ihn gleich heute Morgen beim Meeting fragen.«

Ich war die Erste, die zu unserem wöchentlichen Update-Meeting eintraf. Bei dieser Gelegenheit kommen alle Abteilungen zusammen, um den Zustand jedes einzelnen Patienten zu besprechen. Gleich nachdem ich mich gesetzt hatte, kam Steve um die Ecke und begrüßte mich.

Exakt die Person, die ich hatte sehen wollen. »Hi!«, zwitscherte ich. »Chris und ich haben uns unterhalten, und wir würden uns freuen, wenn du uns trauen würdest. Was sagst du dazu?«

»Ich würde mich ausgesprochen geehrt fühlen.« Dabei strahlte er mich an.

Ich hauchte ihm ein tonloses »Danke« zu, da mittlerweile die Kollegen und Kolleginnen eintrafen. Dann gingen wir in alphabetischer Ordnung all unsere Patienten durch. Ich war die Erste. Mitten in meinem Vortrag kam plötzlich die Empfangsdame herein und unterbrach uns – was sie noch nie getan hatte.

»Travis«, sagte sie und hielt Daumen und kleinen Finger ans Ohr, um zu signalisieren, dass er am Telefon verlangt wurde. »Es ist dringend.« Travis ging hinaus, und ich fuhr mit meinem Bericht fort.

Als Travis zurückkehrte, legte er Steve die Hand auf die Schulter und bedeutete ihm, dass er draußen gebraucht wurde. Das überraschte mich, aber ich versuchte weiterhin, mich auf die Kollegin zu konzentrieren, die über einen Patienten sprach, dessen Familie mehr Unterstützung brauchte, weil es ihm immer schlechter ging.

Travis und Steve blieben weg, während wir die letzten zwei oder drei Patienten besprachen. Dann kam Steve zurück und sagte: »Es tut mir leid zu stören, aber wir brauchen dich, Hadley.« Alle sahen mich an, als ich aufstand. Ich ging hinaus und schloss die schwere Tür zum Konferenzraum hinter mir, ohne zu wissen, was mich erwartete.

»Hadley«, sagte Steve, »es geht um Reggie.« Sofort ließ ich die Ereignisse von letzter Nacht vor meinem inneren Auge Revue passieren und fragte mich, ob etwas falsch gelaufen sein könnte. Mir fiel aber nichts ein. Reggie war sehr ruhig gestorben. Seine Frau wollte keine Reanimation haben, und ich hatte zugesehen, wie das Bestattungsinstitut ihn abgeholt hatte. Auch den Papierkram hatte ich gleich erledigt und ihn noch in der Nacht weggeschickt.

»Hast du seine Frau gekannt? Lisa?«, wollte Steve wissen.

»Oh je«, dachte ich. »Da geht es wohl um die Textnachricht, die ich ihr geschickt habe.« Vielleicht hätte ich das nicht tun sollen.

»Ja. Ich habe ihr eine Textnachricht geschickt, damit sie nicht das Gefühl hat, dass sie allen egal ist«, erklärte ich.

Travis und Steve sahen sich an, offensichtlich verwirrt. Dann wandte Steve sich zu mir. »Hadley, Lisa hat sich letzte Nacht umgebracht. Die Polizei denkt, sie hat das gemacht, sobald du weg warst.«

Ich ließ die Worte in mich einsickern, aber ich konnte einfach nicht glauben, was ich da hörte. Ich spürte, wie die beiden mich ansahen, doch ich konnte nur ungläubig den Kopf schütteln. Nach etwa einer Minute blickte ich Steve an und sagte: »Ich hätte es wissen müssen. Ich hätte etwas unternehmen müssen. Das ist allein mein Fehler.«

»Hat sie denn gesagt, dass sie sich etwas antun will?«, wollte Travis wissen.

»Nein. Aber ich war die Letzte, die sie gesehen hat. Ich hätte das doch wissen müssen, nicht wahr?« Die Worte überschlugen sich.

Steve sah Travis an und bedeutete ihm, dass er sich um diese Sache kümmern würde. Er legte mir die Hand auf die Schulter und sagte zu Travis: »Wir sind später wieder da. Eine andere Schwester soll heute ihre Patienten übernehmen.«

Sobald Travis fort war, sagte ich zu Steve: »Ich muss zu ihrem Haus. Sie ist nicht tot. Er täuscht sich.«

Steve seufzte. »Ich habe eine bessere Idee. Gehen wir woanders hin.«

Niedergeschlagen nickte ich und folgte ihm zu seinem Wagen. Nach etwa zehn Minuten Fahrt bogen wir in einen Feldweg ein. Plötzlich erkannte ich, wo wir waren. Steve hielt an und stellte den Motor ab. »Sollen wir?«, fragte er.

Ich wusste nicht, was er hier wollte, aber ich folgte ihm einfach. Der Himmel war völlig wolkenlos, Staub legte sich auf meine weißen Sneakers, so trocken war es. Ich achtete peinlich genau darauf, nicht auf eines der Gräber zu treten. Steve führte mich zu einer Betonbank unter einem Baum mit breiter Krone. Wir setzten uns in den Schatten. Ich wusste genau, wo wir waren, und wollte nicht auf die Buchstaben auf dem Grabstein schauen. Heute fühlte ich mich nicht würdig, auf Carls und Annas Grab zu blicken.

Nach einigen Minuten sagte Steve: »Ich habe vorgestern Carls Frau hier getroffen und mit ihr gebetet.«

Ich sah ihn an. Ich hatte nicht gewusst, dass er mit ihr in Kontakt geblieben war.

»Bei dieser Gelegenheit habe ich mich hier ein wenig umgeschaut«, fuhr er fort. »Und mir ist etwas aufgefallen, was du meiner Ansicht nach sehen solltest. Schau dir die Grabsteine an.«

Ich ließ meinen Blick über den Friedhof wandern. Von den Grabsteinen blickten mich die Nachnamen vieler Patienten an, die ich gepflegt hatte. »Hier liegen viele Menschen, die ich gemocht habe«, sagte ich, während mir die Tränen in die Augen traten.

»Ja, es sind viele, Hadley«, meinte Steve. »Viele Menschen, denen du zu einem friedlichen Übergang verholfen hast. Das ist natürlich eine schwere Last. Ich denke, es wird Zeit, dass du einmal mit einem Therapeuten sprichst. Nicht weil mit dir etwas nicht stimmt, sondern weil du eine gute Hospizschwester bist und ich nicht möchte, dass du einen Burn-out erleidest.«

»Heute fühle ich mich wie die mieseste Schwester überhaupt«, sagte ich ihm.

Steve legte seinen Arm um mich und drückte mich. »Ich weiß, Kleines. Aber es kommen auch wieder bessere Tage, okay?«

»Wir werden ja sehen«, erwiderte ich.

8

Lily

Ich wollte keine Hilfe brauchen. Ich wollte mich abkoppeln und nichts mehr fühlen. Ich wollte die Mega-Verlobte sein, die Chris' Hand hielt und ihn während Babettes Krankheit tröstete. Die tolle Mutter, die Instagram-taugliche Snacks für Brodys Kindergartengruppe zubereitete und alle Geburtstagsfeiern managte. Und die Vollzeit-Krankenschwester, die mit dem Geschick eines Cirque-du-Soleil-Jongleurs all ihre Patienten versorgte.

Bei meiner ersten Sitzung mit der Therapeutin, die Steve mir empfohlen hatte – einige Wochen nach Reggies und Lisas Tod –, malte ich eben dieses Bild von mir. Doch sie nahm mir das nicht ab – und das schmeckte mir nicht. Mein Plan war, ein oder zwei Sitzungen bei ihr hinter mich zu bringen, um speziell an dem Szenario zu arbeiten, das mich hierhergeführt hatte, aber sie machte schnell klar, dass sie andere Vorstellungen hatte.

Sie begann unsere erste Sitzung mit der Frage: »Wie sieht Ihre Beziehung zu Ihren Eltern aus?«

»Mit meiner Mutter gut, aber sie lebt jetzt in Texas, also sehe ich sie kaum noch. Mein Vater …« Bei diesen Worten erstarb meine Stimme, und ich schaute aus dem Fenster, wo ein kleiner blauer Vogel auf einem Zweig saß, was mich natürlich an Mr Carl erinnerte. »Es ist kompliziert«, fuhr ich fort. »Meine Eltern haben sich scheiden lassen, als ich siebzehn war. Mein Vater und ich haben dann jahrelang nicht miteinander geredet, bevor wir uns wieder versöhnt haben. Trotzdem wünsche ich mir, meine Kindheit wäre anders verlaufen.«

»Inwiefern?«, hakte die Therapeutin nach.

Wie soll man seine Kindheit in ein paar Sätzen zusammenfassen? Es hatte schöne Momente gegeben und schreckliche. Und das trifft wohl auf die meisten Menschen zu. Ich zuckte mit den Schultern.

»Meine Eltern hätten sich früher scheiden lassen sollen. Die ewigen Streitereien waren wirklich schlimm. Aber viele Menschen lassen sich scheiden. Heute ist das doch fast normal.«

»Wenn Sie die Heftigkeit dieser Auseinandersetzungen auf einer Skala von eins bis zehn einschätzen müssten, welchen Wert würden Sie vergeben?«

»Zehn«, antwortete ich wie aus der Pistole geschossen.

»Das ist nicht normal«, sagte sie, ohne den Blick von mir abzuwenden. Ich rutschte unruhig auf dem Sessel hin und her. »Und wie ist Ihre Beziehung zu Ihrem Verlobten?«

»Gut! Wir streiten natürlich auch manchmal, aber er ist super. Ich fühle mich schon längst nicht mehr als alleinerziehende Mutter. Leider ist seine Mutter schwer krank. Wir verbringen daher viel Zeit mit seiner Familie.«

»Und wie geht es Ihnen damit?«

Ich mochte dieses Gefühl der Verletzlichkeit nicht. Am liebsten wäre ich weggelaufen, stattdessen blieb ich sitzen und versuchte, die Fassung zu bewahren. »Es ist schwer«, gab ich zu. »Ich liebe meinen Verlobten, und ich mag seine Familie. Ich bin ihnen dankbar dafür, wie sie meinen Sohn und mich aufgenommen haben. Aber es ist schlimm, wenn man jemandem beim Sterben zusieht. Es fühlt sich an, als wäre unser Leben in der Warteschleife gelandet, und das ist anstrengend. Aber wenn ich das nur denke, komme ich mir furchtbar vor, vor allem wenn man vergleicht, was Chris und seine Familie im Moment durchmachen. Und natürlich liebe ich Babette auch.« Ich hielt einen Moment inne, bevor ich weitersprach. »Ich bin Hospizschwester. Ich werde ständig Zeugin, wie Familien sich um ihre Lieben kümmern und sie am Ende verlieren. Ich weiß, dass es für jeden hart ist und belastend und emotional. Aber es ist noch schlimmer, wenn es die eigene Familie ist.«

Die Therapeutin nickte. »Gibt es zwischen Ihnen und Ihrem Verlobten deshalb mitunter Streit?«

Ich blickte sie ausdruckslos an.

»Vermutlich haben Sie nie gelernt zu streiten«, meinte sie und machte eine Notiz in ihren Unterlagen.

»Wie meinen Sie das?«

»Sie hatten wahrscheinlich kein Vorbild, wie man innerhalb einer Liebesbeziehung Meinungsverschiedenheiten konstruktiv klärt, oder?«

Ich nickte. Das hatte ich nicht erwartet.

»Wir können daran arbeiten. Das ist in Ordnung. Ich weiß, dass Sie wegen Ihrer Arbeit als Hospizschwester zu mir gekommen sind, aber meiner Ansicht nach sollte man immer den ganzen Menschen behandeln, nicht nur einzelne Ausschnitte.«

Ich seufzte unwillkürlich auf. Offensichtlich hatte die Frau einen Plan, und damit fühlte ich mich gleich besser.

Als ich zur nächsten Sitzung kam, war ich schon viel entspannter.

»Wir werden heute über den Selbstmord sprechen«, sagte sie ganz einfach.

Und schon löste sich mein Selbstvertrauen in Nichts auf. Ich schluckte nervös und griff nach meiner Wasserflasche. Ich hatte wegen Lisas Tod immer noch enorme Schuldgefühle, egal, wie sehr ich mich auch abzulenken versuchte. Es fühlte sich an wie ein Elefant, der sich auf meiner Brust breitgemacht hatte. Zwar sagte niemand etwas in dieser Richtung, doch ich hatte das Gefühl, jede und jeder in unserem Büro würde mich für eine schlechte Krankenschwester halten, weil ich diesen Tod nicht verhindert hatte.

»Sie sagten letzte Woche, Sie würden sich persönlich verantwortlich fühlen für das, was passiert ist?«, fragte die Therapeutin.

Ich nickte. »Wenn ich geblieben wäre, hätte ich sie davon abhalten können. Ich hätte bei ihr bleiben sollen.«

Die Therapeutin lehnte sich in ihrem Sessel zurück: »Glauben Sie, dass Sie so viel Macht haben?«

Ich sah sie fragend an.

»Glauben Sie nicht, dass sie es trotzdem getan hätte, ganz egal, wie lange Sie geblieben wären?«

Ich ließ ihre Worte auf mich wirken. Vermutlich hatte sie recht, aber ich fand trotzdem, ich hätte mehr tun können.

»Welche Signale haben Sie übersehen, die Sie andernfalls zum Bleiben bewogen hätten?«

»Ich weiß nicht, aber da hat es sicher welche gegeben.«

»Nun, aber mit der Rückschau ist das immer so eine Sache.« Die Therapeutin neigte sich zu mir vor und sah mir in die Augen. »Wenn ich jetzt signalisieren würde, dass ich mich gleich selbst verletzen werde, würden Sie dann gehen?«

»Natürlich nicht!«, antwortete ich.

»Das sagt mir, dass Sie keine Ahnung hatten, was Lisa vorhatte. Hätten Sie auch nur die leiseste Vermutung gehabt, dann wären Sie geblieben. Sie haben nichts falsch gemacht, und ich bezweifle sehr, dass Lisa gewollt hätte, dass Sie sich so fühlen.«

Bei diesen Worten spürte ich, wie etwas in mir aufging. Die schwere Last, die ich mit mir herumgeschleppt hatte, wich von meiner Brust. Vielleicht noch nicht der ganze Elefant, aber zumindest ein oder zwei seiner Beine.

»Dann reden wir jetzt mal über andere Dinge«, sagte sie, und wir wandten uns anderen Themen zu.

Als ich am nächsten Morgen ins Büro kam, fühlte ich mich deutlich unbeschwerter. »Hallo!«, begrüßte ich Will, unseren »Letzte-Stunde-Freiwilligen«, der zu Weihnachten bei Elizabeth geblieben war. Er kam nur hin und wieder ins Büro, meist für Verwaltungsarbeiten oder Computerkurse.

»Hallo«, antwortete er. »Ich habe von Reggie und seiner Frau gehört. Es tut mir wirklich leid.« Sein liebevoller Blick ruhte auf mir.

»Mir auch. Ich dachte immer, das Schlimmste wäre, wenn ich Patienten in meinem Alter hätte. Aber diese Geschichte war auch ganz schrecklich.«

Will nickte, und wir schwiegen ein paar Minuten gemeinsam, wie um dem Schmerz Raum zu geben. Dann sagte er: »Ich nehme an, ich werde dich nachts jetzt öfter sehen, oder?«

Ich sah ihn erstaunt an. Will zog die Augenbrauen hoch, als er merkte, dass ich nicht Bescheid wusste. »Eine der Nachtschwestern nimmt Familienurlaub, um sich um ihren neugeborenen Enkel zu kümmern, und die andere hat gerade gekündigt.«

Ich stöhnte auf. Ich arbeitete ohnehin schon von Montag bis Freitag von acht Uhr morgens bis fünf Uhr abends. Dann holte ich Brody von der Kita ab, machte uns Abendessen, brachte ihn ins Bett und erledigte abends noch den Papierkram, bevor ich – üblicherweise auf dem Sofa – vor Erschöpfung einschlief. Bei unserer letzten Besprechung hieß es, wir würden vermutlich bald eine weitere Krankenschwester einstellen, aber im Augenblick waren wir nur drei Schwestern, die fünfzig Patienten versorgten. Und offensichtlich sollten wir nun auch noch die nächtliche Rufbereitschaft übernehmen, wenn beide Nachtschwestern ausfielen. Ich hoffte nur, dass Travis dafür eine Lösung parat hatte.

Offensichtlich war das nicht der Fall.

»Wir werden also bald keine nächtliche Rufbereitschaft mehr haben«, eröffnete Travis unser wöchentliches Meeting. Wir sahen uns an, und ich rutschte unruhig auf meinem Stuhl hin und her. »Wir haben die Stellen ausgeschrieben, aber bis jetzt haben sich keine Interessenten gemeldet«, fuhr er fort.

»Das heißt dann wohl auch, dass wir keine neuen Patienten aufnehmen, oder?«, unterbrach ihn Jenna.

»Nicht unbedingt«, entgegnete Travis. »Die Geschäftsleitung möchte, dass wir weiter Patienten aufnehmen und uns bei der Rufbereitschaft abwechseln.«

»Habe ich das gerade richtig verstanden? Du möchtest, dass wir weiter jeden Tag ohne Mittagspause durcharbeiten und jede dritte Nacht nicht schlafen? Ich höre mir das nicht mehr länger an. Ich habe Patienten zu versorgen, und das hätte man auch in einer E-Mail schreiben können«, versetzte Jenna kurz. Dann stand sie auf, packte ihre Sachen zusammen und ging. Amanda und ich sahen uns betroffen an. Ich wünschte insgeheim, ich hätte Jennas Selbstbewusstsein, aber ich würde es wohl nie schaffen, Autoritäten auf diese Weise herauszufordern – zumindest nicht laut.

»Für den Moment packen wir das Ganze mal Nacht für Nacht an«, sagte Travis. »Hadley, für heute Nacht habe ich dich eingeteilt.«

Ich nickte. Letztlich blieb mir keine Wahl, und ich wusste, dass unsere Patienten jemanden brauchten, der sich um sie kümmert. Als ich kurz vor 17.00 Uhr das Büro verließ, rief ich Chris an, um ihm die Situation zu erklären. Ich war so dankbar, dass er sich um Brody kümmern wollte.

»Sie sollten dich wenigstens gut bezahlen«, meinte er.

»Zwei Dollar die Stunde.« Wir bekamen zwei Dollar pro Stunde, in der wir darauf warteten, dass das Telefon klingelte. Wenn wir dann einen Patientenbesuch machten, kam dazu der übliche Lohn. Einerseits ist es nicht übermäßig anstrengend, neben dem Telefon zu warten, andererseits aber kann man in dieser Zeit auch nichts unternehmen, denn es könnte ja schließlich läuten, und dann muss man auf der Stelle los.

»Ist das überhaupt legal?«, erkundigte sich Chris entsetzt.

»Du weißt, dass ich mich deswegen nicht beschweren werde, damit ich meinen Job nicht verliere.«

»Aber du schläfst doch nie, wenn du Bereitschaft hast. Ich finde es nicht gut, dass du das jetzt auch noch öfter machen sollst.«

»Ich weiß. Mich macht es auch nervös«, gab ich zu. »Ich habe immer Angst, dass ich das Telefon überhöre und dann rausfliege.« Obwohl ich Chris nicht sehen konnte, spürte ich durch die Stille am Telefon, dass er sich Sorgen machte. »Aber das wird schon gut gehen!«, meinte ich optimistisch. »Außerdem habe ich sowieso keine Wahl.«

Als ich wieder zu Hause war, wuchs meine Anspannung. Ich schaute zum x-ten Mal auf mein Telefon, um auch bestimmt keinen Anruf zu überhören. Aber mein Telefon blieb stumm, während ich das Abendessen machte und Brody badete. Es blieb auch weiter still, als ich den Papierkram erledigte, während Chris neben mir auf dem Sofa im Fernsehen Nachrichten guckte.

»Hast du mal überlegt, wie viele Brautjungfern du haben möchtest?«, fragte er.

»Also, ich habe wenigstens fünf Freundinnen, mit denen ich regelmäßig Kontakt habe. Summer wäre dann die Trauzeugin. Und du?«

»Ich hätte gerne sechs. Was hältst du von Hannah? Von ihr berichtest du auch immer nur Gutes.«

Es stimmte, dass Hannah eine meiner ältesten und liebsten Freundinnen war. Wir hatten so vieles gemeinsam erlebt. Aber sie war vor ein paar Jahren in einen anderen Bundesstaat umgezogen, und bei dem hektischen Leben, das mittlerweile fast alle Menschen führen, hatten wir schon länger nichts mehr voneinander gehört. Ich wusste nicht mehr viel über sie und ihr Leben. »Ich habe nicht oft mit ihr gesprochen, seit sie umgezogen ist«, gab ich zu bedenken.

»Ja, aber ihr habt doch so vieles miteinander erlebt. Das solltest du dir vielleicht überlegen.«

Ich zuckte mit den Schultern. »Aber im Moment reden wir kaum noch miteinander.«

Wieder guckte ich aufs Telefon. Nichts. Während ich weiter meine Formulare ausfüllte, dachte ich an Hannah und daran, ob ich sie fragen sollte, ob sie gerne meine Brautjungfer wäre. Wir waren Freundinnen, seit wir vierzehn waren. Der Tod von Taylor Haugen in der Highschool hatte uns noch fester zusammengeschweißt. Was Chris jedoch meinte, war die Zeit, in der ich mit Brody schwanger war. Damals gingen viele Freunde auf Abstand zu mir, Hannah allerdings kam mich immer öfter besuchen. Sie rief mich jeden Tag an. Sie machte Überstunden, damit sie für mich Babysachen kaufen konnte, obwohl ich sagte, das müsste nicht sein. Sie half meiner Mutter, die Taufparty zu veranstalten. Und ich hatte so ein Gefühl, als hätte sie den Leuten gesagt, sie sollten sich gefälligst zusammenreißen und sich blicken lassen.

Sie war mit ihrem Langzeitfreund nach North Carolina gezogen, und seitdem hatten wir nicht mehr oft miteinander gesprochen. Ich war mehr als beschäftigt, und in den sozialen Medien sah ich, dass es bei Hannah wohl ähnlich war. Ich war fast ein bisschen eifersüchtig, wenn ich durch ihren Instagram-Account scrollte und sah, wie viele neue Freunde sie in North Carolina schon gefunden hatte. Offensichtlich hatte sie sich weiterentwickelt.

»Ich muss unter die Dusche. Kannst du ans Telefon gehen, wenn es läutet?«, fragte ich Chris.

»Was soll ich denn sagen?«

»Einfach nur Hallo, und dass ich unter der Dusche bin. Es dürfte sowieso nur jemand von der Telefonbereitschaft sein, eine andere Krankenschwester.«

Als ich meine langen Haare ausspülte, fing ich an, von der Hochzeit zu träumen. Nach ein paar Minuten spürte ich, wie ich mich entspannte. Da kam Chris herein und rief mir zu, dass das Telefon klingele.

Ich stellte das Wasser ab, schnappte mir ein Handtuch und wischte mir die Hände ab, um das Telefon in Empfang zu nehmen.

»Hallo? Ich brauche Hilfe«, hörte ich eine Stimme sagen. Schien ein junges Mädchen zu sein. Obwohl eigentlich unser Telefondienst die Stellung halten sollte, stellten sie hin und wieder einen Anruf einfach direkt durch und legten gleich wieder auf, statt in der Leitung zu bleiben.

»Hallo! Ja. Ich bin richtige Krankenschwester. Wie kann ich Ihnen helfen?«

»Wir sind ungefähr zwanzig Minuten weg. Sie müssen herkommen«, sagte die Stimme, bevor es klickte und die Leitung tot war. Ich starrte das Telefon an. Dann zog ich mir meine Schwesternsachen über und versuchte, die Nummer zurückzurufen. Es läutete und läutete, aber niemand nahm ab. Ich wusste ja gar nicht, wer mich brauchte und wohin ich kommen sollte. Also rief ich unsere Notrufnummer an, dort konnte man den Anruf glücklicherweise zurückverfolgen: Lily Webster. Ich scrollte durch die lange Liste unserer Patienten, bis ich ihren Namen entdeckt hatte. Leider war ihre Akte leer. Also öffnete ich mein dienstliches E-Mail-Konto und suchte da nach ihrem Namen.

»Hallo, liebes Team. Wir haben eine Patientin, die von Georgia anreist. Wir werden sie nur ein paar Tage hierhaben. Es war eine Last-Minute-Entscheidung, aber der Hospizdienst in Georgia sagte, sie sei stabil und würde wohl keinen Besuch nötig haben. Ich werde ihre Akte morgen hochladen.« Das war die E-Mail von unserer Empfangsdame. Lily war also eine Reise-Patientin.

Da Destin ein Urlaubsort ist, haben wir häufig mit Reise-Patienten zu tun. Diese haben gewöhnlich einen Hospizdienst in ihrer Heimatstadt, der an uns die Bitte stellt, im Notfall einzuspringen. Von den Patienten selbst hören wir nur selten, weil kranke Menschen ohnehin nicht gerne reisen. Außerdem kann Verreisen auch aus anderen Gründen problematisch werden, zum Beispiel, wenn Patienten in einem anderen Bundesstaat sterben. Das hält Hospizpatienten üblicherweise vom Reisen ab – allerdings werden viele Patienten über diese Schwierigkeiten häufig erst informiert, wenn es bereits zu spät ist.

Meldet sich dann ein solcher Reise-Patient, besteht das Problem für uns meist darin, dass wir nur wenig über ihn wissen. Außerdem rufen sie nur im Krisenfall an. Lily hatte offensichtlich eine Krise, und ich musste einfach hinfahren, ohne die leiseste Ahnung, was los war. Ich sprang ins Auto und gab die Adresse in mein Navi ein. Es war eine Ferienwohnanlage am Strand, wo ich am gemeinschaftlichen Swimmingpool parkte. Ich schaute auf dem Tablet nach, wo sie genau wohnte. »3B, 3B. Nicht vergessen«, sagte ich zu mir selbst. Jede einzelne Wohneinheit hatte einen eigenen Zugang. Um meine Ohren pfiff ein eiskalter Nordwind.

»Herein!«, hörte ich jemanden rufen, nachdem ich geklopft hatte. Ich trat ein und nahm sofort den scharfen Geruch von Putzmitteln wahr. Von dem kurzen Flur ging rechts eine große Küche mit einer u-förmigen Einbauküche ab. An der Tür standen zwei schwarze Koffer, immer noch gepackt. Ich sah mein Spiegelbild in den Bodenfenstern, die tagsüber sicher einen fantastischen Blick auf den Strand erlaubten. Jetzt aber spiegelte sich darin nur das Chaos um mich herum. Eine junge Frau Anfang zwanzig tigerte im Wohnzimmer auf und ab, sehr nervös. Eine zweite Frau, die vermutlich Lily war, saß auf dem Sofa. Ihr Kopf lag auf einem Kissen in ihrem Nacken, die Arme hingen leblos herab. Sie hatte einen rosa-braunen Häkelhut auf, der vermutlich ihre Kahlheit verdecken sollte. Lily war bleich und rührte sich nicht.

»Hallo, ich bin die Krankenschwester«, sagte ich und trat auf Lily zu.

»Es ging ihr gut«, sagte ihre Freundin fast flehentlich. »Sie wollte, dass ich noch einmal mit ihr an den Strand fahre. Wir sind ins Auto gestiegen. Wir haben gesungen, unsere Snacks verdrückt und dann wollte sie schlafen. Ungefähr eine halbe Stunde, bevor wir hier angekommen sind, schaue ich sie an und sie sah so aus.«

Ich nickte. Reisen kosten die Patienten häufig viel mehr Energie, als sie selbst oder ihre Begleiter vermuten.

»Ich bin total erschrocken, aber ich sagte Lily, wir seien schon fast am Ziel und sie müsse jetzt aufwachen. Sie hat sich nicht gerührt. Also sagte ich es noch mal, lauter. Nichts. Dann habe ich angefangen, sie anzuschreien. Wieder nichts. Als wir hier waren, habe ich den Wagen abgestellt und die Tür auf ihrer Seite aufgemacht. Sie fiel mehr oder weniger aus dem Auto wie ein Sack Kartoffeln. Ich musste sie reintragen. Wie ein Baby.« Die Augen des Mädchens waren vom Weinen gerötet, die Wimperntusche lief in Streifen über ihr Gesicht.

»Wie heißen Sie?«, fragte ich sanft.

»Allison«, sagte sie mit ersterbender Stimme.

»Okay, Allison. Ich werde Lily jetzt schnell untersuchen. Dann überlegen wir uns etwas.« Allison nickte, lief aber weiter auf und ab wie eine Tigerin im Käfig, während ich Lilys Vitalparameter überprüfte.

Ich merkte gleich, dass Lily schwer atmete. »Bekommt sie Medikamente?«, wollte ich wissen. Allison verließ den Raum und holte alles Nötige. Sie brauchte dafür keine Minute. Ich durchstöberte die Schachtel, bis ich ein Fläschchen mit der Aufschrift »Roxanol« fand. Das war ein Markenname für ein Morphinpräparat. Das Fläschchen war voll. »Hat sie davon etwas genommen?« Ich ging davon aus, dass sie das nicht getan hatte.

»Nein«, bestätigte Allison.

Ich las die Aufschrift auf der Flasche. Da stand, dass die niedrigste Dosis – 0,25 ml – verordnet worden war.

»Hat sie irgendwelche Allergien?«

»Keine Ahnung. Wir wollten doch nur zum Strand!«, antwortete Allison ängstlich.

»Okay. Alles okay«, beschwichtigte ich sie. Ich drückte seitlich auf den Gummistutzen an der Flasche und zog 0,25 ml auf. Dann steckte ich die Tropfpipette in Lilys Mund und drückte wieder den Gummistutzen, um ihr das Medikament einzuflößen. Diese geringe Menge würde über die Schleimhaut aufgenommen werden, sodass sie nicht zu schlucken brauchte.

»Wird sie das umbringen?«

»Aber nein, es hilft ihr beim Atmen. Aber es kann sein, dass sie nicht mehr viel Zeit hat.«

Allison blieb wie angewurzelt stehen und starrte in die Luft. Sie sah Lily einen Moment lang schweigend an, dann rannte sie in die Küche und kramte in den Schubladen herum. Ich hatte keine Ahnung, was ich sagen sollte. Ich kniete neben Lily und beobachtete sie, ob sie auch keine negative Reaktion auf das Medikament zeigte. Keine Minute später verschwand Allison durch die Eingangstür.

»Vielleicht braucht sie ja einen Moment für sich selbst«, dachte ich. »Das war vermutlich ein Schock für sie.« Ich wandte mich wieder Lily zu und beobachtete, wie ihre Brust sich hob und senkte. Ihre Atmung ging immer noch schwer, ihre Lippen waren so weiß wie ihre Haut. Sie war in meinem Alter. Ich fragte mich, was sie so weit gebracht hatte. Wie lange war es her, dass man ihr eröffnete, dass sie sterben musste? Was hatte sie wohl alles erlebt, bevor sie entschieden hatte, die Hospizpflege in Anspruch zu nehmen?

Es war an der Zeit, ihren Herzschlag zu prüfen. Ich ließ das Stethoskop in der Tasche und beschloss, den Puls am Handgelenk zu prüfen. Ich nahm Lilys Hand und drehte die Handfläche nach oben. Sie hatte ein halbrundes Tattoo. Das überraschte mich. Diese Tattoos werden gewöhnlich gestochen, um die Zeichen eines Suizidversuchs zu überdecken. Ich fragte mich, ob Lily es wohl vor oder nach ihrer Diagnose hatte machen lassen. Wie tragisch, wenn sie einen Suizidversuch überlebt haben sollte, nur um hier auf diese Weise zu enden.

Ich wartete, bis der Zeiger meiner Uhr die Zwölf erreichte, damit ich anfangen konnte zu zählen. Nach nur zehn Sekunden war klar, dass ihr Herzschlag weder stark noch regelmäßig oder auch nur normal schnell war. Ich zählte weiter, da flog die Eingangstür auf. Allison kam herein und trug eine Schüssel mit Sand in den Händen. Ein wenig erschrocken ließ ich Lilys Handgelenk los und trat zurück.

Voller Staunen verfolgte ich, wie Allison die Schüssel neben Lily abstellte. Dann huschte sie an mir vorbei und machte die Schiebefenster weit auf, die auf einen großen Balkon hinausführten. Die salzige Luft erfüllte den Raum, und die Stille wich dem Heulen des Windes und dem Geräusch brechender Wellen. Allison kniete sich vor Lily hin, als würde sie beten. Die Tränen liefen ihr übers Gesicht, während sie ihrer Freundin die knallgrünen Sneaker auszog. Dann verschob sie die Schüssel Sand ein wenig und setzte Lilys Füße ganz vorsichtig hinein. Allison ergriff liebevoll Lilys Hand und streichelte ihre Finger. Dabei sagte sie immer wieder: »Du hast es geschafft, Lil. Du bist am Strand. Ich liebe dich. Du hast es geschafft.« Ich sah, wie bei diesen Worten eine Träne aus Lilys Augen kullerte, auf ihr T-Shirt. Allisons Weinen wurde lauter.

Dann auf einmal legte sich der Wind, als hätte das Universum Bescheid gewusst, denn in diesem Moment tat Lily ihren letzten Atemzug. Einen Augenblick lang schwieg die Welt, dann erfüllte wieder Allisons Schluchzen den Raum.

Als ich die Wohnanlage verließ, wanderten meine Gedanken zu meinen Freunden. Wer würde so etwas für mich tun? Und für wen würde ich so etwas tun? Die Antwort stand glasklar vor mir. Plötzlich wusste ich, dass weder Zeit noch Raum daran etwas ändern konnten. Ich zog mein Telefon heraus und dachte an diesen einen Menschen. »Hallo!«, schrieb ich. »Ich möchte dich etwas fragen. Wenn ich ›Ja, ich will‹ sage, möchte ich die Menschen an meiner Seite haben, die *immer* an meiner Seite standen. Selbst wenn wir heute nicht mehr jeden Tag miteinander reden, weiß ich doch, dass du für mich alles stehen und liegen lassen würdest. Möchtest du meine Trauzeugin sein?«

Die Antwort von Hannah kam schon, als ich noch nicht beim Auto war. »Natürlich! Ich liebe dich für immer und ewig.«

Ich lächelte und steckte das Telefon in die Tasche. Plötzlich war ich ganz ruhig.

9

Babette

Jetzt, da ich all meine Brautjungfern beisammen hatte, fingen Chris und ich im Februar an, mögliche Hochzeitstermine zu diskutieren. Wir leben in Florida, die stickigen Sommermonate kamen als Zeitpunkt also nicht infrage.

»Außerdem fallen die Samstage im Herbst flach. Ich möchte nicht, dass die Leute Football gucken, während wir den Bund fürs Leben schließen«, meinte Chris nur halb im Scherz.

»Ich hätte mir nie vorstellen können, im Winter zu heiraten.«

»Dann bleibt uns wohl nur der Frühling nächstes Jahr«, sagte Chris und studierte noch mal den Kalender.

»Eine Hochzeit im Frühling! Das hört sich doch gut an!« Sofort stand mir das Panorama in allen Einzelheiten vor Augen: Pastellfarben, angenehm warmes Wetter, erfrischende Drinks und dieses Gefühl der Ruhe, bevor wie immer im Sommer die Touristen den Ort überschwemmten. »Dann heiraten wir nächsten Frühling! Jetzt müssen wir nur noch ausmachen, was wir unbedingt haben wollen und was nur einfach hübsch wäre«, sagte ich und ließ den Hochzeitsplaner aufploppen, den ich auf Google gefunden hatte. Wir neigten die Köpfe über den Computer.

»Ort? Vielleicht am Strand?«, schlug Chris vor.

»Ja, aber eher *beim* und nicht *direkt am* Strand. Lange Kleider und Sand, das passt nicht wirklich zusammen.«

»Alles klar«, nickte er. Wir scrollten weiter.

»Live Band oder DJ?«, las Chris vor.

»Da bin ich nicht pingelig«, sagte ich.

»Ich auch nicht«, meinte er und scrollte weiter. Und dann hielt er plötzlich inne. Ich schielte auf die Seite und sah, wo er hängen geblieben war: *Wählen Sie einen Song für den Tanz der Mutter mit dem Bräutigam*. Mir krampfte sich der Magen zusammen. Der nächste Frühling. Das war mehr als ein Jahr. Wir saßen beide schweigend da, dachten aber dasselbe: Babette würde das nächste Frühjahr kaum erleben.

Chris klappte den Laptop zu und ging hinaus. Ich hörte, wie er den Rasenmäher anwarf, obwohl der Rasen nicht gemäht werden musste, aber das würde ihn mit Sicherheit ablenken. Ich machte den Laptop wieder auf und suchte nach den beliebtesten Songs für den Mutter-Sohn-Tanz. Eine Playlist auf YouTube öffnete sich. Ich ließ den ersten Song anlaufen, schloss die Augen und hörte zu. Wie wäre eine Hochzeit ohne Babette? Ein Elternteil würde Chris' Bund fürs Leben nicht miterleben. In der ersten Reihe bliebe ein Stuhl leer. Und es würde keinen Mutter-Sohn-Tanz geben. Familienfotos mit einer klaffenden Lücke dort, wo Babette sein sollte.

Ich war immer davon ausgegangen, dass man mindestens ein Jahr brauchte, um eine Hochzeit zu planen – zumindest war das bei all meinen Freundinnen so gewesen. Aber war es denn *tatsächlich* nötig? Gab es irgendeinen triftigen Grund, warum wir nicht in den nächsten Monaten heiraten könnten? Ich stellte mir vor, wie die Hochzeit wohl aussehen würde, wenn ich nicht ein Jahr Zeit für die Planung hätte. Vielleicht würde ich ja beim Ort der Veranstaltung Abstriche machen müssen. Manche Menschen würden es vielleicht nicht schaffen. Und ich würde möglicherweise auch nicht mein absolutes Traumkleid finden. Aber all das könnte die Trauer nicht wettmachen, wenn Babette an unserem Hochzeitstag fehlen würde. Die Antwort lag auf der Hand.

Ich ging hinaus und fand Chris tief in Gedanken versunken.

»Wie wäre es mit Mai? Dieses Jahr?«, fragte ich.

»Wie? In drei Monaten?«

»Ja, wieso nicht?« Ich schützte meine Augen vor der Sonne und sah ihn an. Ich spürte förmlich, wie sich ein strahlendes Lächeln über mein Gesicht ausbreitete.

Chris strahlte zurück und nahm mich in die Arme. »Danke«, war alles, was er herausbrachte.

Ich war so glücklich in diesem Augenblick. Kein Zweifel, ich hatte die richtige Entscheidung getroffen.

Das Universum war auf meiner Seite. Was die Hochzeit anging, löste sich am Ende alles in Wohlgefallen auf. Ich fand eine Location mit einer wunderschönen Dachterrasse mit Blick aufs Meer. Die Besitzer hatten noch nie eine Hochzeit gehabt, wollten aber unbedingt ins Geschäft kommen, also gewährten sie uns einen ziemlichen Preisnachlass im Gegenzug dafür, dass sie mit unseren Hochzeitsfotos auf ihrer Webseite werben durften. Mein Hochzeitskleid suchte ich zusammen mit meiner Mutter aus und hatte eigentlich erwartet, dass es mich eine Stange Geld kosten würde. Aber das Kleid, das mir am besten gefiel, saß wie angegossen und musste nicht geändert werden. Außer einigen Freunden hatten die meisten Hochzeitsgäste zum geplanten Termin auch Zeit – glücklicherweise auch alle Brautjungfern und unsere Trauzeugen. Ich war nicht pingelig, wo es um Ausstattung oder Catering ging. Ich nahm, was verfügbar war, und es war alles erste Sahne.

Babette mischte sich in die Planung nicht ein und gab uns nur dann Ratschläge, wenn wir sie fragten. Ich wollte von ihr nur, dass sie ihr Kleid aussuchte – in der Farbe, die sie gern tragen würde. Und den Song für den Mutter-Sohn-Tanz. Als sie ihr Kleid kaufen ging, schickte sie mir zwischendrin Fotos und fragte, wie es mir gefallen würde. Aber selbst in den kleinsten Größen schien sie zu verschwinden. Ich sagte ihr, dass alle einfach nur bildschön seien.

In den folgenden Monaten verlor Babette immer mehr die Lust, etwas zu unternehmen, wenn sie dazu aus dem Haus musste. Sie litt wegen der Chemotherapie unter ständiger Übelkeit und verlor immer mehr Gewicht. Wenn Chris und ich mit Babette und Tom zum Essen ausgingen, schob sie immer öfter ihren Teller weit weg. Ich sah den Schmerz in Chris' Augen, wenn sie das tat.

»Du musst was essen, Mom«, sagte er eines Abends zu ihr.

Aber sie wechselte sofort das Thema: »Ich habe übrigens unseren Song ausgesucht. Ich möchte zu ›Good Riddance‹ tanzen, von Green Day.«

Ich schwieg, fragte mich aber insgeheim, ob Babette bewusst war, was sie da gesagt hatte. Dieser Song stand in absolut keiner der Listen für den Mutter-Sohn-Tanz. Ich hatte sie auch noch nie von der Punkband Green Day reden hören.

Als wir hinterher im Auto saßen, suchte ich den Song auf Spotify. Chris und ich saßen da und die Tränen liefen uns über die Wangen, als wir ihn anhörten. Es geht darin um die Unvorhersagbarkeit des Lebens, aber auch darum, dass alles seinen Grund hat. Und die letzte Zeile des Refrains lautet: *I hope you had the time of your life*, ich hoffe, du hattest die schönste Zeit deines Lebens.

Einige Monate später sah ich Chris und Babette zu, wie sie auf unserer Hochzeit zu diesem Song tanzten. Es war einfach vollkommen. Natürlich vergoss ich heiße Tränen und war meiner Make-up-Künstlerin dankbar, dass sie wasserfeste Mascara aufgetragen hatte. Als der Song zu Ende war, spürte ich eine Hand im Rücken und wandte mich um. Es war Steve. Ich umarmte ihn unter Tränen, und er schob seinen Arm unter den von Chris, als dieser von der Tanzfläche zurückkam.

»Ich bin so stolz auf euch beide«, sagte er, bevor er auch Babette in den Arm nahm. Es war einfach ein wundervoller Abend.

Viele Menschen, deren Angehörige an einer tödlichen Krankheit leiden, werfen ihre Pläne um oder drücken im eigenen Leben erst mal die Stopptaste. Der Tod ist wie eine Geburt: Man weiß, dass es passieren wird, doch niemand kennt den genauen Zeitpunkt (was auf den Tod ja noch stärker zutrifft als auf die Geburt). Eigentlich wollten wir unsere Flitterwochen in Griechenland verbringen, fühlten uns aber beide nicht wohl bei der Idee, so weit weg zu sein. Nur für den Fall, dass …

In jenem Sommer verbrachte Babette ihre Tage nicht mehr am Strand wie üblich. Sie schlief mehr und aß noch weniger. Wir gingen selten aus und aßen meist bei Babette zu Abend. Als der Sommer langsam in den Herbst überging, zeigte sich Babettes Verwirrung allmählich immer deutlicher. Auch die Kontrollaufnahmen aus dem MRT sahen nicht gerade vielversprechend aus. Ich fragte mich, ob man sie nicht in den Hospizdienst aufnehmen sollte, wollte aber nicht die Erste sein, die dieses Thema ansprach.

Chris' Bruder Nick nahm sich Urlaub und kam von Louisiana nach Florida, um zu helfen. Als er nach einigen Monaten wieder zurückmusste, wechselten Tom, Chris und ich einander bei der Pflege ab. Wir brachten Babette zu ihren Arztterminen oder blieben im Haus, um sie ins Badezimmer zu begleiten und sicherzustellen, dass sie bei den seltenen Gelegenheiten, wenn sie doch das Bett verließ, nicht stürzte. Als sie kaum noch ganze Sätze bilden konnte und die meiste Zeit des Tages schlief, empfahl der Onkologe den ambulanten Hospizdienst.

Ich wusste natürlich, dass Chris' Familie mich um Rat bitten würde, daher hatte ich mir schon Gedanken gemacht, was in Babettes Fall wohl das Beste wäre. An manchen Tagen dachte ich, ich sollte Beruf und Privatleben trennen, was hieße, sich für einen anderen Hospizdienst zu entscheiden als den, für den ich arbeitete. Dann wieder dachte ich, wenn Babette bei uns aufgenommen würde, hätte ich mehr Kontrolle über die Pflege. Schließlich war ich zu dem Schluss gekommen, dass ich niemandem so vertraute wie Dr. Kumar, meinen Kolleginnen und Steve. Ich rief Travis an und ließ ihn wissen, dass es an der Zeit war. Er schickte Amanda, die Babette aufnahm.

Es fühlte sich seltsam an, plötzlich auf der anderen Seite zu stehen und all die Fragen zu beantworten, die ich meinen Patienten so oft gestellt hatte. Amanda ging sie jedoch in einer anderen Reihenfolge durch als ich, sodass ich nicht wusste, was als Nächstes kommen würde. Ich erschrak unwillkürlich, als ich sah, dass sie das gelbe Formblatt mit der Überschrift »Verzicht auf Wiederbelebung – VaW« herauszog. »Wenn Sie dieses Formular unterzeichnen, heißt das: Falls ihr Herz auf natürliche Weise zu schlagen aufhört, werden wir nichts unternehmen«, erklärte Amanda Tom. Sie sagte das im gleichen Tonfall, in dem sie die Regeln der Krankenversicherung erklärt hatte. »Mache ich das genauso?«, fragte ich mich. »Vermittle ich den Eindruck, dass etwas so Wichtiges wie der VaW nur ein weiteres Formular ist, das unterzeichnet werden muss?« Ich hoffte, dass das nicht so war. Auf jeden Fall schwor ich mir, dass ich künftig darauf achten würde. Tom unterschrieb, und ich war dankbar, dass ich ihn dazu nicht überreden musste.

Sobald Babette in den Hospizdienst aufgenommen war, kam jeden Tag eine meiner Kolleginnen vorbei, aber außer der halben Stunde, die sie hier verbrachten, war es sehr still im Haus. An den Tagen, an denen nicht wir ihre Pflege übernahmen, kamen Chris, Brody und ich abends nach der Arbeit vorbei. Brody war zu klein, um wirklich zu verstehen, was vorging. Ich wollte unbedingt jede Minute mit ihr nutzen und hatte das Gefühl, etwas tun zu müssen, statt einfach nur dazusitzen. Aber was? Die meiste Zeit sagten wir Babette einfach nur, dass wir sie liebten.

Wir sehen in Tod und Sterben meist etwas sehr Ernstes, mehr oder weniger Dunkelgraues – und das stimmt natürlich auch in gewisser Weise. Andererseits gibt es immer auch Momente der Heiterkeit, wenn auch eher von der schwarzhumorigen Art. Chris fragte mich mal, ob ich glaubte, dass ihr Hund Holly sie auf der anderen Seite abholen würde.

Chris war eines Tages – wir waren noch nicht lange zusammen – gerade von einem Kickballspiel gekommen und musste entdecken, dass er unzählige Anrufe verpasst hatte. »Zehn Anrufe von meinem Bruder und von Dad«, sagte er und sah mich erschrocken an. Keiner von uns sagte ein Wort, aber wir waren sicher, dass Babette etwas passiert war.

Chris rief seinen Bruder Eric an, als wir zum Auto liefen. Tatsächlich aber ging es um Holly, den sechzehnjährigen West Highland Terrier der Familie, der urplötzlich erkrankt war. Wir eilten zum Haus der Eltern, wo das absolute Chaos herrschte. Tom saß am Esstisch, Eric kniete auf dem Boden neben Babette, die Holly in eine Decke gewickelt hatte. Chris sah, was vor sich ging und sagte: »Wir müssen sie zum Tierarzt bringen.«

»Wenn wir sie zum Tierarzt bringen, schläfert der sie ein«, sagte Babette unter Tränen. »Wir dürfen das nicht zulassen.«

Wir sahen uns an. Keiner wusste, was er darauf sagen sollte. Es schien verkehrt, einem sterbenden Menschen zu sagen, das Beste für ein anderes Geschöpf sei, es sterben zu lassen. Chris wandte sich seiner Mutter zu und erklärte ihr so sensibel wie möglich, dass es ein Akt der Güte sei, Holly zum Tierarzt zu bringen, das Beste für den Hund. Schließlich stimmte Babette zu.

Der Tierarzt tat, was er konnte, aber nach einigen Stunden war klar, dass es an der Zeit war, Holly gehen zu lassen. Um zwei Uhr nachmittags versammelten wir uns alle in einem sterilen Tierarztzimmer um Holly, um uns zu verabschieden.

Einige Wochen später bekamen wir Hollys Asche zurück. Babette bestand darauf, dass die ganze Familie zusammenkommen sollte, um sie zu verteilen. Aber mit vier erwachsenen Kindern, die in verschiedenen Bundesstaaten lebten, war das leichter gesagt als getan – wenn nicht gerade Feiertage anstanden. Zu Weihnachten waren wir alle wieder in Destin versammelt und veranstalteten ein großes Festessen. Chris und ich hatten noch ein paar Stunden, bevor wir im Haus meines Vaters erwartet wurden. Ich freute mich auf ein Nickerchen. Aber gerade, als ich überlegte, wie wir uns höflich verabschieden könnten, klatschte Babette in die Hände und sagte: »Los jetzt! Wir gehen an den Strand.«

»Was? Jetzt?«, fragte Chris' Schwester CJ. »Können wir nicht später gehen?«

»Jetzt. Los, kommt schon!«, befahl Babette und wedelte mit den Armen, um keinen Irrtum aufkommen zu lassen, dass sie mit »jetzt« tatsächlich »sofort« meinte.

Gehorsam standen wir alle auf und quetschten uns in unsere Autos, um an den Strand zu fahren. Draußen auf dem Gehweg, der den Strand entlangführte, zogen wir alle unsere Jacken eng um uns, weil vom Wasser her eine steife Brise blies. Es war klar, dass außer Babette niemand hier sein wollte.

Bald standen wir nur wenige Meter vom Wasser entfernt im Sand. Babette holte den verschlossenen Plastikbeutel heraus, der Hollys Asche enthielt, und ging auf die Wellen zu. Was dann geschah, hätte eigentlich jedem von uns klar sein sollen, trotzdem sah es niemand kommen.

Babette machte den Beutel auf, holte eine Handvoll Asche heraus und warf sie ins Wasser. Nur dass die Asche nicht ins Wasser fiel, was wir dem Wind zu verdanken hatten. Sie wurde über den Strand geweht und legte sich über uns.

»Halt! Halt!«, riefen wir Babette zu, die davon nichts zu bemerken schien. Einen Moment lang hielt sie inne, dann wandte sie sich wieder uns zu und rief: »Wir machen das jetzt! Und ich will kein Gemecker hören!« Und so warf sie die Asche einfach weiter in den Wind. Als sie fertig war und zu uns zurückkam, waren wir leicht gestresst, weil wir Hollys Ascheregen ausweichen mussten, damit ihre sterblichen Überreste ihre letzte Ruhestätte nicht auf uns oder unserer Kleidung fanden. Wir versuchten, uns zusammenzunehmen, während Babette die Hand aufs Herz legte und sagte: »Holly wird für immer in unseren Herzen sein.«

»Ja, und in unseren Lungen«, meinte Chris trocken, woraufhin Schluss war mit Selbstbeherrschung und jeder in schallendes Gelächter ausbrach.

Da wusste ich noch nicht, dass der Wind auch bei Babettes Tod eine Rolle spielen würde. Wochenlang verlief alles gut mit ihrer Hospizpflege. Sie hatte keine Schmerzen, fühlte sich nie unwohl und schlief den Großteil der Zeit einfach. Dann aber geschah etwas, worüber wir keine Kontrolle hatten. »Hurrikan Michael wird zum tropischen Wirbelsturm höchster Kategorie«, verkündete die Sondermeldung. Chris und ich saßen vor dem Fernseher, während der Wettermoderator erklärte, wo der Hurrikan auf Land treffen würde. Offensichtlich lag unsere Heimatstadt mittendrin in diesem Gebiet. Ich stöhnte wütend auf. Hurrikans sind wirklich das Allerschlimmste.

»Vielleicht kommt es ja gar nicht so. Wir sollten uns nicht schon vorher aufregen«, meinte Chris und schaltete auf einen anderen Sender.

Nicht einmal vierundzwanzig Stunden später hatten wir und Chris' Eltern die Anordnung erhalten, unsere Häuser zu verlassen. Ich ging in Dr. Kumars Büro, um mich zu erkundigen, was wir tun konnten. »Eine Evakuierung mit Babette ist wirklich kaum machbar«, sagte ich zu ihm. »Am besten wäre es wohl, wir blieben hier, aber es geht ihr immer schlechter.«

»Hadley, ich will ganz ehrlich sein. Wenn der Hurrikan hier auf Land trifft, dann sind die Straßen für alle gesperrt, auch für Krankenwagen. Du kannst den Notarzt zwar anrufen, aber niemand wird kommen. Ich möchte nicht, dass ihr in eine Situation geratet, in der ihr Hilfe braucht, aber keine bekommen könnt«, sagte er unmissverständlich.

»Wir müssen also evakuieren?«, fragte ich.

Dr. Kumar nickte finster.

Niemand wollte Babette transportieren, aber wir hatten einfach keine Wahl. Also machten wir es selbst. Während eines Hurrikans haben Einrichtungen zur gesundheitlichen Versorgung gewöhnlich ein A-Team, das bei Sturm rausgeht. Sobald die Straßen wieder freigegeben werden, übernimmt das B-Team und arbeitet daran, in den folgenden Tagen das Chaos zu beseitigen. Chris und ich erklärten unseren Chefs die Situation und baten, ins B-Team aufgenommen zu werden, damit wir Babette evakuieren konnten.

Nachdem das geklärt war, sicherten wir unsere Häuser, so gut wir konnten. Wir brachten den Hurrikanschutz an und schafften alles ins Haus, was weggeweht werden konnte. Dann setzten wir uns ins Auto und fuhren die paar Stunden nach Biloxi in Mississippi, wo wir im gemieteten Haus meiner Mutter und meines Stiefvaters unterkamen. Die Vorstellung, mit Babette bis nach Mississippi zu fahren, machte mich nervös. Die Überführung kann kompliziert und teuer werden, wenn jemand in einem anderen Bundesstaat stirbt. Aber auch da hatten wir keine Wahl.

Babette hielt sich auf der Fahrt tapfer. Sie nahm all ihre Energie zusammen, um aufrecht im Beifahrersitz neben Tom im Auto zu sitzen. Brody und ich waren gleich dahinter in einem anderen Wagen und Chris folgte uns im dritten. Da wir alle im eigenen Auto fuhren, war sichergestellt, dass jeder von uns sofort zurück zum Dienst konnte, sobald die Straßen wieder offen waren und die B-Teams gerufen wurden.

In den nächsten beiden Tagen taten wir nichts weiter, als fernzusehen und uns um Babette zu kümmern. Wir versuchten, sie zum Essen zu bewegen, aber sie erbrach selbst kleine Schlucke Wasser. Wenn sie nicht schlief, starrte sie wortlos auf den Fernseher. Ich fragte mich, ob sie mitbekam, was vorging. Auf einen Sturm warten zu müssen, versetzt einen stets in einen Zustand der Hilflosigkeit. Man kann sich nur fragen, ob man nach der Rückkehr noch ein Dach über dem Kopf haben wird und die Kollegen und Patienten alles gut überstanden haben. Während dieses Sturms fühlten wir uns jedoch ganz besonders hilflos.

»Das Auge des Sturms ist in Mexico Beach auf Land getroffen, als Wirbelsturm der Kategorie 5«, verkündete der Reporter im Fernsehen. Unser aller Blicke wandten sich zum Bildschirm, um die neuesten Nachrichten zu verfolgen. Der Sturm war weiter östlich als erwartet auf Land getroffen. Für uns hieß das, dass unsere Häuser vermutlich noch stehen würden. Innerhalb einer Stunde erhielten Chris und ich Anrufe von unseren Vorgesetzten.

»Ich soll Punkt acht Uhr früh dort sein«, sagte Chris, nachdem er aufgelegt hatte.

»Aber der Sturm ist noch nicht vorbei«, protestierte ich. »Ich will nicht, dass du dich auf die Straße wagst.«

»Ich fahre um fünf Uhr morgens los. Mir bleibt nichts anderes übrig.«

Kurz darauf kam eine Textnachricht von Travis. »Ich habe für dich eine Aufnahme um zehn Uhr.«

»Wie es aussieht, komme ich gleich hinter dir her«, sagte ich zu Chris.

Wie geplant fuhr Chris, schon in Dienstkleidung, früh am nächsten Morgen los. Er wollte sich sofort zum Dienst melden. Zwei Stunden später tat ich dasselbe. Glücklicherweise war Brodys Kita geöffnet, sodass ich ihn dortlassen konnte, bevor ich mich zu meinem Patienten aufmachte. Tom und Babette blieben vorerst, wo sie waren.

Da der Sturm weiter östlich auf Land getroffen war, hatte ich automatisch angenommen, dass unsere Stadt verschont geblieben war. Damit lag ich falsch. Überall lagen Äste herum und die ganze Stadt schien in Trümmern zu liegen. Nur Notfalldienste und Kindergärten hatten geöffnet.

Da Brody sicher untergebracht war, rief ich auf dem Weg zu meinem Patienten Tom an. Bei Babette hatte sich nichts verändert: Sie schlief viel und aß kaum etwas. Wir beschlossen, dass er mit ihr nach Hause kommen sollte, damit sie in ihrer vertrauten Umgebung sein konnte. Ich versprach, so schnell wie möglich vorbeizukommen.

Mein Patient und seine Frau waren sehr nett. Alles lief wunderbar – bis zu dem Moment, als wir seine Medikamente besorgen mussten. Als ich die Apotheke der beiden anrief, läutete das Telefon und läutete, bis endlich eine automatische Ansage anging: »Wegen Hurrikan Michael haben wir im Moment geschlossen.

Wir hoffen, bald wieder öffnen zu können.« Ich suchte die Nummer einer anderen Apotheke heraus und machte einen neuen Versuch. Andere Formulierung, gleiche Ansage. In der nächsten halben Stunde telefonierte ich alle Apotheken der Umgebung durch. Schließlich rief ich Travis an.

»Travis, weißt du, welche Apotheke jetzt offen hat?«

»Du bist nicht die Einzige mit diesem Problem. Wenn es nur um die Abrechnung geht, können wir das auch morgen erledigen. Falls deine Patienten aber Medikamente brauchen sollten, müssen sie ins Krankenhaus«, antwortete er.

»Na, großartig. Meinem Patienten geht es gut. Sollte ich sonst noch etwas wissen?«

»Wenn einer unserer Patienten ins Krankenhaus muss, dann nicht in unser übliches. Sie müssen nach Fort Walton Beach.«

»Wieso das denn? Das ist doch viel weiter weg! Für manche meiner Patienten wäre das eine gute Stunde Fahrt!«

»Hast du heute schon die Nachrichten gesehen?«, wollte er wissen. Hatte ich nicht, weil ich so früh am Morgen losgefahren war. »Das Bay Medical Center ist massiv in Mitleidenschaft gezogen. Ich weiß gar nicht, wie ich die Schäden beschreiben soll. Die meisten Patienten wurden in unser Krankenhaus verlegt. Intensivpatienten liegen auf den Fluren. Du darfst also keinesfalls einen unserer Patienten dorthin schicken.«

»Okay, aber meiner Schwiegermutter geht es nicht gut. Sobald ich hier fertig bin, muss ich meinem Schwiegervater bei der Versorgung helfen.«

»Mein letzter Stand ist, dass sie kein kritischer Fall ist«, gab Travis zurück. »Deine Patienten brauchen dich genauso wie sie.«

»Ich habe sie heute Morgen schon alleingelassen, um die Aufnahme zu erledigen. Bitte«, flehte ich ihn an, den Tränen nahe.

»Und wenn ich meine Patienten einfach anrufe, ob es ihnen gut geht?«

»Okay. Das geht in Ordnung. Aber ich brauche zu jedem Fall eine Rückmeldung von dir.«

Ich machte den Papierkram für die Aufnahme fertig und ermutigte meinen neuen Patienten, mich anzurufen, wenn er irgendetwas brauchen sollte. Sobald wir mit allem durch waren, lief ich zum Auto. Mir blieb vielleicht noch eine halbe Stunde, bis Tom und Babette ankommen sollten. In dieser Zeit musste ich meine siebzehn Patienten anrufen. Ich hatte gerade die Hälfte der Telefonate erledigt, als Tom sich meldete.

»Wir sind schon in der Nähe«, sagte er mit ruhiger Stimme. »Aber etwas stimmt nicht mit ihrer Atmung.«

»Das kann vorkommen«, versicherte ich ihm. »Ich bin gleich fertig und komme dann zu euch, um ihr zu helfen.« Ich dachte, dass wir Babettes schwere Atmung mit den Medikamenten behandeln konnten, die wir hatten. Vielleicht mussten wir sie auch nur umbetten. Nachdem ich alle Anrufe erledigt hatte, legte ich den Rückwärtsgang ein und ließ den Wagen die lange Einfahrt hinunterrollen, um mich dann auf den Weg zu meinen Schwiegereltern zu machen. Während der Fahrt fielen mir die Sturmschäden auf. Überall lagen Trümmer herum, und ich musste deswegen ein paar Mal einen Umweg machen.

Als ich endlich am Ziel war, sah ich schon Toms Wagen.

»Perfektes Timing!«, dachte ich. Dann fiel mein Blick auf Babette. Ich war entsetzt. Sie schnappte nach Luft und war kaum bei Bewusstsein. Offensichtlich hatte sich ihr Zustand während der dreistündigen Fahrt massiv verschlechtert.

»Ich brauche die Flasche, auf der Roxanol steht«, sagte ich zu Tom.

Er ging schnell zum Kofferraum, um sie zu holen. »Ich kann die Tasche mit den Medikamenten nicht finden«, rief er panisch.

Dann fiel es mir siedend heiß ein. Mir wurde beinahe schlecht, als ich merkte, dass ich vergessen hatte, die Medikamententasche aufzufüllen, als ich morgens losgefahren war. »Es tut mir leid«, stotterte ich. »Ich habe die Sachen in den Kühlschrank gelegt.« Medikamente bewahrt man am besten im Kühlschrank auf, und da meistens ich es war, die Babette ihre Medikamente verabreichte, hatte ich nicht daran gedacht, den anderen Bescheid zu sagen. Unter normalen Umständen hätte ich auch einfach eine Apotheke anrufen und ein neues Rezept einlösen können. Aber heute waren ja sämtliche Apotheken, wie ich wusste, geschlossen.

»Wir müssen jetzt Folgendes tun«, erklärte ich Tom. »Wir fahren mit ihr ins Krankenhaus, damit sie ihre Medikamente bekommt. Danach können wir sie wieder nach Hause bringen.« Ich sah, dass es mit Babette nun wirklich zu Ende ging. Es blieben uns also noch rund zweiundsiebzig Stunden, sollten bei ihr die Dinge so verlaufen, wie ich es von anderen Patienten kannte. Die Vorstellung, Babette in diesem Zustand ins Krankenhaus bringen zu müssen, war allerdings alles andere als schön. Aber wenigstens würden wir genug Zeit haben, um ihr das Medikament zu besorgen und sie, wenn es ihr wieder besser ging, mit nach Hause zu nehmen, wo ihre Kinder auf sie warten würden, um sich zu verabschieden.

Ich setzte mich auf den Rücksitz, und Tom fuhr in Windeseile los, während Babette auf dem Beifahrersitz in sich zusammensank. Sie konnte sich nicht mehr aufrecht halten, wie ihr das vor drei Tagen noch gelungen war. Die ohnehin lange Fahrt zum Krankenhaus schien sich mit jedem schweren Atemzug Babettes noch mehr in die Länge zu ziehen. Meine einzige Aufgabe war es gewesen, sie zu Hause zu versorgen und schmerzfrei zu halten.

Und ich hatte versagt. Ich überlegte, ob ich Chris anrufen sollte oder nicht. Ich wollte nicht, dass er das Gefühl hatte, unbedingt gleich kommen zu müssen. Ich war mir sicher, dass Babette noch ein paar Tage zu leben blieben. Aber irgendetwas sagte mir, dass ich ihm Bescheid geben sollte. Meine Hände zitterten, als ich das Telefon nahm.

»Hey, Babe«, sagte ich, als er sich meldete, und versuchte, so ruhig wie möglich zu bleiben. »Wir müssen mit deiner Mutter ins Krankenhaus. Ich glaube nicht, dass du kommen musst, aber ich wollte dir Bescheid sagen. Wir müssen nach Fort Walton Beach. Ich weiß, dass das für dich weit weg ist. Du musst also wirklich nicht kommen.«

»Tatsächlich hat man mich heute nach Fort Walton Beach beordert. Wegen des Hurrikans. Ich arbeite gleich gegenüber vom Krankenhaus, und die meisten Patienten sind heute sowieso nicht gekommen. Ruf mich an, sobald ihr da seid.«

Beim Krankenhaus angekommen, sagte ich Tom, er solle vor dem Eingang der Notaufnahme halten, damit ich Babette in einen Rollstuhl helfen konnte. Chris, der nach uns Ausschau gehalten hatte, kam gelaufen, um uns zu helfen. Er stützte seine Mutter, während wir sie ins Krankenhaus brachten. Am Empfang erklärte ich der Rezeptionistin die Situation. Sie holte eine Krankenschwester, die uns ein Bett im Flur zuwies. Ein Arzt kam und verordnete die erforderlichen Medikamente, damit Babettes schwere Atmung sich beruhigte. Das alles passierte sehr schnell, aber gleichzeitig wurde auch klar, dass Babette es nicht mehr nach Hause schaffen würde. Ich konnte es einfach nicht fassen – so vielen Patienten hatte ich geholfen, ohne Schmerzen und friedlich zu sterben. Doch hier, bei meiner Schwiegermutter, hatte ich es nicht gekonnt.

Während die Krankenschwester Babette die Medikamente verabreichte, rief Tom die Kinder an und stellte das Handy laut, damit sie sich von Babette verabschieden konnten. Ich sah hilflos zu, wie Tom Babette das Telefon ans Ohr hielt, damit CJ und Nick ihr sagen konnten, wie sehr sie sie liebten. Ärzte, Krankenschwestern, Patienten und Fremde liefen vorbei und starrten Babette an, die im Sterben lag. Ich stand kurz vor dem Nervenzusammenbruch: *All das lief total falsch!* Jahrelange Arbeit als Hospizschwester hatte mich gelehrt, wie ein würdiger Tod aussah. Für die letzten Momente meiner Schwiegermutter hatte ich alles perfekt geplant. Wir würden Kerzen anzünden, leise Musik auflegen und die Tür zum Balkon aufmachen, damit Babette die salzige Luft genießen konnte, die sie so sehr liebte. Es sollte der friedlichste Tod sein, durch den ich je einen Menschen begleitet hatte. Nun hatte ich das Chaos vor Augen, und alles fühlte sich total *irreal* an.

Etwa eine halbe Stunde nach uns trafen dann auch Amanda und Steve ein. Ich stieß einen Seufzer der Erleichterung aus. Amanda sah mit einem Blick, was los war: die vor Atemnot keuchende Babette auf einer Liege im Flur, während Hunderte Menschen an ihr vorbeiliefen. Amanda holte kurz Luft, dann suchte sie die diensthabende Schwester auf.

»Was ist bloß mit euch los? Lasst ihr diese Frau einfach im Flur sterben? Wo bleibt denn eure Menschlichkeit?«, hörte ich Amanda in scharfem Ton zischen. In diesem Moment war ich ihr unendlich dankbar. Und ihre mahnenden Worte zeigten Wirkung. Wenige Minuten später verlegte man uns in Zimmer sechs, und wir konnten uns ein bisschen entspannen. Chris kämmte Babettes Haar. Sie atmete immer noch schwer, und Tom stand neben ihr und hielt ihre Hand.

Auch wenn die Umstände nicht gerade ideal waren, so hatten CJ und Nick sich doch von ihrer Mutter verabschieden können –

nur eines ihrer Kinder konnten wir einfach nicht erreichen. Chris' Bruder Eric, der Jüngste in der Familie, war beim Militär. Tom rief ihn immer wieder an, kam aber einfach nicht durch. Schließlich gab er auf. Wir drei saßen an Babettes Bett und sagten ihr immer wieder, dass wir sie liebten, während wir auf das Ende warteten.

Da klingelte wie durch ein Wunder das Telefon. Es war Eric. Tom antwortete und erklärte mit wenigen Worten, was los war. Dann schaltete er Eric auf Lautsprecher: »Mom, ich liebe dich.« Seine Worte klangen laut und stark durch den Raum, und in diesem Augenblick tat Babette ihren letzten Atemzug.

Ein langer Augenblick der Stille, dann sagte Tom unter Tränen: »Deine Mutter ist nicht mehr unter uns, Eric. Aber sie hat dich gehört, und sie liebt dich auch.«

Als ich auf Babettes leblosen, zierlichen Körper blickte, der in dieser sterilen Umgebung auf einer Bahre lag, überfiel mich eine tiefe Trauer. Nicht nur, dass meine Schwiegermutter gestorben war. Ich hatte sie auch noch im Stich gelassen.

10

Albert

Obwohl ich so viele Menschen bei ihrem Übergang begleitet hatte, zeigte mir Babettes Tod, wie wenig ich wirklich über das wusste, was danach kommt. Meine Erfahrung endete da, wo das Bestattungsinstitut meine Patienten übernahm. Auch wenn ich mit Bestattungen aufgewachsen war, merkte ich nun, dass ich vergessen hatte, was in solchen Fällen zu tun ist. Tom wollte nicht alle Entscheidungen allein treffen, also standen Chris und ich ihm zur Seite.

Glücklicherweise half uns das Bestattungsinstitut bei allen Fragen weiter, aber es gab noch viel mehr zu entscheiden, als ich geglaubt hätte. Welche Bilder wollten wir für das Büchlein, das bei der Trauerfeier verteilt werden sollte? Welche Bibelpassagen würde Babette sich wünschen? Was sollte in ihrem Nachruf stehen? Wollten wir, dass dieser auch in der Zeitung ihrer Heimatstadt gedruckt wurde oder nur hier, wo sie die meisten Jahre verbracht hatte? In welchen Kleidern würde sie beerdigt werden wollen? Welche Blumen sollten auf dem Sarg liegen? Wo wollten wir sie bestatten? An welchem Tag sollte die Bestattung stattfinden? Die Fragen wurden immer mehr, und die Kosten stiegen und stiegen.

Eine der schwierigeren Aufgaben war es, einen Sarg auszuwählen. Die verschiedenen Modelle wurden im Bestattungsinstitut präsentiert, als handle es sich um Kunstwerke in einem Museum. Ich hielt Chris' Hand, während wir sie stumm ansahen. Natürlich wollten wir für Babette das Beste, aber die Preise für die schönste Ausführung waren schlicht schockierend. Niemand von uns wollte meinem Schwiegervater vorschreiben, wie viel Geld er auszugeben hatte. Und niemand wollte andeuten, dass Babette nicht das Beste verdient hatte.

Während wir die Modelle studierten, klingelte mein Handy in der Tasche. »Wo bist du denn? Du hast mir nicht Bescheid gegeben, dass du dir freinimmst«, hatte Travis mir geschrieben. Mir klappte der Unterkiefer nach unten. Ich zeigte die Nachricht Chris, der mich irritiert ansah.

»Die wissen doch haargenau, wo ich bin! Schließlich waren sie dabei, als sie gestorben ist! Er hat ihre Sterbeurkunde auf dem Tisch liegen!«, fauchte ich und konnte gerade noch die Tränen zurückhalten.

»Atme tief durch und antworte erst später«, riet mir Chris.

»Er will, dass ich nach nur einem Tag frei wieder anfange, mich um sterbende Menschen zu kümmern? Ich werde kündigen.«

Chris drückte meine Hand. »Du willst nicht wirklich kündigen. Du bist einfach nur verletzt. Warte ein bisschen, bevor du reagierst.«

Ich ignorierte ihn und tippte mit feuchten Augen meine Antwort ein. »Stell dir nur mal vor, ich habe gerade einiges um die Ohren. Wie du weißt, ist meine Schwiegermutter gerade gestorben, und ich muss für sie einen Sarg aussuchen. Und ich habe jede Menge Überstunden abzubauen. In einer Woche bin ich wieder da. Bitte lass mich bis dahin in Ruhe.« Ich drückte auf »Senden«, ohne meine Antwort noch einmal durchzulesen. Dann zeigte ich sie Chris, der zu meiner Überraschung amüsiert losprustete.

»Das hat er verdient. Ich wollte nur nicht, dass du etwas machst, was dir später leidtut. Meine Mutter wäre stolz auf dich, wie du für dich eintrittst.«

Ich lächelte meinen Mann an und lehnte meinen Kopf an seine Schulter. »Familie, das ist doch alles, was im Moment zählt. Das hat sie mir beigebracht. Komm, wir fahren zurück und helfen deinem Dad zu Hause. Würdest du auch etwas in der mittleren Preisklasse vorschlagen?«

Chris nickte, und so wandten wir uns der restlichen Planung für die Beerdigung zu.

An meinem ersten Arbeitstag etwa eine Woche später klickte ich mich im Auto zuerst durch Massen von E-Mails, bevor ich das Büro betrat. Ich war noch nicht bereit, mit jemandem zu reden. Außerdem war ich immer noch wütend auf Travis. Und ich hatte Bedenken, was mich wohl drinnen erwarten würde nach der Mail, die ich geschickt hatte.

Als Erstes las ich eine E-Mail von Steve. Das schien mir das Sicherste zu sein. »Hallo, Hadley! Schön, dass du wieder bei uns bist. Die Trauerfeier war wirklich schön. Ein wunderbarer Tribut an eine wunderbare Frau. Ich wollte dir für den heutigen Tag ein Zitat mitgeben: ›Was wir einst innig geliebt haben, werden wir nie verlieren, denn alles, was wir innig lieben, wird ein Teil von uns.‹ Ich weiß, dass du auch künftig Wunder vollbringen wirst. Sie wird immer an deiner Seite sein und dich unterstützen.« Ich seufzte und fragte mich, ob Steve mich da nicht überschätzte. Im Augenblick hatte ich überhaupt keine Lust auf Arbeit. Ich empfand mich immer noch als Versagerin, weil ich nicht in der Lage gewesen war, Babette zu helfen, als sie starb. War ich wirklich die Richtige, um Menschen am Ende ihres Lebens zu pflegen?

Weiter unten in der Liste war eine Mail von unserer Sozialarbeiterin Mindy. »Wir haben eine junge Mutter mit Krebs, die unbedingt noch ein paar Fotos mit ihren Kindern machen möchte, bevor sie uns verlässt. Hat irgendjemand Connections zu einem Perückenladen? Sie möchte ihrem alten Selbst einfach so ähnlich sehen wie möglich.« Ich seufzte auf und schickte einen Blick zum Himmel. »Das ist also das Erste, was ich deiner Ansicht nach tun soll, Babette?«, dachte ich. Ein Sonnenstrahl stahl sich in meinen Wagen. Normalerweise übernahm ich solche Dinge gerne. Heute nicht.

Ich textete meinem Schwiegervater. »Könnte eine unserer Patientinnen sich Babettes Perücken ausleihen?«, wollte ich wissen. Seine Antwort kam prompt: »Natürlich. Eine viel bessere Verwendung, als wenn sie weiter bei uns zu Hause herumliegen.« Ich mailte Mindy: »Wenn die Patientin blond ist, habe ich ein paar Qualitätsperücken zu spenden.« Fast hätte ich wieder angefangen zu weinen. Ich machte das Mailprogramm zu und sah auf die Uhr. Zeit hineinzugehen. Das morgendliche Meeting hatte bereits angefangen.

Als ich in den Konferenzraum kam, drehten sich alle um, um zu sehen, wer da zu spät kam. Als sie mich erkannten, wurden die Gesichter gleich weicher. Von Travis einmal abgesehen. Ich nickte Steve und Dr. Kumar zu, die zu Babettes Bestattung gekommen waren. Ich war erstaunt, als ich Dr. Kumar in der Kirche sah. Er saß in der letzten Reihe, und bevor wir hinausgingen, umarmte er mich und Chris. Er hatte so viel zu tun. Es berührte mich tief, dass er sich die Zeit genommen hatte.

Das Meeting ging irgendwie an mir vorbei. Bevor ich noch wusste, was los war, packten alle ihre Sachen zusammen, und ich hörte, wie Cheryl, unsere quirlige Marketingfrau, den allgemeinen Lärm übertönend, rief: »Wir brauchen eure Hilfe für die Truthahn-Aktion. Bitte fragt all eure Patienten! Ich brauche die Liste bis Ende nächster Woche.« Wir spendeten jedes Jahr Truthähne für unsere Patienten, die sich selbst keinen leisten konnten. Damit sie Thanksgiving feiern konnten.

»Krankenschwestern! Stopp!«, tönte plötzlich Travis dazwischen. Ich blieb stehen und sortierte meine Sachen ein. »Wir haben eine Neuaufnahme. Es ist eine … ungewöhnliche Situation, wie es sie nicht häufig gibt. Ich muss wissen, wer dafür Zeit hat. Ich weiß, dass wir alle zu viel zu tun haben und gestresst sind, aber jemand muss diesen Patienten übernehmen. Wie viel?«, meinte er dann und zeigte mit dem Kugelschreiber auf mich.

»Ich habe im Moment fünfzehn Patienten, aber ich will niemanden mit Gehirntumor. Ich werde damit im Moment nicht fertig.« Ohne Kommentar schrieb Travis 15 neben meinen Namen und fragte dann weiter.

»Sechzehn«, sagte Amanda.

»Fünfzehn«, gab Jenna zur Antwort.

»Jenna, Hadley, ihr seid erwachsen. Ich nehme an, ihr könnt das unter euch absprechen. Dieser Patient hat keinen Gehirntumor«, kam es von Travis.

»Am einfachsten ist es, glaube ich, wenn wir nachsehen, wer schon Patienten hat, die in der Nähe der Neuaufnahme wohnen. Dann gibt es wenigstens weniger Fahrzeit«, schlug Jenna vor und sah mich an. Ich nickte zustimmend. Travis kratzte sich erst mal mit dem Zeigefinger am Kopf, bevor er mit der ganzen Hand übers Gesicht fuhr.

»Nun, das ist das Ungewöhnliche daran. Der Mann ist obdachlos. Er lebt unter der East Creek Bridge.« Das war allerdings ungewöhnlich. Normalerweise hätte ich mich in so einem Fall nicht freiwillig gemeldet, aber ich hatte Babettes Stimme im Hinterkopf, die sagte: »Nimm ihn. Du tust das Richtige.«

»Ich übernehme ihn«, sagte ich.

»Großartig!«, meinte Travis, offensichtlich erstaunt, wie leicht das gegangen war. Er drückte mir einen Stapel Papiere in die Hand, bevor er mit Jenna und Amanda das Büro verließ. Ich sah mir an, was das Krankenhaus geschrieben hatte: »Albert. Siebenundsiebzig Jahre alt. Nierenversagen und Diabetes. Geburtsdatum unbekannt. Schwierige biografische Datenlage.« Dann las ich weiter: »Verweigerte Amputation unmittelbar über dem Knie. Verweigert jede Reha-Maßnahme. In den Hospizdienst entlassen.« Ich blätterte weiter, um seine Versicherungsdaten zu suchen. Das Formular war leer. »Seltsam«, dachte ich. »Eigentlich müsste er ja Medicare haben, wenn er siebenundsiebzig ist. Und als Obdachloser hilft auch Medicaid.« Ich nahm die Papiere mit und marschierte ins Büro unserer Sozialarbeiterin.

»Hallo, Mindy. Hast du die Papiere von diesem Neuzugang schon gesehen? Mr Albert?«, wollte ich wissen. Sie drehte sich um und verdrückte gerade noch den letzten Rest ihres Frühstücksriegels.

»Mhm«, antwortete sie. »Ich bin deswegen gerade in der Medicaid-App. Wir holen ihn unter der Brücke heraus und bringen ihn in ein Pflegeheim. Ich wünschte nur, das Krankenhaus hätte sich ein bisschen mehr Mühe gegeben.«

Ich seufzte erleichtert auf. »Vielen, vielen Dank.«

Als ich losfuhr, fiel mir wieder ein, wie ich damals meinen eigenen Medicaid-Antrag ausgefüllt hatte. Bei meinem ersten Termin beim Geburtshelfer hatte mich die strahlend lächelnde Empfangsdame nach meiner Versicherungskarte gefragt. Ich zog sie heraus und gab sie ihr. Sie gab mir dafür einen Stapel Papiere, die ich ausfüllen musste. Ein paar Minuten später rief sie mich wieder an ihren Tisch.

»Haben Sie noch eine andere Versicherungskarte?«

Mein Magen zog sich zusammen. »Nein. Warum? Funktioniert diese nicht?«, fragte ich.

»Ich habe angerufen. Die Versicherung wurde gekündigt.«

Ich war über meinen Vater versichert, der über meine Schwangerschaft wenig erfreut war. »Dann komme ich ein andermal wieder. Es geht mir gut. Ich fühle mich prima.«

Die Empfangsdame warf ihrer Kollegin einen Blick zu. »Sie müssen diese Vorsorgeuntersuchungen machen lassen. Wenn Sie das nicht tun, kann Ihnen das Baby nach der Geburt wegen Vernachlässigung weggenommen werden.«

Ich war kurz vor einem Panikanfall. »Gut. Dann besorge ich mir eben einen Job und zahle bar.«

»Das wären dann fünfunddreißigtausend Dollar. Und Sie müssen was anzahlen.«

Ich hatte auf meinem Bankkonto weniger als hundert Dollar, und meine Mutter kam so kurz nach der Scheidung kaum mit den Hypothekenzahlungen fürs Haus hinterher. Ich konnte sie wirklich nicht um Geld bitten.

»Dann versichere ich mich eben selbst«, antwortete ich.

»Aber Sie haben jetzt ja eine Vorerkrankung. Das Einzige, was Sie jetzt noch machen können, ist, einen Antrag bei Medicaid zu stellen.«

»Was ist Medicaid?«

»Eine Krankenversicherung für Bedürftige. Die kostet nichts.«

»Kann ich mir das überlegen?«

Ich verließ die Praxis und setzte mich ins Auto. Mein Leben lang hatte ich gehört, dass staatliche Hilfen etwas für Arbeitsscheue seien, für Menschen, die »faul zu Hause herumhocken und andere für sich arbeiten lassen«. Für so jemanden wollte ich auf keinen Fall gehalten werden. Andererseits wusste ich nicht, welche Möglichkeiten mir sonst noch blieben. An jenem Abend füllte ich mit Tränen in den Augen den Medicaid-Antrag aus. Ich war fest entschlossen, aus dieser Situation wieder herauszukommen und für mich und mein Kind ein gutes Leben zu erarbeiten.

Ich öffnete einen neuen Tab im Browser und fing an, verschiedene Berufe zu recherchieren. Ich füllte einen Fragebogen aus mit der Überschrift: »Was soll ich werden?« Nachdem ich eine Reihe persönlicher Fragen beantwortet hatte, erschien das Resultat auf dem Bildschirm: Krankenschwester. Ich recherchierte weiter und jede Minute erfüllte mich mit mehr Hoffnung und Entschlossenheit. Schließlich vereinbarte ich einen Gesprächstermin mit einer Studienberaterin unserer staatlichen Uni. Schon fühlte ich mich besser. Ich hatte einen Plan.

Ein paar Tage später saß ich vor dem Büro der Studienberaterin. Ich wartete über eine Stunde. Mittlerweile konnte man mir schon ein bisschen ansehen, dass ich schwanger war. Da ich mir keine Umstandskleidung leisten konnte, zog ich ständig mein T-Shirt über meinen Bauch, während ich auf dem unbequemen Plastikstuhl vor dem Büro hin und her rutschte. Als die Frau mich dann endlich hineinrief, spürte ich, wie ihr Blick durch die Brille über meinen Bauch wanderte. Sie sah sich die Papiere an, die ich mitgebracht hatte, auch die Noten von meinem ersten Jahr an der Uni. Dann legte sie meine Unterlagen weg und faltete die Hände. »In die Schwesternschule hineinzukommen ist schwierig.«

Ich nickte. Ich hatte die Statistiken bereits online studiert.

»Wie ich das sehe«, fuhr sie fort, »bräuchten Sie lauter Einsen in den relevanten Fächern. Und es macht den Anschein, als hätten Sie im Moment andere Sorgen.«

Wieder nickte ich. Dann entgegnete ich: »Ich schaffe das. Bitte stimmen Sie meiner Einschreibung zu.«

Sie seufzte, während sie begann, etwas in den Computer zu tippen. Dann ließ sie die Hände wieder sinken. »Wie wäre es denn mit etwas Einfacherem? Ihre Chancen stehen einfach sehr schlecht.«

Aber nun spürte ich ein Feuer in meinem Inneren, wie ich es schon lange nicht mehr verspürt hatte. »Ich möchte Krankenschwester werden. Schreiben Sie mich bitte ein.«

Sie schüttelte den Kopf und machte »Ts, ts, ts«, aber dann trug sie die Kurse in ihren Computer ein. Als sie fertig war, druckte sie meinen Stundenplan aus und hielt ihn mir mit den Worten hin: »Wenn Sie aufhören möchten oder nicht alle Kurse schaffen, Sie wissen ja, wo Sie mich finden.«

Ich nahm meinen Stundenplan und verließ das Büro, entschlossener als je zuvor. Ich würde ihr schon zeigen, wie falsch sie lag.

Ein paar Tage später ging ich zum neuen Termin für die Vorsorgeuntersuchungen, mit meiner Medicaid-Karte in der Hand. Eine andere Empfangsdame verlangte meine Versichertenkarte. Ich reichte ihr die goldfarbene Karte über die Theke und stand da, auf weitere Anweisungen wartend. Ich sah, wie sie die Augen verdrehte. Dann sagte sie zu ihrer Kollegin: »Leuten, die sich das Elternsein nicht leisten können, sollte man gar nicht erlauben, Kinder zu bekommen.«

Ich erstarrte zur Salzsäule. Am liebsten wäre ich weggelaufen, aber da sie sich einfach nur umdrehte und mich anlächelte, konnte ich nicht anders als zurückzulächeln. Als ich an jenem Tag die Praxis verließ, schwor ich mir: Sollte ich je Krankenschwester werden, würde ich niemanden so behandeln, wie diese Frau mich behandelt hatte.

Und nun, Jahre später, war ich, skeptischen Studienberaterinnen und fiesen Empfangsdamen zum Trotz, eine erfolgreiche Krankenschwester. Und ich hatte die Möglichkeit, dieses Versprechen zu erfüllen, das ich mir damals im Wartezimmer des Geburtshelfers gegeben hatte.

Erst an der East Creek Bridge wurde mir bewusst, dass ich keine Ahnung hatte, wie ich eigentlich *unter* die Brücke gelangen sollte. Auf der einen Seite befand sich ein Einkaufszentrum, den Strandabschnitt auf der anderen belegte das Militär. Da ich keine andere Möglichkeit sah, parkte ich meinen Wagen auf dem festen Sand vor einem der großen Schilder, auf denen stand: »Betreten verboten«. Ich griff mir meine Pflegetasche und mein Tablet, stieg aus, drückte mindestens drei Mal auf »Verriegeln« und marschierte Richtung Brücke, obwohl dort niemand zu sehen war. Erst beim Näherkommen bemerkte ich die Zelte und den Abfall. Ich schirmte meine Augen mit der Hand ab. Meine Schuhe versanken mit jedem Schritt tiefer im Sand.

Vor dem ersten dieser Zelte saß eine Frau mit einem Stock in der Hand. Sie zeichnete Kreise in den Sand. Ihr Haar war verfilzt und schmutzig. Das T-Shirt war abgetragen und fast durchsichtig dünn. Nachts wurde es mittlerweile ganz schön kalt. Ich hoffte nur, dass sie im Zelt etwas Wärmeres zum Überziehen hatte. Als ich mich ihrem Zelt näherte, schaute sie mich an.

»Hallo! Ich suche Albert?«

Ihr finsteres Gesicht verzog sich zu einem breiten, zahnlosen Grinsen – bevor sie anfing, mich anzuschreien. Sie sprach zwar keine fremde Sprache, aber was sie sagte, verstand ich trotzdem nicht. Sie schrie und stach mit dem Stock in die Luft, sodass ich unwillkürlich zurückwich. Ich tastete in der Jackentasche nach meinem Handy und überlegte kurz, ob ich Steve anrufen und ihn um Begleitschutz bitten sollte.

In diesem Moment rief mir ein Mann in einer schmutzigen Jeans und mit nacktem Oberkörper etwas zu. Er stand ungefähr fünfzig Meter entfernt. »Hey! Sind Sie wegen Al hier?«

Ich nickte. Erst dann wurde mir bewusst, dass er mich auf die Entfernung wohl kaum sehen konnte, also rief ich zurück: »Ja. Ich denke schon. Albert.«

Da stürmte der Mann auf mich zu, und wieder packte mich die Angst. Ich wusste nicht, was mich da erwartete. Er hatte mir wohl am Gesicht angesehen, dass ich Angst hatte, denn er beruhigte mich: »Al ist hier drüben. Sie ist harmlos, sie kann bloß nicht gut reden. Ich zeige Ihnen, wo er ist.« Der Mann deutete auf die Brücke und machte kehrt.

Ich folgte ihm, wobei ich die Umgebung aufmerksam betrachtete. Viele Menschen, Schlafsäcke und gelöschte Feuer. Leere Flaschen lagen über den Sand verstreut. Der Mann ohne Hemd nickte jedem Einzelnen zu oder winkte. Dabei bemerkte ich unzählige Narben auf seinem Arm. Er hatte braunes, gewelltes Haar. Ungekämmt. Vermutlich war er um die dreißig. Seine gebräunte Haut ließ keinen Zweifel zu, dass er im Freien lebte, ohne Schutz vor den Elementen. Dann drehte er sich zu mir um, um sich zu vergewissern, ob ich auch Schritt hielt.

»Ich bin übrigens Gil.«

»Hadley«, antwortete ich.

Als wir bei Alberts Zelt ankamen, bemerkte ich ein Pappschild, auf das jemand mit Filzstift geschrieben hatte: »Verbreitet Liebe, nicht Hass«. Die Zeltklappe war offen. Drinnen lag ein Mann auf dem Boden. Er trug keine Schuhe. Ein Fuß war geschwollen, der andere steckte in einem schmutzigen Verband. Die Binde stammte noch vom Krankenhaus und war beschriftet mit: »25.10.« Das hieß, dass der Verband also seit vier Tagen nicht gewechselt worden war. Ich wusste aus Alberts Akte, dass er unter einer unbehandelten Diabeteserkrankung litt. Das wiederum hieß, dass der Fuß nicht heilen konnte. Er hatte sich infiziert. Mit der richtigen Pflege hätte man dies verhindern können.

»Hallo! Ich bin Ihre Krankenschwester«, stellte ich mich vor.

Wie Gil hatte auch Albert eine stark gebräunte Haut. Sein Gesicht war von tiefen Furchen durchzogen. Doch auch wenn es anscheinend Lachfältchen waren, war Albert im Moment nicht nach Lachen zumute. Er hob den Kopf und blickte mich finster an: »Wozu das denn? Ich brauche keine verdammte Krankenschwester.«

Ich war ein wenig irritiert. Das Krankenhaus hatte ihm doch sicher gesagt, dass ich kommen würde?

»Es ist so: Da Sie ja offensichtlich nicht behandelt werden wollten, hat man mich geschickt, um sicherzustellen, dass es Ihnen gut geht.«

Albert verdrehte die Augen und ließ wortlos den Kopf wieder sinken.

»Mann, jetzt versuch's doch einfach. Ich will dich so nicht sehen müssen. Du hast doch Schmerzen, Mann«, warf Gil ein. Albert stöhnte und setzte sich auf. Dann rutschte er aus dem Zelt, wobei er massiv auf den Verband drückte, was ich gar nicht gut fand. Aber ich nahm es als »Ja«, dass er herausgekommen war, und holte die Aufnahmeformulare aus der Tasche.

»Das hier dauert nur eine Minute. Ich brauche nur ein paar Unterschriften.« Ich suchte einen Stift, dann merkte ich, dass ich keine Schreibunterlage hatte. Im Normalfall saß ich mit diesen Papieren am Esstisch im Haus der Patienten und die Familie oder sie selbst unterzeichneten. Ich sah mich suchend um, während Albert mit gesenktem Kopf dasaß und unglücklich dreinsah. Gil merkte offensichtlich, woran es mir fehlte. Er nahm das Pappschild und gab es mir.

Wir gingen die Papiere durch. Albert hörte zu und murmelte, dass er schon kapieren würde, wozu er da seine Zustimmung gab. Dann unterschrieb er alle Formulare. Als er seinen Schmerz auf einer Skala von eins bis zehn einschätzen sollte, blickte er endlich auf. Ich fragte ihn also: »Was würden Sie sagen, wie stark Ihr Schmerz ist? Auf einer Skala von eins bis zehn ist ›zehn‹ der schlimmste Zustand.« Dann wartete ich mit gezücktem Stift auf seine Antwort.

Albert gluckste, richtete seinen Blick auf das Wasser. Dann sah er mich an. »Zehn. Aber schreiben Sie lieber sechs, denn jedes Mal, wenn ich zehn sage, denkt ihr ja doch nur, dass ich mir Medikamente ergaunern will.«

Was sollte ich nun notieren? Ich beschloss, diesen Punkt für den Moment offenzulassen. Dann fragte ich Albert, ob ich ihm Medikamente gegen den Schmerz besorgen durfte. Er zuckte mit den Schultern. Als ich die nächste Frage vorlas, spürte ich, wie das Telefon in meiner Jackentasche vibrierte. Eine Textnachricht von Mindy: »Ich brauche eine Kopie von seinem Führerschein und Bankauszüge für den Medicaid-Antrag.« Ich steckte mein Handy wieder weg und sagte: »Das war unsere Sozialarbeiterin. Sie stellt für Sie einen Antrag auf Krankenversicherung, damit wir Sie irgendwo unterbringen können. Sind Sie einverstanden, wenn ich ihr ein Foto von Ihrem Führerschein und Ihren Kontoauszügen schicke?«

Nun brach Albert tatsächlich in herzhaftes Gelächter aus. »Gil, hast du das gehört?« Dann wandte er sich wieder zu mir: »Schätzchen, ich habe keinen Führerschein und kein Bankkonto. Ich habe keinen Cent, der mir gehört.«

»Gut. Das werden die Leute schon verstehen. Ich texte nur schnell zurück.« Nur eine Minute später kam schon Mindys Antwort: »Dann wird es eine Weile dauern. Ohne diese beiden Dokumente kann ich den Antrag am Computer nicht fertig machen. Ich muss ihn per Post schicken.« Ich schnaubte voller Empörung.

»Ich gehe ohnehin nicht ins Heim. Sie müssen sich also keine Mühe machen«, meinte Albert. »Machen wir mit den Fragen weiter.«

»Aber Sie müssen! Sie können nicht hierbleiben!«, widersprach ich ihm.

»Warum nicht?«

»Weil es nicht … sicher ist!«, flüsterte ich.

»Wie kommen Sie auf die Idee, dass ich mich zwischen Ärzten und Pflegerinnen sicherer fühle?«

Ich schwieg. Ich war gewöhnt, dass Menschen mir fraglos vertrauten, aber ich verstand, was Albert sagen wollte. So ähnlich hatte ich mich damals in der Praxis des Geburtshelfers gefühlt.

»Ich habe das einfach automatisch vorausgesetzt. Tut mir leid«, entschuldigte ich mich und mit einem Blick auf seinen Verband fragte ich: »Darf ich den wechseln?« Er nickte. Gil verfolgte hinter uns aufmerksam jede meiner Bewegungen. Ich holte das Verbandszeug heraus und legte es auf ein sauberes Tuch. Natürlich wollte ich so professionell wie möglich bleiben, aber mein Instinkt sagte mir, dass ich mich selbst verwundbar zeigen musste, wenn ich Alberts Vertrauen gewinnen wollte. Ich streifte mir die blauen Latexhandschuhe über und zog erst einmal das Pflaster von dem zerfledderten Verband. »Ich habe mit zwanzig ein Baby bekommen«, erzählte ich, während ich weiter seinen Fuß versorgte. »Ich war nicht verheiratet. Ich weiß, dass das nicht so schwierig ist wie Ihre Situation hier, aber viele Leute, denen ich immer vertraut hatte, sind mir danach aus dem Weg gegangen.«

»Sie haben aber da einen ganz ordentlichen Klunker am Finger«, merkte er an. So ganz kaufte er mir meine Geschichte wohl nicht ab.

Ich nickte, während ich den Verband entfernte. »Ich habe dieses Jahr geheiratet. Ich habe lange geglaubt, dass keiner mich nehmen wird. Dass ich irgendwie Ausschuss bin. Aber ich habe dann doch einen Mann gefunden, der mich und meinen Sohn liebt.«

»Ausschuss? Hm. Ja, das verstehe ich.« Bei diesen Worten nickte Albert verständnisvoll und sah mir zu, wie ich seinen Fuß verband. Dann meinte er: »Ich denke, wir werden miteinander auskommen. Allerdings weiß ich nicht, ob ich jemandem trauen kann, der dumm genug ist, mit so einem Klunker in ein Lager voller Obdachloser zu kommen.« Ich sah, dass er dabei breit grinste. Offensichtlich war das ein Witz.

Ich grinste zurück und feixte: »Na, so dumm auch wieder nicht! Immerhin habe ich mein Auto abgesperrt. Das ist mehr, als ich sonst tue.«

»Doofe weiße Frau«, sagte er und schüttelte, immer noch grinsend, den Kopf. »Sie sind ganz schön mutig, dass Sie allein hierhergekommen sind. Aber hier wird Ihnen keiner etwas tun, das kann ich Ihnen versprechen. Die Leute hier beklauen niemanden, der versucht, mir zu helfen. Und sie wissen auch, dass Gil ihnen eine Lektion erteilt, wenn sie sich danebenbenehmen.« Ich glaubte ihm. Vor allem, dass Gil nötigenfalls auch handgreiflich würde, wenn er dafür einen guten Grund sah. Nachdem ich Als Wunde verbunden hatte, fiel mir unsere Truthahn-Liste wieder ein.

»Ach übrigens! Wir verteilen gebratene Truthähne. Sollen wir Ihnen einen vorbeibringen?«

»Nee. Es ist ja bald Thanksgiving. Da bringen uns die Leute ohnehin dauernd was zu essen. Das ist so ziemlich die einzige Zeit im Jahr, in der wir eine warme Mahlzeit abbekommen. Natürlich ist alles bald weg. Vielleicht könnten Sie später ja noch mal nachfragen?«

Ich nickte und fühlte mich schuldig, weil wir in der restlichen Zeit des Jahres kein Essen ausgaben. Bevor ich ging, gab ich Albert das strahlend orangefarbene Blatt, auf dem die Nummer unserer Rufbereitschaft stand. »Sie können diese Nummer anrufen statt der normalen Notfallnummer. Dann melden wir uns. Bei uns ist durchgehend eine Krankenschwester erreichbar.« Da erst kam es mir wieder. Das war jetzt das fünfte Mal, dass ich meine Routinefragen Alberts Situation entsprechend umformulieren musste. »Haben Sie denn ein Telefon?«, erkundigte ich mich. Und mir wurde bewusst, wie oft ich auf Automatik schaltete, und schwor mir, das künftig besser zu machen.

»Nein, aber es gibt ein Münztelefon an der Straße«, sagte Gil, der mit verschränkten Armen neben uns stand. »Ich kümmere mich darum, dass das klappt.«

»Okay. Nur noch eines: Ich nehme an, unser Arzt wird Ihnen Medikamente verordnen. Ich kann Ihnen einen kleinen Safe bringen, in dem Sie sie einsperren können. Aber können Sie die Medikamente aus der Apotheke holen?«

»Die große CVS-Apotheke ist nur eineinhalb Kilometer entfernt. Ich erledige das«, erklärte Gil sich bereit und legte Albert beruhigend die Hand auf die Schulter.

»Sie sind ein guter Freund«, sagte ich, während ich meine Sachen packte.

»Wir sind hier keine Freunde. Wir sind Familie. Und wir kümmern uns umeinander.«

»Finde ich toll. Ich bin in zwei Tagen wieder da, okay?«

Beide nickten zustimmend.

Ich ging zurück zu meinem Auto und rief Dr. Kumar an, damit er mir das Rezept ausstellte. Er war nicht begeistert davon, in einem Umfeld wie diesem schwere Narkotika zu verordnen, und meinte, er würde lieber eine Kleinpackung verschreiben. Ich erklärte ihm, dass es für Gil jedes Mal einen Weg von drei Kilometern hin und zurück bedeutete, um die Medikamente zu holen.

Dr. Kumar seufzte. »Und in ein Heim will er nicht?«

»Er wird nicht ins Heim gehen. Seine Familie, das sind die Leute unter der Brücke. Und er möchte bei ihnen sein, wenn er stirbt, wie unsere anderen Patienten auch.« In dem Punkt gab ich nicht nach.

»Gut, dann verschreibe ich, was Sie haben wollen. Können Sie die Tabletten bei Ihren Besuchen zählen?«

»Natürlich«, stimmte ich zu. »Das mache ich ohnehin bei allen Patienten. Vielen Dank.«

Ich machte seine Formulare fertig und schickte sie weg. Dann klingelte das Telefon: Deja, unsere Pflegehelferin. »Hallo! Bist du denn schon wieder im Dienst?«, fragte sie, als ich ranging. »Vermutlich schon, aber falls nicht, dann tut es mir leid, dass ich dich angerufen habe.«

»Ich bin wieder dabei. Hast du den neuen Patienten, Mr Albert? Ich habe ihn gerade kennengelernt. Er ist echt nett.«

»Ja. Kann ich dich vielleicht bei einer deiner Visiten begleiten?«

»Hört sich gut an! Wie geht es dem Baby?«, fragte ich.

»Er bekommt jetzt Physiotherapie, nachdem er wegen seiner Wirbelsäulenverkrümmung operiert wurde. Es war ganz schön stressig, mit ihm die verschiedenen Arzttermine wahrzunehmen und mich um meine Patienten zu kümmern.«

»Ja, das kann ich mir vorstellen. Aber melde dich ruhig, wenn du Unterstützung brauchst.«

Nach diesem Gespräch schaute ich auf die Uhr auf meinem Telefon. Ich hatte noch eine gute Stunde Zeit, bevor mein nächster Patient dran war. Da die Adresse in der Nähe von Toms Haus war, fuhr ich vorher vorbei, um die Perücken zu holen. Es war auch Toms erster Tag in der Arbeit, daher war das Haus still. Ich ging in das Schlafzimmer der beiden und suchte nach den Perücken. War es jetzt nicht vielmehr »sein« Schlafzimmer? Ich wusste nicht, wie ich es nennen sollte. Die Perücken waren auf Styroporköpfen drapiert, aber ich legte sie einfach in eine Einkaufstasche. Mit

Kunststoffköpfen und Echthaarperücken herumzufahren, schien mir doch ein bisschen merkwürdig.

Als ich losfuhr, um die Perücken abzuliefern, merkte ich, dass die Patientin in derselben Straße lebte wie einst Reggie. Ich fragte mich, wer ihn wohl beerbt hatte, und hoffte, dass es nicht die Immobilienhaie waren, die sich das Grundstück unter den Nagel gerissen hatten. Als ich die Straße hinauffuhr, sah ich einen Bulldozer stehen. In mir stieg ein unangenehmes Gefühl auf. Ich hielt an und starrte auf das leere Grundstück. Mir war egal, was die Arbeiter dachten. Reggies Zuhause war weg, das seines Nachbarn ebenso. Und nicht nur das – man hatte alle Bäume abgeholzt. Jene Bäume, die sich bei meinem letzten Gespräch mit Lisa im Wind gewiegt hatten. Auf beiden Grundstücken waren Fundamente gegossen worden. Der Größe nach zu schließen würde dort eine Millionen-Dollar-Monstrosität entstehen. Genau das, was Reggie nicht gewollt hatte.

Ich fuhr ein paar Blocks weiter zum Haus der jungen, krebskranken Mutter. Ich setzte ein Lächeln auf und bemühte mich, meinen Ärger über die Immobilienentwickler zu verbergen. Eine ältere Frau öffnete die Tür.

»Hallo. Ich bin hier, um das hier abzugeben. Es sind Perücken«, sagte ich und hob die Plastiktüten hoch.

»Oh, ja! Kommen Sie herein! Sie sind für meine Tochter. Sie ist hier hinten.« Ich hatte zwar nicht hineingehen wollen, aber schließlich folgte ich der Dame doch.

»Liebes, die Hospizschwester ist da, mit den Perücken«, sagte sie und winkte mich ins Schlafzimmer. Dort lag eine schmale Gestalt auf dem Bett. Sie war blass und trug einen pinkfarbenen Pyjama und einen farblich passenden Hut. Eifrig warf sie die Bettdecke zurück und stand auf. Sie sah mich voller Dankbarkeit an.

»Soll ich sie dort drüben ablegen?«, fragte ich und deutete auf den Schminktisch.

»Ich würde sie gerne gleich anprobieren. Wenn sie nicht passen, dann können Sie sie wieder mitnehmen, für jemand anderen.«

Ich nickte. Eigentlich war ich nicht bereit, jemanden in Babettes Perücken zu sehen, aber anders war das jetzt nicht zu machen. Ich sah zu, wie sie jede Perücke einzeln aus den Taschen zog und mit den Fingern durch das Haar streifte. Wie oft hatte ich zugesehen, wie meine Babette es genauso machte. Sie bewunderte jede einzelne, entschied sich dann aber für die hellblonde mit dem fransigen Pony. Sie nahm den Hut ab und setzte die Perücke auf. Die glatten Haare fielen ihr über die Schultern. Ich stand hinter ihr, daher konnte ich ihr Gesicht beobachten. Sie hatte Tränen in den Augen, aber ihr Lächeln überstrahlte alles.

»Du siehst genauso aus wie früher«, flüsterte ihre Mutter ehrfürchtig an der Türschwelle. Die junge Frau drehte sich zu uns um, wobei das blonde Haar um ihr schmales Gesicht tanzte.

»Danke! Das wird meinen Kindern ein bisschen Normalität zurückgeben«, sagte sie zu mir.

Ich lächelte. »Das freut mich.« Ich freute mich tatsächlich für sie, aber am liebsten hätte ich Babette noch einmal gesehen, wie sie ihre Perücke aufsetzte und sich schminkte, wenn ein Abendessen mit der Familie anstand. Sie hatte immer gesagt, die Perücken sähen aus wie ihr richtiges Haar.

Als ich das Haus der jungen Frau verließ, warf ich ihrer Mutter einen letzten Blick zu. Bald würde es ihr ergehen wie mir. Sie würde eine herzzerreißende Trauer erleben. »Das Leben kann so grausam sein«, dachte ich.

Als ich an jenem Abend nach Hause kam, saßen Brody und Chris auf dem Sofa und guckten fern. Chris hatte immer noch seine Dienstkleidung an.

»Wie war dein erster Tag in der Arbeit?«, fragte ich, als ich meine Sachen ablegte.

»Gut. Und deiner?«

»Ich habe einen neuen Patienten. Er ist obdachlos. Er hat etwas gesagt, was mich seitdem beschäftigt«, erzählte ich, während ich Brody einen Kuss auf den Scheitel gab.

»Und was?«

»Dass die Leute an Thanksgiving jemandem wie ihm Essen spenden, ihn aber danach einfach wieder vergessen würden. Das ist doch schrecklich.«

»Also, wenn er nach Thanksgiving noch lebt, können wir ihm etwas zu essen bringen, wenn er es braucht.«

Ich lächelte und spürte wieder diese alte Entschlossenheit in mir. »Das hört sich gut an. Vielen Dank, Schatz.«

Chris stand auf und holte die Gießkanne unter der Spüle hervor. Nach der Beerdigung wollte das Bestattungsunternehmen wissen, wer all die Pflanzen nehmen würde, die geschickt worden waren – mindestens acht große Topfpflanzen, die von Kolleginnen, Freunden und entfernten Verwandten gespendet worden waren. Babettes Kinder sahen sich gegenseitig an, aber niemand erklärte sich bereit.

Schließlich sagte Chris: »Wir nehmen sie.« Ich drückte seine Hand, weil ich ihm signalisieren wollte, dass wir darüber vielleicht noch sprechen sollten. Ich hatte keine Ahnung, wo wir diese Riesendinger hinstellen sollten. Sobald wir alleine waren, sagte Chris zu mir: »Wir müssen sie nehmen. Wir können doch nicht zulassen, dass man sie einfach wegwirft.« Ich nickte. Offensichtlich war ihm das sehr wichtig. Und nun wässerte Chris alle paar Tage mit größter Sorgfalt all die Pflanzen, sodass sie weiter grünten. Als würde er auf diese Weise dafür sorgen, dass seine Mutter weiterlebte.

Thanksgiving war nun schon wieder einige Wochen vorbei. Ich hatte Albert in der Zwischenzeit mehrfach besucht, und er hatte irgendwann zu mir gesagt: »Meine Freunde nennen mich Al. Das sollten Sie auch tun.« Mittlerweile wusste ich, dass er als Teenager mit seinen Eltern aus Mexiko hierhergekommen war und bis zu seiner Erkrankung auf dem Bau gearbeitet hatte. Er sagte mir nie, ob er ein legaler Einwanderer war, aber ich zog meine eigenen Schlüsse, als er mir erzählte, dass er keine Sozialhilfe bekam, als er arbeitsunfähig wurde. Gil war die ganze Zeit an seiner Seite. Er achtete auf Als Symptome und lernte sogar, seinen Verband zu wechseln. Die beiden riefen nie unsere Rufbereitschaft an, wie oft ich ihnen auch versicherte, dass ich jederzeit verfügbar war. Al wartete immer auf meine geplanten Visiten und beklagte sich nie, wenn ich einmal zu spät kam.

Als ich wieder einmal zu einer Visite vorbeischaute, hatte Al offensichtlich Schmerzen. Ich wollte wissen, wie lange das schon so gehe, und er meinte: »Nicht lange.«

Gil unterbrach ihn: »Er lügt. Er hat das schon seit zwei Tagen.«

Ich schnappte nach Luft. »Al! Warum haben Sie mich nicht gerufen?«

»Ich möchte, dass Sie Zeit mit Ihrer Familie verbringen können, Ms Hadley. Ich bin nicht so wichtig. Ich bin den Schmerz ja gewöhnt.«

Ich tippte den Code in seinen Medikamentensafe und nahm das Morphin heraus, das der Arzt für Notfälle verschrieben hatte. Und ich erklärte ihm: »Wenn wir zulassen, dass der Schmerz so schlimm wird, lässt er sich nicht mehr so gut behandeln. Wir laufen ihm quasi hinterher. Es macht meine Arbeit einfacher, wenn Sie mich anrufen, sobald der Schmerz schlimmer ist als üblich. In Ordnung?«

Er nickte und verzog erneut das Gesicht vor Schmerzen. Ich zog die geringstmögliche Dosis des Morphinpräparats mit der Spritze auf und sagte: »Das ist gegen Ihre Schmerzen. Ist es okay, wenn ich Ihnen jetzt eine Spritze gebe?« Al nickte. »Es sollte schnell wirken. Es tut mir leid, dass Sie das mitmachen müssen. Aber wir bekommen das in den Griff. Ich verspreche es.« Ich sah mich nach ein wenig Wasser um. Üblicherweise spülte ich die Spritze aus, nachdem ich das Medikament verabreicht hatte, damit sie nicht verklebte. Aber hier gab es kein fließendes Wasser. Also legte ich die Spritze in den Safe zurück und merkte mir, dass ich beim nächsten Mal eine neue mitbringen musste. Und eine ungeöffnete Flasche mit Wasser.

»Ich glaube, mir wird schlecht«, sagte Al und hielt sich den Bauch.

»Haben Sie denn etwas gegessen?«

»Nein, wir hatten in letzter Zeit nicht viel zu beißen«, sagte Gil. »Ich gebe ihm alles ab, was ich kriegen kann, aber allzu viel ist es nicht. Ich kann aber in den Mülltonnen suchen. Warten Sie eine Minute.«

Fast hätte ich angefangen zu weinen. »Nein, ich habe Erdnussbutter-Kräcker im Wagen. Ich bin gleich wieder da.« Ich holte die Schachtel, gab sie ihm und sah zu, wie er an den Kräckern knabberte.

»Gut, das hat schon mal geholfen. Ich spüre auch, wie der Schmerz nachlässt. Danke, Hadley.« Er wollte mir die Packung mit den Kräckern zurückgeben, aber ich schüttelte heftig den Kopf und bestand darauf, dass er sie behalte. Bevor ich die beiden wieder verließ, gab ich Gil noch eine Einweisung, wie er das Morphin aufziehen und spritzen musste. Dann ließ ich mir zeigen, ob er es auch konnte.

»Versprechen Sie, dass Sie mich anrufen werden?«, sagte ich und deutete auf Al und Gil.

»Ja, Ms Hadley. Wir werden anrufen«, sagte Al und winkte mir zu. Ich freute mich, dass er deutlich besser aussah als am Anfang.

Ich fuhr ins Büro für unsere wöchentliche abteilungsübergreifende Besprechung. Als ich an ihrem Büro vorbeikam, winkte ich Mindy zu. Und prompt lief ich in Travis hinein, der um die Ecke gebogen kam.

»Hallo, wie läuft es denn mit Mr Albert?«, wollte er wissen.

»Heute war es schwierig. Er hatte Schmerzen und nichts zu essen. Ich werde ihm abends etwas besorgen und morgen vorbeibringen. Dann schaffe ich es aber wahrscheinlich nicht zur Morgenbesprechung.«

Travis' Blick wanderte in das leere Büro zu seiner Rechten. Dann bedeutete er mir mit einem Kopfnicken, dass ich ihm dorthin folgen sollte. Er schloss die Tür hinter uns. Ich fragte: »Was ist los?«

»Wir können für unsere Patienten nicht auch noch Sachen kaufen. Unser Unternehmen hat da strenge Regeln.«

»Ich werde Al nicht hungern lassen, solange ich mir das leisten kann«, sagte ich und blickte ihm direkt in die Augen. Ich begriff nicht, wie er sich das vorstellte: Wir sollten schließlich dafür sorgen, dass es unseren Patienten gut ging.

Er wich meinem Blick nicht aus. »Ich möchte dich nur darauf aufmerksam machen, dass du deinen Job verlieren könntest, wenn die Geschäftsleitung davon Wind bekommt. Ich will hier nicht den Bösen spielen. Ich versuche nur, dich zu schützen«, sagte er.

Ich konnte mir nicht leisten, meinen Job zu verlieren. Aber ich antwortete auch nicht, als ich die Tür öffnete und schweren Herzens zurück ins Büro ging.

Später am Abend schilderte ich Als Situation meinem Mann. Er war wie ich der Ansicht, dass wir ihm etwas zu essen besorgen sollten.

»Das Problem ist nur: Travis hat gemeint, ich könnte meinen Job verlieren, wenn jemand dahinterkommt.«

Chris fluchte verhalten, damit Brody ihn nicht hörte, der ein paar Meter weiter mit seinen Spielzeugtrucks beschäftigt war. Chris überlegte kurz, dann sagte er: »Mach es trotzdem. Die können uns mal.«

»Ich kann mir nicht leisten, meinen Job zu verlieren. Wir brauchen mein Einkommen und die Krankenversicherung.«

Chris seufzte und fuhr sich mit den Fingern durch das dunkle Haar.

»Vielleicht ist das eine der Gelegenheiten, bei denen ich lernen kann, dass man Privat- und Berufsleben am besten trennt, wie meine Therapeutin immer sagt. Komm, wir gehen was essen«, schlug ich vor.

»Okay. Brody, zieh deine Jacke an«, meinte Chris, griff sich die Autoschlüssel und seine Jacke. Wir fuhren zu einem unserer Lieblingsrestaurants am Strand. Wenigstens für die kurze Zeit konnte ich die Arbeit vergessen. Bis das Essen kam. Als der Kellner eine Riesenportion Nachos vor uns hinstellte, sah ich Chris an. »Ich kann das nicht essen«, sagte ich.

»Ich auch nicht.« Wir knabberten nur an den Appetithäppchen herum und bestellten nichts weiter. Zu Hause warf ich mich die ganze Nacht im Bett herum und dachte an Al, der vermutlich hungrig war. Am Morgen wachte ich in einem leeren Bett auf. Chris' Lächeln begrüßte mich, als ich in die Küche trat, wo er gerade Kaffee gemacht hatte. Ich fürchtete mich regelrecht davor, zur Arbeit zu gehen.

»Ich kann heute Brody in den Kindergarten bringen«, bot Chris an. Normalerweise machte ich das immer, aber dieses Mal nahm ich sein Angebot gerne an. Dann hatte ich ein wenig mehr Zeit am Morgen. Ich duschte, zog mich an und schaute meine beruflichen E-Mails vom Vorabend durch. Dann ging ich zum Auto und legte meine Tasche wie immer auf dem Beifahrersitz ab. Es knisterte, und ich stellte zu meinem Erstaunen fest, dass er überhäuft war mit Packungen Goldfischli, Kräcker und Fruit Cups, kleine Becher mit Obst im eigenen Saft. Ich musste lachen. Dann textete ich Chris: »Bin gerade im Auto. Heißt das, was ich denke, dass es heißt?«

»Ja. Mach keine Abstriche bei deinen ethischen Prinzipien. Falls du deinen Job verlierst, schaffen wir das schon irgendwie.«

Ich sah auf die Uhr am Armaturenbrett. Eigentlich hatte ich zum morgendlichen Meeting gewollt. Wenn ich mich dort nicht blicken ließe, würden bei manchen Leuten sofort die Alarmglocken losgehen. Würde ich aber teilnehmen, hätte ich keine Zeit, Al die Sachen vorbeizubringen, bevor ich mich um meine anderen Patienten kümmerte. Auf der Suche nach einer Lösung ging ich die Stundenpläne der Pflegehelferinnen durch. Deja sollte Albert heute sowieso besuchen. Üblicherweise machte sie sich früh auf den Weg. Vielleicht war sie jetzt sogar gerade bei ihm. Nervös rief ich ihre Nummer an. Sie ging sofort ran und flötete fröhlich: »Guten Morgen!«

»Bist du vielleicht gerade bei Mr Al?«, fragte ich.

»Ja. Gerade angekommen.«

»Brauchst du Hilfe?«, versuchte ich es.

»Oh, nein, Ma'am. Das schaffe ich schon«, erwiderte sie höflich.

»Deja, du musst heute Hilfe brauchen«, sagte ich in einem hoffentlich überzeugenden Ton. »Er kann nicht mehr gehen, und er ist ja doch ziemlich groß. Es fällt dir vielleicht schwer, ihn heute zu waschen.«

Schweigen am anderen Ende der Leitung. Einen Augenblick lang hatte ich das Gefühl, Deja hätte vielleicht aufgelegt. Schließlich hörte ich, wie sie sagte: »Weißt du, mir tut heute Morgen der Rücken weh. Ich könnte Travis eine E-Mail schicken und ihm sagen, dass ich Hilfe brauche.«

Innerlich jubelte ich, äußerlich aber blieb ich ruhig und sagte ihr, ich könne das schon übernehmen. »Vielleicht schlägst du ihm ja vor, dass wir eine Doppelvisite machen und damit dann für diese Woche fertig wären.«

»Schon kapiert«, sagte sie. Zufrieden, aber ein wenig ängstlich, dass Travis unser Manöver durchschauen könnte, lenkte ich den Wagen Richtung East Creek Bridge. Etwa zehn Minuten, nachdem ich losgefahren war, sah ich, wie mein Telefon aufleuchtete. Ein Anruf aus dem Büro.

»Hallo?«, meldete ich mich.

»Hallo«, meinte Travis. »Deja braucht Hilfe. Wäre es möglich, dass du ihr kurz mit Mr Albert hilfst?«

Ich legte eine Pause ein, so als müsste ich darüber erst nachdenken. »Ich glaube, das bekomme ich hin«, sagte ich und beendete das Gespräch, damit ich mich nicht noch verplapperte. Nervös fuhr ich zur Brücke, parkte meinen Wagen und lud mir alle Knabbereien auf den Arm, ein Stapel so hoch, dass ich ihn mit dem Kinn festhalten musste. Deja winkte mir schon aus der Ferne zu. Als ich bei ihr war, legte ich sämtliche Knabbereien neben Als Zelt ab und sah mich nach Gil um.

»Er geht immer, damit Al ein wenig Privatsphäre hat, wenn ich ihn wasche«, sagte Deja, die meine Gedanken gelesen hatte.

»Verstanden. Hallo, Mr Al!«, rief ich. Er winkte, und ich merkte, dass er schlechter aussah als am Vortag.

»Ich habe Ihnen was zu essen mitgebracht. Verzeihung, wenn es hauptsächlich die Sachen sind, die mein Sohn gerne isst. Aber ich kann abends noch mal im Supermarkt vorbeischauen. Hätten Sie gerne ein paar Kräcker?« Mr Al nickte, ohne etwas zu sagen. Ich riss eine Packung Kräcker auf und gab sie ihm einzeln in die Hand. Mit jedem Kräcker sah er ein bisschen besser aus. Und er spülte alles mit Mineralwasser hinunter.

»Ähm«, sagte ich zu Deja. »Du darfst niemandem davon erzählen.«

Deja lachte. »Was glaubst du, woher er das Mineralwasser hat?«, fragte sie und zwinkerte mir zu. Ich sah sie mit großen Augen an. »Unser Geheimnis«, meinte sie.

Nachdem Al ein paar Päckchen Kräcker gegessen hatte, wuschen Deja und ich ihn gemeinsam. Bevor wir seine Kleidung wechselten, gab ich ihm die Schmerzmedikamente aus dem kleinen Safe. Ihm frische Sachen anzuziehen, tat ihm immer weh. Ich prüfte auch, wie viel von der Medizin fort war, aber die Flasche war noch gut halb voll.

Als ich die Spritze aufzog, hielt Al mich davon ab. »Ich brauche das nicht mehr. Ich spüre das Bein ohnehin kaum noch«, sagte er. Das war allerdings kein gutes Zeichen. Sein Zustand verschlechterte sich offensichtlich. Und tatsächlich zuckte Al kein einziges Mal zusammen, wie er es sonst immer getan hatte, wenn ich den Verband abnahm. Es war, als merke er es überhaupt nicht.

Ich reinigte die Wunde, und Deja sah zu und reichte mir alles, was ich brauchte. »Werden Sie das auch eines Tages machen?«, wollte Al von Deja wissen.

»Ich hoffe doch. Es ist nur schwierig, so weit zu kommen«, gab sie zurück.

»Sie wird eines Tages eine großartige Krankenschwester sein«, warf ich ein. »Du brauchst ohnehin nur noch ein paar Monate, bis der Hospizdienst die Schwesternschule bezahlt, oder?«

Deja lächelte und berührte meine Schulter, ohne zu antworten. Ich war verwirrt. Noch vor ein paar Wochen hatte Deja mir erzählt, wie sehr sie sich auf die Schule freue, damit sie ihrem Sohn ein besseres Leben bieten könnte. Ich machte den Verband fertig und fragte Mr Al, ob ich sonst noch etwas für ihn tun könnte.

»Nichts. Ihr seid alle beide Engel auf Erden«, sagte er. Deja und ich verabschiedeten uns, nicht ohne ihn zu erinnern, dass er uns anrufen solle, wenn er uns brauchte.

Als Deja und ich zu unseren Autos zurückgingen, schob ich die Hände tief in die Jackentaschen, weil vom Wasser her ein kalter Wind pfiff. Nach einer Weile durchbrach Deja die Stille.

»Ich höre auf.«

Ich war schockiert. Sie war die beste Pflegehelferin, mit der ich je gearbeitet hatte. Natürlich respektierte ich ihre Entscheidung, aber ich wollte sie doch bitten, sich das noch mal zu überlegen.

»Travis hat mir eine Gehaltserhöhung gegeben, damit ich bei der Ausbildung der anderen Pflegehelferinnen in unserer Region helfe«, fuhr sie fort.

Noch verblüffter sagte ich: »Aber das ist ja fantastisch! Das hast du dir verdient! Du wirst das super machen.«

Deja schüttelte den Kopf. »Das geht nicht. Ich habe mir alles immer wieder durchgerechnet. Die Krankenversicherung für mich und meinen Sohn kostet neunhundert Dollar im Monat. Das heißt, ich würde weniger verdienen als jetzt, weil wir jetzt ja kostenlos über Medicaid versichert sind. Wir strecken uns ja jetzt schon zwischen zwei Lohnzahlungen regelmäßig zur Decke. Wenn ich mehr verdiene, ist das zu viel für Medicaid. Dann fliegen wir raus. Mein Sohn ist krank. Ich kann nicht riskieren, dass wir nicht versichert sind.«

Ich versuchte zu verarbeiten, was sie mir gerade erzählt hatte, und zermarterte mir das Gehirn nach einer Lösung. »Aber vielleicht kannst du ja in deiner jetzigen Stellung bleiben, ohne Lohnerhöhung?«

Sie schüttelte den Kopf, wobei ihre langen Zöpfe über ihre Jacke strichen. »Nein, sie haben die Stelle schon neu besetzt. Ich habe einen Job bei einem anderen Unternehmen angenommen. Das jetzt ist meine letzte Woche.«

Ich seufzte. »Ich werde dich so vermissen.«

»Ich dich auch, Hadley«, antwortete sie. »Das Leben ist manchmal ganz schön grausam, nicht wahr?«

»Ja, das ist es.«

Später am Abend, während ich mich mit meiner Hautpflege beschäftigte, erzählte ich Chris, dass Deja uns verlassen würde.

»Das ist ja ätzend. Aber immerhin kennst du jetzt jemanden in einer anderen Firma, der für dich ein gutes Wort einlegen würde, wenn man dich wegen der Lebensmittelsache rauswirft«, feixte er.

»Da hast du nicht mal unrecht«, lachte ich und spritzte mir Wasser ins Gesicht. Ich schlüpfte in meinen Schlafanzug und schlief ein. Bis wenige Stunden später das Telefon klingelte. Es war 3.33 Uhr. Erstaunt sah ich auf mein Handy. Es war Amanda.

»Hallo?«, antwortete ich matt und tappte im Dunkeln ins Badezimmer, damit ich Chris nicht weckte.

»Hadley, es tut mir schrecklich leid. Ich weiß, dass du keinen Bereitschaftsdienst hast, aber Mr Alberts Freund hat gerade angerufen. Es hat sich dringend angehört, aber als er merkte, dass nicht du am Apparat bist, hat er gleich wieder aufgelegt. Und als ich zurückrief, nahm niemand ab.«

»Oh je«, stöhnte ich.

»Ich habe mit Travis gesprochen. Du musst nicht hinfahren.«

Ich schnitt ihr das Wort ab. »Muss ich doch. Sie haben noch nie angerufen, auch wenn ich ihnen das immer wieder gesagt habe. Das muss wirklich dringend sein. Ich bin schon unterwegs.« Ich spürte, wie das Adrenalin in meinem Körper herumwirbelte, während ich mit meinem zur Taschenlampe umfunktionierten Handy nach sauberer Dienstkleidung suchte. Sobald ich angezogen war, weckte ich Chris.

»Bitte sei nicht böse. Es ist schwer zu erklären, aber ich muss einen Patienten sehen.«

»Was? … Ich dachte, du hast jetzt keine Rufbereitschaft?«

»Habe ich nicht. Aber ich muss trotzdem los.«

»Deine Therapeutin hat gesagt, dass du wegen so was noch mal einen Burn-out bekommst«, meinte er, deutlich wacher als noch eben.

»Babe, bitte glaub mir. Ich weiß, dass etwas nicht stimmen kann. Alle anderen haben diesen Mann im Stich gelassen. Ich kann das nicht auch noch tun.«

»Okay, also ab mit dir. Ich vertraue dir. Ich mache mir nur Sorgen um dich«, sagte er.

»Ich weiß. Ich liebe dich.« Mit diesen Worten hauchte ich ihm einen Kuss auf die Wange und war aus der Tür.

Bei der Brücke angekommen sah ich, dass darunter ein Feuer brannte und sich darum herum die schwarzen Umrisse mehrerer Menschen versammelt hatten. Ich wickelte mich eng in meine dicke Jacke, denn es war kalt. Trotz der merkwürdigen Umgebung hatte ich keine Angst. Albert hatte recht behalten: Alle wussten, warum ich hier war, und niemand würde mich bedrohen. Ich war also ganz ruhig und gelassen, während ich über die leeren Flaschen stieg und an Leuten vorbeiging, die vor sich hin murmelten. Mit meinen Blicken suchte ich herum, bis ich Gils Gesicht ausgemacht hatte. Ich sah die Erleichterung in seinen Augen, als er mich entdeckte. »Sie sind gekommen«, sagte er und ging um die Feuerstelle auf mich zu.

»Natürlich. Was ist los?«

Gil kratzte sich am Kopf. »Das soll er Ihnen selbst sagen. Bitte hören Sie ihn an, bevor Sie den Arzt rufen.«

Erstaunt nickte ich und folgte Gil zu Als Zelt. Al lag auf dem Boden, eine fadenscheinige Decke über sich gezogen. Ich setzte meine Pflegetasche ab und kniete mich nieder in den Sand. »Hallo. Da bin ich«, begrüßte ich ihn leise.

Al öffnete die Augen und sah mich an. »Hadley, ich muss Ihnen etwas sagen. Ich weiß, dass das eine Nebenwirkung der Medikamente ist, aber bitte hören Sie mich trotzdem an.«

Ich nickte und zog die Ärmel meiner Jacke über die Hände, um mich aufzuwärmen. »Ich höre. Und keine Sorge: Niemand verurteilt Sie.«

»Ich weiß, aber bitte nehmen Sie mir die Medikamente nicht weg.« Kurze Pause und dann sagte Al: »Meine Mama ist hier.«

Ich nickte, um ihn zum Weiterreden zu ermutigen. Und ich gab mir Mühe, dass auch mein Gesicht dasselbe ausdrückte.

»Meine Mama ist schon lange tot. Ich weiß, dass es eine Halluzination ist, aber ich war noch nie glücklicher. Nichts tut mir weh, und ich bin mit meiner Mama zusammen. Bitte setzen Sie die Medikamente nicht ab.«

»Al, und wenn es nun keine Halluzination ist?«, fragte ich.

Al sah an mir vorbei in die Dunkelheit. Nach einiger Zeit fing er an zu lächeln.

»Glauben Sie, dass das jetzt wirklich meine Mama ist? Sie halten mich nicht für verrückt?«

»Ja, das glaube ich. Und nein, ich denke nicht, dass Sie verrückt sind. Kein bisschen. Hat sie Ihnen etwas gesagt?«

»Sie meint, wir würden auf eine lange Reise gehen, aber ich könnte mich dann endlich ausruhen.«

»Na, dann sollten Sie auf Ihre Mutter hören«, sagte ich und lächelte ihm zu. Auch Gil, der danebenstand, lächelte. »Danke!« Das Wort war nicht zu hören, aber ich konnte es von seinen Lippen ablesen.

»Ich werde dafür sorgen, dass er genug Medikamente bekommt«, versprach ich Gil. Ich öffnete den kleinen Safe und nahm das Morphin heraus. Betroffen bemerkte ich, dass die Flasche genauso viel Flüssigkeit enthielt wie gestern Morgen. Al hatte heute noch kein Schmerzmittel bekommen, und doch war er schmerzfrei. Das konnte unmöglich eine Nebenwirkung der Medikamente sein.

»Nun, es ist bestimmt keine …«, sagte ich zu Al, doch dieser schlief bereits tief und fest.

»Ich würde ihn schlafen lassen«, sagte ich zu Gil. »Ich komme am Morgen wieder. Genauer gesagt in ein paar Stunden, denn es ist ja bald Morgen.«

»Danke, dass Sie ihn behandeln wie einen normalen Menschen«, meinte Gil.

»Danke, dass Sie so ein großartiger Freund sind. Ohne Ihre Hilfe hätte er nicht hierbleiben können.«

Als ich allein zu meinem Auto zurückging, hatte ich das Gefühl, in Gegenwart eines Freundes zu sein, der still neben mir herging. Ein schönes Schweigen, das keine Worte brauchte. Ich hätte mich nicht sicherer fühlen können.

Wieder zu Hause kroch ich zurück unter die Bettdecke und versuchte, noch ein paar Stunden Schlaf zu bekommen. Als ich so dalag, spürte ich wieder diese Präsenz. Es war nicht erschreckend – eher als wäre ein Freund im selben Raum, aber so, dass man ihn nicht sehen konnte. Man weiß, dass er da ist, auch wenn er im Augenblick unsichtbar ist.

Ein paar Stunden später krabbelte ich todmüde aus dem Bett. Ich hörte Brody, der nebenan spielte. Ich hatte immer noch dieses merkwürdige Gefühl, als sei ich nicht allein. Als ich in die Küche ging und mir Kaffee einschenkte, fragte ich Chris: »Hast du je das Gefühl, dass du nicht allein bist, obwohl du es eigentlich bist?«

»Ja. Nicht oft, aber ich weiß, was du meinst.«

»Vielleicht bin ich einfach nur müde«, sagte ich und ging ins Schlafzimmer zurück, um mich für den Tag fertig zu machen. Ich holte frische Dienstkleidung aus der Kommode und zog sie an. Dann knüllte ich meinen Schlafanzug zusammen und warf ihn in den Wäschekorb. Er landete auf der Dienstkleidung von gestern Nacht, deshalb fiel mir auf, dass ich mein Namensschild nicht abgemacht hatte. Ich wühlte im Korb herum, als ich plötzlich einen kalten Hauch im Nacken spürte. Ich erstarrte. Ich hatte zu viel Angst, in die Richtung zu schauen, aus der die Kälte kam, deswegen wartete ich einen Augenblick und machte dann die Schlafzimmertür auf. »Hey, spuckt die Klimaanlage manchmal unerwartet kalte Luft aus?«

»Oh ja, vor allem wenn sie anläuft. Warum?«, rief Chris zurück.

»Ach nur so. Wahrscheinlich bilde ich mir das nur ein. Danke.« Ich schloss die Tür wieder und lachte über mich. Dann legte ich Make-up auf und drehte mein ungewaschenes Haar zu einem Knoten. Ich zog Brody an und trug ihn auf der Hüfte zum Auto. Ich hatte das Gefühl, dass ich etwas vergessen hatte, wusste aber nicht so recht was. Ich gab Brody im Kindergarten ab, dann erinnerte ich mich, dass ich mein Namensschild nicht von der Schmutzwäsche abgemacht hatte. Seufzend kehrte ich um. Ich wusste, dass ich zum morgendlichen Meeting zu spät kommen würde, aber Travis würde mich ohnehin nach Hause schicken, um mein Namensschild zu holen. Also zurück ins Haus und das Namensschild von der alten Dienstkleidung abmachen. Als ich auf die Uhr sah, merkte ich erleichtert, dass ich höchstens ein oder zwei Minuten zu spät dran war.

Auf der Fahrt ins Büro hielten die Autos vor mir plötzlich unvermittelt an. »Auch das noch!«, stöhnte ich frustriert. »Jetzt komme ich wirklich zu spät.« Ein paar Minuten später aber setzte sich die Autoschlange wieder in Bewegung. Nach ungefähr eineinhalb Kilometern sah ich, was den schleppenden Verkehr verursacht hatte: Ein Lastwagen war auf einen anderen aufgefahren. Entsetzt betrachtete ich den enormen Schaden. Es war schlimm, aber wenn der Wagen vorne nicht so robust gewesen wäre, wäre der Unfall wohl deutlich schlimmer ausgefallen. Da fiel es mir plötzlich wie Schuppen von den Augen: »Das hätte ich sein können.« Glücklicherweise standen die Fahrer auf der Straße und vertraten sich die Beine. Sie waren offensichtlich unverletzt. Jetzt war ich froh, dass ich mein Namensschild vergessen hatte.

Bei unserem morgendlichen Meeting gab Travis bekannt, dass Deja uns verlassen würde. Ich warf ihr ein Küsschen zu.

»Ihr könnt im Büro eintragen, was ihr für die Abschiedsparty mitbringen wollt«, sagte er. Da steckte unsere Empfangsdame den Kopf herein. »Mr Albert ist tot. Sein Freund hat gerade angerufen.«

Ich sammelte meine Sachen ein und verließ das Meeting, um zur Brücke zu fahren.

Als ich ankam, erwartete mich ein schönes Bild. All die Menschen, die Mr Als Leben geteilt hatten (und die ich mittlerweile auch alle kannte), standen um ihn herum, hielten sich an der Hand und beteten. Sie öffneten den Kreis für mich und lächelten mir unter Tränen zu. Als ich mein Stethoskop hervorholte, um die Todeszeit zu bestimmen, ließ ich den Zwei-Minuten-Timer laufen und blickte in die Gesichter all derer, die Mr Al geliebt hatten. Ich hörte zu, wie sie beteten, manche mit offenen, andere mit geschlossenen Augen. Ich war glücklich, dass Mr Al bei diesen Menschen hatte bleiben können, die für ihn wie eine Familie waren. Nachdem die zwei Minuten vergangen waren, notierte ich den Zeitpunkt des Todes und sah wieder auf. Ein paar Meter weiter saß Gil im Sand und starrte aufs Wasser hinaus.

»Hallo«, grüßte ich ihn leise, als ich auf ihn zukam.

»Wir wussten ja, dass dieser Tag kommen würde«, sagte er und kämpfte mit den Tränen. »Al hat Sie sehr gemocht. Danke, dass Sie sich um ihn gekümmert haben.«

»Ich mochte ihn auch sehr«, sagte ich und ließ mich neben Gil nieder. »Ich werde ein Bestattungsinstitut anrufen, die manchmal kostenlose Einäscherungen übernehmen. Da es ja anscheinend keine näheren Verwandten gibt: Möchten Sie die Asche haben?«

»Ja. Er wollte, dass ich sie mit allen zusammen hier auf dem Strand verteile. Sie sind auch herzlich eingeladen.«

»Und ich komme sicher.«

Sobald die Leute vom Bestattungsinstitut da waren, legten sie Al mit Gils Hilfe behutsam auf die Bahre. Gil verabschiedete sich von seinem Freund. Tränen liefen ihm über die Wangen.

»Bitte sagen Sie mir Bescheid, wann die Trauerfeier stattfindet. Ich werde kommen. Okay?«, sagte ich zu Gil.

»Ich verspreche es.«

»Das ist kein Lebwohl«, sagte ich. »Vielmehr ein Auf Wiedersehen.«

»Also: auf Wiedersehen«, sagte Gil mit einem schiefen Lächeln.

Ich winkte und ging. Ich war noch nicht weit, als ich hörte, dass Gil mir hinterherrief. »Ach ja, und Al hat noch gesagt, er mache sich Sorgen um Sie. Dass Sie auch ja keinen Autounfall haben. Also passen Sie auf beim Fahren, okay?«

Ein paar Sekunden lang blieb ich wie angewurzelt stehen. Dann drehte ich mich zu Gil um. »Danke«, sagte ich. »Das werde ich tun.«

Über die Jahre habe ich mich daran gewöhnt, dass manche Dinge einfach geschehen, auch wenn ich nicht weiß warum und dafür keine logische Erklärung habe. Ich habe gelernt, an diese Dinge zu glauben. Wenn ich heute so zurückblicke, denke ich, dass die Präsenz, die ich in jener Nacht und am nächsten Morgen so stark gespürt habe, irgendwie mit Al zu tun hatte – und dass diese Präsenz über mich wachte, damit mir nichts passierte.

11

Frank

Mit einer Schüssel Mac and Cheese in der Hand kam ich in unseren Besprechungsraum. Über dem langen Tisch hing ein Transparent: »Wir werden dich vermissen!«. Dejas Abschiedsparty sollte während der wöchentlichen Besprechung mit Dr. Kumar stattfinden.

Ich zog einen Stift aus der Tasche meines Kasacks und verewigte mich auf ihrer Glückwunschkarte. Ich schrieb, dass sie eine tolle Pflegehelferin sei und durch nichts und niemanden ersetzbar. Plötzlich stand Dr. Kumar mit seinem Beitrag zum Büfett vor mir.

»Das riecht ja unglaublich gut!«, sagte ich, als er seinen Teller auf den Tisch stellte. »Was ist das?«

»Samosas«, erwiderte er. »Aber das Lob dafür gebührt nicht mir. Die hat meine Frau gemacht.«

»Gott sei Dank«, scherzte ich.

Dr. Kumar stellte das Essen ab, trat an den Tisch an der Wand und stöpselte seinen Laptop an. Wie er gerade den weißen Krankenhauskittel ablegte, den er immer noch trug, fiel ihm etwas ein: »Ach übrigens – ich fange im Krankenhaus mit einem neuen Programm an«, begann er.

»Ach ja?«, antwortete ich zerstreut, weil ich meine E-Mails durchguckte, die in der letzten halben Stunde angekommen waren.

»Ja, und ich glaube, das würde gut für Sie passen. Sie haben doch bald zwei Jahre Hospizdienst hinter sich, oder?«

»Ja, das ist sogar schon ein paar Wochen her.«

»Es ist so, ich hätte gerne, dass Sie und Amanda die Beratung zum Hospizdienst im Krankenhaus übernehmen. Mir ist nämlich aufgefallen, dass unsere Sozialarbeiter auf entsprechende Fragen immer nur unzureichend Auskunft geben können.«

»Ja, das wäre vermutlich sinnvoll«, nickte ich zustimmend.

Dr. Kumar hatte seinen Satz kaum beendet, da kam schon Travis herein. »Tatsächlich haben wir auch schon einen Patienten für dich«, verkündete er.

»Das ging aber schnell!«

»Möchtest du nach der Besprechung gleich hinfahren?«

»Ja. Ich kann gerne ein paar Fragen beantworten. Ist doch easy«, meinte ich flapsig.

Seit dem Tod meiner Schwiegermutter hatte ich das Krankenhaus nicht mehr betreten. Der Boden im Flur war gerade frisch gewachst worden. Wie immer roch es in den Gängen stark nach Chemie. Eine Empfangsdame saß hinter einem ovalen Tisch und wartete auf fragende Besucher. Ich steuerte direkt den Aufzug an. Da ich Dienstkleidung trug, fragte niemand, wo ich hinwollte.

Ich rief mir ins Gedächtnis, was ich über Mr Frank, meinen neuen Patienten, wusste, damit seine Familie mit ihrem Bericht nicht bei null anfangen musste. Bei Babette hatte ich erlebt, wie ermüdend und frustrierend das sein konnte.

In Zimmer 328 erwartete mich ein großer, lichtdurchfluteter Raum mit einem Panoramafenster und einem Sofa. Das Krankenhausbett war relativ hoch gestellt worden. Der Mann, der darin lag, hatte einen großen Verband um den Hals und schnarchte leise. Auf dem Sofa saß eine Frau um die sechzig und strickte, wobei ihr immer wieder die Brille von der Nase rutschte.

»Hallo«, sagte ich. »Ich bin Hadley vom Hospiz.«

Sie blickte von ihrem Strickzeug auf und sah mich an. »Cheryl«, stellte sie sich vor, während sie mir die Hand entgegenstreckte. Ich schüttelte sie kurz und fragte, ob ich auf einem der Sessel Platz nehmen dürfe. Sie nickte, und ich holte meine Fächermappe mit den verschiedenen Informationsblättern heraus.

»Bevor ich anfange: Haben Sie Fragen an mich?«

»Sind wir verpflichtet, zu beten oder an irgendwelchen religiösen Veranstaltungen teilzunehmen?«

»Absolut nicht. Wir kümmern uns um Menschen mit ganz unterschiedlichem Hintergrund. Wir haben zwar einen Kaplan, falls Sie mit ihm sprechen möchten, aber dazu verpflichtet sind Sie nicht.«

»Gut«, antwortete sie, offensichtlich erleichtert. »Ich habe mehrere Organisationen angerufen, aber die sind alle kirchlich. Sie wollten kommen und für uns beten. Und das schätzen wir nicht.«

»Womit brauchen Sie denn Hilfe?«, fragte ich. »Wir haben auch eine wirklich gute Sozialarbeiterin.«

»Also, man hat Frank heute Morgen gesagt, dass er noch eine Bluttransfusion bräuchte.« Ich nickte, um sie zum Weitersprechen zu ermutigen. »Aber das ist gar nicht nötig. Er geht ja sowieso in den Hospizdienst. Er würde dadurch nur ein paar Tage gewinnen. Wir haben zudem keine Versicherung, wir müssten das also selbst bezahlen. Ich habe nachgefragt, wie viel das kosten würde, warte immer noch auf eine Antwort. Vermutlich geht es in die Tausende.«

Ich überlegte, welche Möglichkeiten sie hatte. Frank war noch nicht fünfundsechzig. Medicare würde also nicht für ihn aufkommen.

»Haben Sie es bei Medicaid versucht?«, fragte ich, nach Optionen suchend.

»Man hat uns abgelehnt. Wir vermieten Ferienwohnungen. Bei uns kommt im Sommer immer viel Geld herein, im Winter dagegen ziemlich wenig. Aus unserer Steuererklärung geht hervor, dass letztes Jahr das Geschäft gut gelaufen ist und wir rund fünfzigtausend Dollar verdient haben. Aber die sind schnell zusammengeschmolzen, nachdem Frank krank wurde. Ich habe bei privaten Krankenversicherungen nachgefragt, aber das, was die monatlich verlangen, habe ich mittlerweile auch nicht mehr.«

»Okay, also, das Gute am Hospizdienst ist, dass wir Patienten auch ohne Bezahlung aufnehmen. Von uns bekommen Sie also schon mal keine Rechnung. Aber ich weiß nicht, ob man auch eine Bluttransfusion übernehmen würde …« Ich verstummte, denn Frank fing an, stark zu husten. Er zerrte am Verband, und seine Frau eilte an sein Bett, um den Verband festzuhalten. Er hörte auf zu husten und ließ sich in die Kissen sinken.

»Kommen Sie von der Krankenhausbuchhaltung?«, wollte er wissen.

»Nein, vom Hospizdienst. Ich bin hier, um Ihre Fragen zu beantworten.«

»Und wo zum Teufel bleiben die von der Buchhaltung?«, fragte er entnervt. Ich konnte ihn verstehen. Auf jemanden zu warten, der entschied, ob man noch ein paar Tage länger leben darf, ist seelische Folter.

»Lassen Sie mich sehen, was wir tun können«, sagte ich. Ich verließ das Krankenzimmer und ging zur Abteilungssekretärin. Ich erklärte ihr, für wen ich hier war. Sie deutete auf ein paar Krankenschwestern, die im Hintergrund etwas in die Computer tippten.

»Hallo«, sagte ich und trat auf sie zu. »Ich möchte keinen hetzen, aber weiß hier irgendjemand, wie es mit den Kosten für die Bluttransfusion für Frank in Zimmer 328 aussieht?«

Eine Frau mit schwarzen Haaren, die sie auf dem Kopf zu einem Knoten gebunden hatte, wandte sich zu mir um. Sie blätterte ein paar Papiere durch. »Ja, ich hatte noch keine Gelegenheit, ihm Bescheid zu sagen. Die beiden können sich das nicht leisten. Er soll ins Hospiz gehen.«

»Ich komme vom Hospizdienst.«

»Wunderbar!«, meinte sie und machte einen Haken auf das Blatt Papier vor ihr. »Dann können Sie ihm das schon mal ausrichten. Dann muss ich das nicht erledigen.« Damit wandte sie sich wieder ihrem Computer zu.

»Ich glaube nicht, dass das meine Angelegenheit ist«, entgegnete ich, aber entweder hörte sie mich nicht oder wollte mich nur nicht hören, denn sie tippte einfach weiter. »Na toll«, dachte ich und ging zurück in Zimmer 328.

»Ich habe mit einer der Sachbearbeiterinnen gesprochen. Sie meinte, die Bluttransfusion würde, ähm, das Budget überschreiten. Aber sie hat mir keine konkreten Zahlen genannt.«

Die beiden sahen sich an.

»Wir könnten unsere Ersparnisse für die Rente verwenden«, schlug Cheryl vor.

Frank seufzte. »Ich will nicht, dass du zu wenig Geld hast, wenn ich nicht mehr bin.«

»Aber ich möchte dich nicht verlieren.«

»Aber ein paar Tage mehr oder weniger, was macht das schon? Das Endergebnis bleibt doch gleich. Unterschreib einfach die Papiere, die die Dame dabeihat.«

Cheryl wandte sich zu mir. Sie hatte Tränen in den Augen.

»Dann muss es wohl so sein. Wo soll ich unterschreiben?«

Ich war bestürzt. Ich konnte mir wirklich nicht vorstellen, wie es war, eine solche Entscheidung treffen zu müssen. Ich sagte den beiden, dass das Krankenhaus Frank nach Hause bringen würde. Ich würde sie später aufsuchen, um die Aufnahme abzuschließen. Cheryl nickte, während Frank nur vor sich hin starrte.

Ein paar Stunden später marschierte ich mit den Aufnahmepapieren die Einfahrt von Mr Franks Haus hinauf. Ich läutete und wartete auf der Veranda. Cheryl öffnete.

»Hallo. Es tut mir leid, ich habe Ihren Namen vergessen«, sagte Cheryl und bat mich hinein.

»Hadley. Aber ich weiß ja, dass Sie gerade viel um die Ohren haben. Deswegen müssen Sie sich keine Gedanken machen.«

»Ja, es ist wirklich schwer«, meinte sie und führte mich ins Schlafzimmer, wo Frank tief und fest schlief. Ich versuchte, ihn möglichst nicht zu stören, während ich ihn untersuchte. Frank hatte einen Kopf-Hals-Tumor. Die große Schwellung im Nacken, die dieser verursachte, lag unter einem dicken Verband. Dr. Kumar, mit dem ich von unterwegs aus gesprochen hatte, hatte mir eingeschärft, den Verband nur zu wechseln, falls er durchgeblutet wäre. Die Gefahr bestand, dass der Patient langsam verblutete. Solche Todesfälle kämen nur selten vor, seien aber schlimm anzusehen.

Nachdem ich alles gemacht hatte, was sich ohne Franks Mitwirkung erledigen ließ, weckte ich ihn auf und fragte ihn, wie stark seine Schmerzen seien. Er meinte, das Fentanylpflaster helfe recht gut. Dann ging ich die Fragen im Aufnahmebogen mit ihm durch, bis ich zu dem Abschnitt über die religiöse Einstellung kam. Ich wusste, dass Cheryl diesen Dingen ablehnend gegenüberstand, aber ich musste Frank selbst fragen.

»Frank, wie würden Sie Ihre spirituelle Einstellung beschreiben?«

»Ich bin Atheist. Nach dem Tod kommt meiner Ansicht nach nichts.«

Ich tippte seine Antwort in mein Tablet ein. »Beschäftigt Sie etwas, wovon wir wissen sollten?«, fragte ich weiter. Ich stellte diese Frage jedem Menschen. Atheisten antworteten gewöhnlich einfach mit nein.

»Ich habe schon Angst vor dem, was dann vielleicht kommt«, sagte Frank. »Aber ich glaube nicht, dass Sie mir da helfen können. Weil ich nicht glaube, dass hinterher etwas wartet auf uns.«

»Ich glaube, den meisten Menschen geht es ganz genauso, auch wenn sie es nicht gerne zugeben. Ich hatte früher immer Angst vor dem, was nach dem Tod kommt. Und viele meiner Patienten sagen das auch.«

»Früher? Was ist jetzt anders?«, wollte er wissen.

Ich überlegte, was ich sagen sollte. Ich wollte diese Frage nicht so lapidar beantworten. Als ich aufwuchs, hatte ich ganz selbstverständlich an ein Leben nach dem Tod geglaubt. Nach Taylors Tod aber hatte ich angefangen zu zweifeln. Damals war für mich alles schwarz oder weiß. Entweder gab es einen religiösen Himmel oder eben nichts. Entweder existierte auf diese Frage – nach Leben und Tod – eine eindeutige, verlässliche Antwort oder eben nicht. Als Hospizschwester aber hatte ich so viele Dinge erlebt, die sich nicht durch Zufall oder medizinische Erkenntnisse erklären ließen. Zu jeder Geschichte, die ich selbst erlebt hatte – über Patienten, die plötzlich ihre Lieben sehen, über das Feuer, das Edith vorausgeahnt hatte, und den Unfall, den Al intuitiv gespürt hatte –, gab es zehn weitere, ähnliche Geschichten von jeder meiner Kolleginnen. Ich konnte einfach nicht länger ignorieren, dass da nach dem Tod etwas war. In meinen Augen wäre *das* irrational gewesen.

Als Kind suchte ich immer nach Erklärungen, warum die Welt so ist, wie sie ist. Wie konnte es sein, dass wunderbare Dinge geschahen und gleichzeitig so viel Böses? Oder wie Schwester Theresa es ausgedrückt hatte: »Was für ein Gott würde all das zulassen?« Aber die Arbeit im Hospiz hatte mich an dieser Sicht der Welt zweifeln lassen. Meine Therapeutin hatte mir geholfen, dafür einen Begriff zu finden: das Dazwischen. »Es muss ja nicht so oder so sein«, hatte sie gesagt. Ich konnte akzeptieren, dass in dieser Welt schlimme Dinge geschahen, aber eben auch die spirituellen Momente, die ich in meiner Arbeit und meinem Leben erlebte. Und ich wusste, dass beides real war.

Nachdem ich mir diese Dinge bewusst gemacht hatte, war ich bereit, auf Franks Frage zu antworten. »Das hat sich geändert«, sagte ich mit einer ausladenden Handbewegung, die das ganze Zimmer umfasste. »Die Pflege von Menschen wie Ihnen. Patienten zu sehen, die plötzlich mit ihren verstorbenen Lieben sprechen. Zu sehen, wie dabei ihre Angst vor dem Übergang schwindet. Lauter ›Zufälle‹. Nur: Ein oder zwei solcher Erlebnisse könnten vielleicht noch Zufall sein. Aber Hunderte? Ich glaube nicht, dass das Zufall ist.«

»Vielleicht sollten Sie darüber mal ein Buch schreiben?«, meinte Frank mit einem leichten Lächeln.

»Vielleicht«, gab ich lächelnd zurück.

»Aber nur unter einer Bedingung: Sie müssen mich in dieses Buch aufnehmen. Die Menschen sollen erfahren, dass nicht jeder an ein Leben nach dem Tod glaubt.«

»Abgemacht«, sagte ich und streckte Frank meinen kleinen Finger hin. Ich merkte, dass seine Stimme langsam erstarb, also führte ich die Untersuchung schnell zu Ende, damit er weiterschlafen konnte.

Bevor ich das Haus verließ, fragte ich Cheryl, ob sie noch irgendetwas wissen wollte. Sie war dankbar für unsere Hilfe, aber ich merkte auch, dass sie völlig erschöpft war. Ich riet ihr, ein bisschen zu schlafen und uns anzurufen, wenn sie uns brauchte.

Unser Team saß gerade zu seiner täglichen Besprechung zusammen, als ich anrief, um den Kollegen Bericht über Mr Frank zu erstatten. Dabei betonte ich nochmals, dass weder er noch seine Frau irgendeine Form von religiösem Beistand wünschten. Alle versicherten mir, verstanden zu haben, und so legte ich auf und fuhr nach Hause. Ich dachte lange darüber nach, was wohl passieren würde, falls Frank tatsächlich verblutete. Für Cheryl wäre dies sicher eine traumatische Erfahrung. Ich betete, dass dieser Fall nicht eintreten würde, auch wenn ich wusste, dass dies nicht in meiner Macht stand. Auch dies hatte ich von meiner Therapeutin gelernt, und allmählich konnte ich es akzeptieren. Ich war mir zwar nicht sicher, wie meine Therapeutin es sehen würde, aber als ich an jenem Abend auf dem Sofa saß und mit Brody und Chris einen Film anguckte, ohne dauernd auf mein Handy zu blicken, hatte ich durchaus das Gefühl, dass ich Fortschritte machte.

Zwei Tage später machte ich wieder Hausbesuch bei Frank. Cheryl sah besorgt aus, als sie die Tür öffnete.

»Er redet mit Leuten«, sagte sie.

»Das ist nicht ungewöhnlich«, versicherte ich ihr. »Lassen Sie uns gemeinsam nach ihm sehen, dabei kann ich Ihnen das erklären.«

Als wir ins Schlafzimmer kamen, sah ich, dass Frank an seinem Verband zupfte. Ansonsten wirkte er ruhig.

»Liebling, die Krankenschwester ist da«, meinte Cheryl. Frank schaute mich an und setzte ein Lächeln auf. »Ich habe ihr gesagt, dass du ein bisschen verwirrt bist.«

»Ich bin überhaupt nicht verwirrt. Meine Schwester ist zu Besuch gekommen, und du hast dich erschrocken. Aber du musst vor meiner Schwester keine Angst haben«, antwortete er ruhig und voller Gewissheit.

»Deine Schwester ist tot«, rief Cheryl aus und ihre Stimme überschlug sich beinahe.

Ich legte ihr meine Hand auf den Arm. »Haben Sie die Aufnahmepapiere bei der Hand?«, fragte ich sie. Sie nickte und putzte sich mit einem Papiertaschentuch die Nase. Sie gab mir die Mappe und ich durchstöberte die Infoblätter, bis ich das kleine Büchlein mit dem Titel: »Aus den Augen« gefunden hatte. Wir hatten es ungefähr vor einem Jahr den Materialien hinzugefügt, weil das Phänomen mittlerweile so häufig vorkam, dass wir es als Hinweis auf den Zustand des Patienten nahmen.

Ich schlug die Seite auf, auf der stand, dass Patienten häufig mit ihren verstorbenen Lieben sprechen.

»Aber wieso?«, wollte sie wissen.

Ich zuckte mit den Schultern. »Es passiert einfach. Aber jeder sollte daraus seine eigenen Schlussfolgerungen ziehen.«

»Aber wir wollten nicht, dass die Religion sich irgendwie in das Ganze einmischt«, sagte sie frustriert. »Das habe ich Ihnen doch gesagt.«

»Das Ganze ist letztlich ein medizinisches Phänomen. Es tritt bei den unterschiedlichsten Menschen auf, ganz egal, ob sie sich als religiös bezeichnen oder nicht.«

»Ich dachte immer, dass solche Menschen verwirrt sind. Aber Frank ist nicht verwirrt. Er ist glücklich. Wie kann er unter diesen Umständen glücklich sein?«

»Ich wünschte, ich könnte Ihnen das sagen. Ich habe mich nur auf den Trost durch das Unbekannte eingelassen. Ich weiß nur, dass Frank und andere Menschen wie er uns zeigen, dass wir keine Angst haben müssen. Und dass wir das eines Tages selbst herausfinden werden.«

»Das hört sich sinnvoll an. Ich vertraue ihm«, sagte sie leise. »Eines Tages werden wir das selbst herausfinden«, wiederholte sie, während sie sich neben das Bett ihres Mannes kniete und seine Hand nahm.

Bald darauf fiel Frank ins Koma. Ich sagte Cheryl, was ich allen Angehörigen sage, die mich fragen, wie lange es noch dauern wird. »Normalerweise sind es noch etwa zweiundsiebzig Stunden. Wobei ich auch schon erlebt habe, dass es nur ein paar Minuten gedauert hat oder aber auch eine ganze Woche. Aber meistens geschieht es innerhalb von zweiundsiebzig Stunden.«

In den nächsten beiden Tagen wich Cheryl nicht mehr von Franks Seite. Am dritten Tag fragte ich sie, ob ich Will, unseren Ehrenamtlichen, rufen sollte, damit sie ein bisschen Ruhe bekam.

»Müssen wir das bezahlen?«, war ihre erste Frage.

»Nein. Will verlangt nichts. Er ist einfach nur ein durch und durch netter Mensch. Ich glaube, Sie werden ihn mögen.« Cheryl stimmte zu, und ich verständigte Will, während ich auf dem Weg zu meinem nächsten Patienten war. Will war bereit, Cheryl abzulösen, damit sie schlafen konnte. Er versprach, um sieben Uhr abends hinzukommen. Ich sagte ihm, dass ich in jener Nacht Rufbereitschaft hatte. Er solle mich anrufen, falls ich gebraucht würde.

»Hast du wirklich Bereitschaftsdienst oder machst du das nur wegen Frank?«, wollte Will wissen.

»Bist du jetzt mein Therapeut oder was?«, lachte ich. »Ich habe Rufbereitschaft. Meine Therapeutin hat mir gesagt, ich solle nicht so viele Überstunden machen, und daran halte ich mich jetzt auch.«

»Ich glaube dir kein Wort«, sagte er.

»Okay, das war geschwindelt. Aber ich mache wirklich weniger Stunden«, antwortete ich lachend.

Will rief mich um zehn Uhr abends an. Ich hatte mit Chris und Brody zu Abend gegessen, und Brody hatte sich gerade ins Bett bringen lassen, wofür ich wirklich dankbar war.

»Sein Verband ist blutdurchtränkt«, sagte Will. »Soll ich Cheryl wecken?«

»Nein«, antwortete ich schnell. Ich wusste, welcher Anblick sie möglicherweise erwartete. »Ich bin gleich da.«

So leise wie möglich betrat ich Frank und Cheryls Haus und ging sofort ins Schlafzimmer. Cheryl schlief auf dem Sofa im Wohnzimmer. Ich versuchte, sie möglichst nicht zu wecken. Das Schlafzimmer war dunkel bis auf eine einzige Lampe, die Wills Papiere in helles Licht tauchte. Wenn Will nicht als guter Samariter unterwegs war, arbeitete er als Lehrer. Daher erledigte er, während die Patienten schliefen, häufig seine Korrekturen.

Als meine Augen sich an das spärliche Licht gewöhnt hatten, sah ich, dass Franks Verband blutdurchtränkt war. Auch war er blasser als am Nachmittag. Es war klar, dass er langsam verblutete, wie Dr. Kumar gesagt hatte. Ich zog mir die Handschuhe über und holte frisches Verbandsmaterial aus meiner Tasche. Ich stellte einen kleinen Abfalleimer neben das Bett. Ich machte den alten Verband ab und drückte sofort neuen Verbandsstoff auf die Wunde, aber auch der war nach wenigen Minuten völlig durchtränkt. Ich hatte keine Wahl. Ich musste Wache halten und alle paar Minuten den Verband wechseln. Ich drückte auf Franks Nacken und merkte, dass Will mich beobachtete.

»Ich finde es wirklich großartig, dass du das hier machst«, sagte ich leise. »Ich glaube, ich habe dir nie gesagt, dass dich jeder von uns zutiefst dafür bewundert.«

Er zuckte mit den Schultern. »Eigentlich tue ich das für mich.«

»Du bist sehr bescheiden. Das tust du doch niemals nur für dich selbst.«

»Möchtest du eine Geschichte hören?«, fragte er. Ich nickte, und Will begann zu erzählen: »Meine Mutter starb, als ich ein Teenager war.«

»Das tut mir leid«, antwortete ich, aber Will hob gleich die Hand.

»Ich war nicht dabei«, sagte er. »Wir hatten schon seit einem Jahr nicht mehr miteinander geredet. Wir haben uns gestritten, als ich sie besucht habe, und danach kein Wort mehr miteinander gewechselt. Sie starb allein. Und das hier ist meine Art, das wiedergutzumachen: Ich möchte niemanden allein sterben lassen.«

Ich ließ Wills Worte auf mich wirken, während ich einmal mehr den Verband wechselte. Ich wollte Will sagen, dass das nicht seine Schuld war. Andererseits wollte ich ihm meine Meinung nicht aufdrängen – er hatte mich schließlich nicht danach gefragt. Stattdessen sagte ich ihm, dass es wunderbar war, was er tat, egal aus welchem Grund. Und so machte er sich wieder über seine Korrekturen, während ich Franks Nacken hielt.

In letzter Zeit hatte ich mich im Mitfühlen geübt statt im Mitleiden. Meine Therapeutin und ich sprachen oft über dieses Thema. Lange Zeit hatte ich – selbst in meinen ersten Tagen in der Notaufnahme – aus Mitleid gehandelt. Ich versetzte mich in meine Patienten oder ihre Pflegepersonen. Ich versetzte mich auch in Menschen wie Will. Ich spürte ihren Schmerz, ihren Verlust, und das *berührte* mich tief. Und offen gesagt glaube ich, dass es die Fähigkeit, mich in andere Menschen hineinzuversetzen, ist, die mich zu einer guten Krankenschwester und einer guten Hospizschwester macht. Aber diese Fähigkeit fordert auch einen persönlichen Tribut. Für mich steht fest, dass Krankenschwestern aus genau diesem Grund so viele gesundheitliche Probleme haben und ihren Beruf häufig nicht lange ausüben. Tatsächlich bleibt nur eine von vier Hospizschwestern länger als fünf Jahre dabei.

Mitgefühl dagegen ist die Fähigkeit, mit dem anderen und seiner Situation zu fühlen, ohne sich damit zu identifizieren. Mitgefühl erlaubt mir, präsent und teilnahmsvoll zu sein, ohne die Situation als meine eigene zu betrachten. Es erlaubt mir, eine gute Krankenschwester zu sein, ohne auszubrennen oder – wie so viele Kolleginnen und Kollegen – um der eigenen Gesundheit willen den berufstypischen schwarzen Humor zu entwickeln. Es erlaubt mir, Zeugin zu sein in einem der wichtigsten Augenblicke, die ein Mensch und seine Angehörigen erleben.

Ich *wollte* diesen Beruf weiter ausüben. Ich wollte weiter dazu beitragen, dass die Menschen zu Hause bleiben können, wollte ihre Geschichten hören und ihre Familie und auch ihre Haustiere kennenlernen. Ich wollte weiterhin mithelfen, in diesen so wichtigen letzten Tagen ein friedvolles Umfeld zu schaffen. Ich wollte die Menschen in mein Leben lassen, ohne mich selbst zu vernachlässigen.

Frank starb, während Will und ich bei ihm wachten. Als sein Herz aufhörte zu schlagen, kam auch die Blutung zum Stillstand. Ich entsorgte eiligst den Inhalt des kleinen Eimers und holte Cheryl, damit sie sich verabschieden konnte. Sie hatte nur eine Frage: »War es friedlich?«

Und ich antwortete so ehrlich, wie es mir möglich war: »Es war einer der friedlichsten Momente, die ich je erlebt habe.«

12

Adam

Ich war nicht gerade glücklich, als man mir Adam als Patienten übertrug.

»Hast du Travis angerufen, bevor du mir Bescheid gesagt hast?«, fragte ich die Krankenschwester im Callcenter, die mich gerade informiert hatte, dass ich mich um einen Patienten mit einem Gehirntumor würde kümmern müssen.

»Ja. Er weiß Bescheid«, sagte sie und klang irritiert.

Ich legte auf und wählte Travis' Nummer. »Ich habe dir schon mehrfach gesagt, dass ich mich nicht um Patienten mit Gehirntumor kümmern möchte. Das ist eine rote Linie, die ich nicht überschreiten will«, sagte ich ihm, sobald er abhob.

»Ich weiß. Ich weiß. Aber wir haben einfach niemand anderen, der es machen könnte. Bitte!«

Ich legte einfach auf, denn ich war stocksauer. Beim Gedanken, mich um jemanden mit einem Gehirntumor zu kümmern und alles von Neuem zu durchleben, was Babette durchgemacht hatte, wurde mir schlecht. Das war mein wichtigster Einzelfall gewesen, und ich hatte es nicht hinbekommen. Chris und meine Therapeutin versicherten mir immer wieder, dass es nicht meine Schuld war, aber sechs Monate später hielt ich immer noch an meinen massiven Schuldgefühlen fest.

Als ich am Parkplatz des Krankenhauses ankam, atmete ich mehrmals tief durch, um mich zu beruhigen, aber es klappte irgendwie nicht. Am liebsten hätte ich laut geschrien. Nun kam ich zum zweiten Mal seit Babettes Tod dorthin. Ich fragte die Empfangsdame, in welchem Zimmer mein Patient lag.

»In der Notaufnahme, Zimmer sechs.«

Natürlich. Es musste auch noch das Zimmer sein, in dem meine Schwiegermutter gestorben war.

Wie immer ging es in der Notaufnahme hektisch zu. Schwestern liefen herum, Kinder weinten und es piepte von allen Seiten, sodass ich mir beim besten Willen nicht vorstellen konnte, wie die Schwestern die einzelnen Töne auseinanderhielten. Es war alles so grundverschieden von der ruhigen Umgebung, die ich von meinen Patienten kannte.

Als ich auf Zimmer sechs zuging, atmete ich noch einmal tief durch. Der Patient, der dort lag und den ich für Adam hielt, war sicher keinen Tag älter als fünfunddreißig. Er trug ein Krankenhaushemd, aus dem unzählige Kabel hervorsahen. Entweder lag er im Koma oder er schlief. Eine Frau mit glattem blondem Haar saß auf dem Plastikstuhl neben ihm, hielt seine Hand und beobachtete die Monitore. Auf dem anderen Stuhl saß ein kleiner Junge, vielleicht sechs oder sieben Jahre alt, und war vollkommen in das Spiel mit seinem in die Jahre gekommenen Gameboy versunken.

»Hallo, ich bin Hadley vom Hospizdienst«, sagte ich und achtete darauf, dass meine Stimme einigermaßen ruhig klang.

»Oh, hallo!«, sagte die Frau und stand auf, um mir die Hand zu schütteln. »Ich bin Jillian.«

»Entschuldigen Sie bitte, aber ich habe leider nicht viele Informationen bekommen«, wandte ich mich an die Krankenschwester, die am Computer saß und die Akte ausfüllte. »Können Sie mich kurz einweisen?«, bat ich.

»Ja«, meinte die Schwester und ließ ihre Kaugummiblase platzen. »Er ist vor einer Stunde hier eingetroffen. Gehirntumor. Wir können nichts für ihn tun. Deshalb sind Sie hier.«

Überrascht von ihrer Kaltschnäuzigkeit – vor allem, da die junge Frau und das Kind im Raum waren – nickte ich und sagte ihr, ich würde mich von nun an um alles kümmern. Ich setzte mich auf den letzten freien Stuhl im Raum und wandte mich Jillian zu. »Können Sie mir mehr erzählen? Mir ist klar, dass Ihnen das vermutlich schwerfällt.«

Sie schluckte, dann fing sie mit Adams Geschichte an: Adam war Immobilienmakler und bekam urplötzlich immer wieder Kopfschmerzen. Sonst aber hatte er keine medizinischen Probleme. Eines Tages fiel er in Ohnmacht, als er gerade ein Haus vorführte. Der Kunde rief den Krankenwagen. In der Notaufnahme entdeckte man dann einen golfballgroßen Tumor im Gehirn. Adam unterzog sich einer Chemotherapie, und eine Weile sah alles ganz gut aus.

»Ich kann den Tag, an dem sich alles geändert hat, gar nicht genau nennen. Es ging einfach schrittchenweise«, erzählte Jillian.

Ich nickte. »Ich weiß, was Sie meinen.«

»Er aß plötzlich kaum noch etwas und einmal ist er gestürzt«, fuhr sie fort. Dann machte sie eine Pause. »Warten Sie mal. Viele Menschen verstehen nicht, was ich meine, wenn ich das erzähle. Hatten Sie schon einmal einen Patienten mit Gehirntumor?«

Ich hörte auf mitzuschreiben und sah sie an. Einen Moment überlegte ich, ob ich ihr von Babette erzählen sollte, entschied mich dann aber dagegen. »Ja«, sagte ich stattdessen ganz einfach.

»Das beruhigt mich«, seufzte sie und berührte meinen Arm. Mein Zorn auf Travis legte sich etwas. »Na ja, es ging ihm schließlich immer schlechter, bis es so wurde wie jetzt. Da habe ich den Notarzt angerufen, und jetzt sind wir hier. Niemand hat uns irgendetwas über Hospizdienste erzählt. Ich habe keine Ahnung, was ich tun soll. Ich bin erst siebenundzwanzig«, gestand sie.

»Ich auch«, entgegnete ich, ohne groß nachzudenken. Ich war nicht gewöhnt, Menschen meines Alters zu versorgen. Ihr Mann und ihr Sohn schienen genauso alt zu sein wie Chris und Brody, was das Ganze noch verrückter machte.

»Warum in aller Welt machen Sie denn diese Arbeit?«, fragte sie mich. Dann zuckte sie zusammen, wohl selbst verblüfft über ihre Freimütigkeit. »Das hätte ich nicht sagen sollen. Ich bin so dankbar, dass es Menschen wie Sie gibt. Aber ich könnte das nie tun.«

Ich zuckte mit den Schultern. Wenn ich genauso freimütig reagiert hätte, hätte ich Jillian gesagt, dass ich mir nicht vorstellen konnte, was *sie* durchmachte – Mitte zwanzig und bald Witwe. Es tat mir weh, daran auch nur zu denken.

»Ist es Ihnen wichtig, dass er zu Hause stirbt?«, fragte ich.

»Ehrlich gesagt hätte ich lieber, dass es woanders passiert«, meinte Jillian und deutete auf den Jungen. »Ich möchte nicht, dass unser Sohn mit solchen Erinnerungen aufwächst.«

Das verstand ich, aber ich wünschte, es gäbe schönere Orte als das Krankenhaus. Unser Unternehmen hatte eine Einheit für stationäre Hospizpatienten. Das war zwar auch nicht unbedingt ideal, aber vermutlich doch die beste Wahl.

»Wir haben einen Ort, an dem wir ihn aufnehmen könnten«, bot ich Jillian an. »Das ist dem Zimmer hier zwar sehr ähnlich, aber es gehört zum Hospizdienst. Lassen Sie mich kurz einen Anruf tätigen.«

»Oh, wunderbar. Danke!«

Ich wählte unsere Hospizstation an. Als die Krankenschwester dort abhob, erklärte ich ihr die Situation. Aber sie unterbrach mich gleich: »Liebes, wir sind voll besetzt.«

»Voll?«, fragte ich. »Das kann doch nicht sein.«

»Doch, sind wir. Das letzte Mal, als das passiert ist, haben wir den Patienten im Krankenhaus gelassen, ihn aber trotzdem in den Hospizdienst aufgenommen. Du kannst den Schwestern zeigen, wie sie sich um ihn kümmern müssen.«

»In Ordnung. Danke.« Ich legte auf und informierte Jillian. Sie war einverstanden, und so füllten wir die ganzen Papiere aus. Als ich das gelbe Blatt herausholte, auf dem stand: »Anordnung zum Verzicht auf Wiederbelebung«, hielt ich kurz inne und dachte an Babette. »Ich weiß, dass dies hier ein erschreckendes Stück Papier ist. Es ist ernst, daher möchte ich Ihnen eines sagen: Wenn Sie sich dafür entscheiden, ändert dies nichts an unserer Pflege für Adam, bis er stirbt.«

Sie nickte. »Ich verstehe. Das wollte er so. Wir haben darüber gesprochen.« Jillian starrte das Blatt an, den Stift in der Hand, vollkommen reglos.

»Haben Sie Fragen?«, hakte ich einige Minuten später nach. Sie sah mich an. Die Tränen liefen ihr übers Gesicht.

»Ich habe so ein Gefühl, als würde ich seinen Totenschein unterschreiben. Als fände ich es okay, dass er stirbt, dabei ist das nicht so.« Sie legte den Stift weg und schluchzte noch heftiger. Ich legte den Arm um sie, versuchte, sie zu trösten, dabei kämpfte ich selbst mit den Tränen. Sie legte den Kopf auf meine Schulter und weinte einfach weiter. Nach einigen Minuten nahm sie den Stift wieder zur Hand und unterschrieb, immer noch unter Tränen. Dabei entschuldigte sie sich mehrmals bei mir. Ich sah zu ihrem Sohn hinüber und stellte beruhigt fest, dass er immer noch beschäftigt war.

»Entschuldigen Sie sich nicht. Ihre Reaktion ist vollkommen normal«, erklärte ich ihr. Als sie die Fassung wiedererlangt hatte, gingen wir die letzten Papiere durch.

Ich fragte mich durch, bis ich herausfand, wer die Fallmanagerin für Zimmer sechs war. Als ich sie gefunden hatte, erklärte ich ihr, dass unsere Hospizstation voll war und Adam nicht mehr viel Zeit blieb.

»Wir können ihn in den dritten Stock verlegen, dort ist es nicht ganz so hektisch«, meinte sie.

Ich atmete durch. »Das wäre wunderbar.« Also ging ich zurück in Zimmer sechs. Dort stellte ich fest, dass der Junge fort war.

»Seine Großeltern haben ihn abgeholt. Ich dachte, das wäre besser«, sagte Jillian, als hätte sie meine Gedanken gelesen. Einen Augenblick später kam ein Mann, um Adam in den dritten Stock zu bringen. Obwohl mein Patient über 1,80 Meter groß war, hatte er so viel Gewicht verloren, dass ich und eine andere Krankenschwester ihn mühelos ins neue Bett verlegen konnten. Er wog höchstens noch 120 Pfund oder weniger.

Sobald wir im dritten Stock waren, kam eine Krankenschwester und streifte Adam die Manschette für die Blutdruckmessung über den rechten Arm. Ich nahm an, dass sie nur einmal messen würde, aber sie ließ die Manschette, wo sie war, und fing an, ihm die üblichen Pads für die Herzrhythmusmessungen auf die Brust zu kleben.

»Die bleiben nicht dran, oder?«, sprach ich sie an.

»Doch, natürlich.«

»Sie wissen das vermutlich nicht, weil es gerade erst passiert ist, aber er ist mittlerweile unser Hospizpatient.«

»Und?« sagte sie mit hochgezogenen Augenbrauen.

»Na ja, unser Ziel ist es, dass der Patient es so angenehm wie möglich hat. Hin und wieder die Vitalparameter zu messen ist in Ordnung, aber wir wollen nicht, dass er ständig verkabelt an den Monitoren hängt.«

Die Schwester seufzte und nahm alles ab. »Ich glaube nicht, dass das erlaubt ist. Aber das werden wir gleich haben.« Sie verließ das Zimmer, und Jillian suchte sich einen Stuhl, um sich neben Adam zu setzen.

»Hospizschwester, kommen Sie«, erklang eine Stimme aus dem Flur. Ich entschuldigte mich und ging hinaus, wo ein Arzt auf mich wartete.

»All unsere Patienten werden an die Monitore angeschlossen«, sagte er streng. »Mir ist egal, ob er nun Hospizpatient ist.«

Vor einigen Jahren, als ich noch Anfängerin war, hätte ich mir das vermutlich gefallen lassen. Jetzt aber wusste ich, was richtig war und was falsch. Und ich konnte meine Meinung begründen.

»Wenn Sie sterben würden, würden Sie gerne an einem Haufen von Monitoren hängen?«, fragte ich.

»*Was wäre, wenn* ist nicht meine Aufgabe. Und Krankenhausregeln sind nun mal Krankenhausregeln«, meinte er, wobei er recht laut wurde. Ich hatte den Eindruck, dass er wohl nicht oft Widerspruch von Krankenschwestern erfuhr.

»Was ist denn hier los?«, vernahm ich eine Stimme in meinem Rücken. Als ich mich umdrehte, erkannte ich Dr. Kumar.

»Ist das Ihre Krankenschwester?«, blaffte der Arzt, der jetzt richtig sauer war.

»Ja, was ist denn los?«

»Offensichtlich glaubt die junge Dame, dass die Krankenhausregeln für sie nicht gelten. Sie will nicht, dass wir den Patienten verkabeln«, berichtete der Arzt und wedelte mit der Hand, als müsse er ein nerviges Insekt verscheuchen.

Dr. Kumar sah mich an, dann wandte er sich wieder dem Arzt zu. »Aus welchem Grund wollen Sie den Patienten denn verkabeln?«

»Aus dem gleichen Grund, warum Sie sich an die Regeln halten«, antwortete er.

»Und was ist Hadleys Grund dafür, keine Monitore zu wollen?«

»Damit es der Patient angenehmer hat«, meinte der Arzt verächtlich.

»Okay. Sagen wir, die Herzfrequenz des Patienten verschlechtert sich. Werden Sie ihn deshalb behandeln?«

»Nein.«

»Würden Sie überhaupt irgendetwas unternehmen, wenn die Monitordaten nicht normal ausfallen?«

»Nein«, antwortete unser Gegenüber wieder und wandte das Gesicht ab, als würde er am liebsten gehen.

»Dann sehe ich absolut keinen Grund, warum wir ihn verkabeln sollten. Wir wollen doch nicht, dass es die Leute hier ohne Grund ungemütlich haben, oder?«

»Nein«, sagte der Arzt ein letztes Mal und blickte den Gang hinunter.

Dr. Kumar drückte meinen Arm, und ich ging zurück in Adams Zimmer. Ich war dankbar, dass er mich unterstützt hatte, aber auch ziemlich sicher, dass ich diesen Kampf allein hätte ausfechten können. Das Ergebnis jedenfalls stellte mich zufrieden. Vielleicht war ich ja doch geeignet für diesen Beruf.

Meine schönen Gefühle lösten sich schnell in Luft auf, als ich sah, dass Jillian sich über ihren Mann geworfen hatte und versuchte, ihm auch körperlich nahe zu sein. Ich berührte sie sanft am Rücken.

»Ich glaube, es ist fast schon so weit«, sagte sie mit tränenfeuchtem Gesicht. Ich sah Adam an. Zwischen seinen Atemzügen blieben immer längere Pausen.

»Möchten Sie sich zu ihm legen?«, fragte ich.

»Darf ich das?«

Ich nickte und stellte das Seitenteil nach unten. Jillian kletterte ins Bett und bettete ihren Kopf auf Adams Brust. Ich trat zur Seite, sodass ich sie nicht störte, sie aber wusste, dass ich da war. Ihre wunderschöne Stimme füllte den Raum, als sie ganz leise »Halleluja« sang, eines von Babettes Lieblingsliedern. Als Jillian den Schlussrefrain anstimmte, tat Adam seinen letzten Atemzug. Es war ein wunderbarer, herzzerreißender Moment, und ich war froh, ihn miterleben zu dürfen.

Als ich an jenem Abend nach Hause kam, saß Chris auf der Küchenanrichte und futterte Chips. Ich stürzte auf ihn zu und umklammerte ihn fest.

»Harter Tag, Süße?«

Ich spürte, wie sich die Tränen in meine Augen stahlen. »Ich hatte einen Patienten in deinem Alter. Er hatte eine Frau und einen kleinen Jungen. Er ist gestorben. Gehirntumor. Im Krankenhaus, aber er wollte auch dort sein«, sprudelte ich hervor. »Ich will dich niemals verlieren.«

»Ich dich auch nicht, Liebling«, sagte Chris beruhigend und küsste mich auf die Stirn. »Was meinst du mit ›Er wollte dort sein‹?«

Ich seufzte, bevor ich antwortete. »Es war, als würde er im Krankenhaus sterben wollen. Anders als deine Mama, die ich ja zu Hause pflegen wollte.«

»Darüber habe ich vor Kurzem nachgedacht«, sagte er sanft. »Ich glaube, das sollte genauso passieren.«

»Wie meinst du das?«, wollte ich wissen.

»Schau mal, wären die Medikamente nicht vergessen worden, dann wärt ihr nicht zum Krankenhaus gefahren. Wäre der Hurrikan nicht gewesen, wärt ihr auch nicht zu diesem *speziellen* Krankenhaus gekommen. Dann hätte ich ganz weit weg gearbeitet. Wenn all das nicht passiert wäre, wäre sie zu Hause gewesen.«

»Ja, so hatten wir das geplant«, sagte ich.

»Aber der entscheidende Punkt ist doch: Dann wäre ich nicht dabei gewesen. Ich wäre in einer anderen Klinik gewesen und hätte ihren Tod verpasst. Ich glaube wirklich, dass alles aus einem bestimmten Grund passiert ist.«

»Alles geschieht aus einem bestimmten Grund«, wiederholte ich und merkte, dass Chris das wirklich glaubte.

Zu guter Letzt

Ich bin so eng mit Menschen zusammen, die an der Schwelle zum großen Unbekannten stehen, dass ich häufig gefragt werde, was ich denn selbst glaube. Wie ich hier erzählt habe, steht da eine gewisse Entwicklung dahinter. Ich habe am Ende ihres Lebens mit so vielen Menschen unterschiedlichster Glaubensformen gearbeitet, dass ich vor allem eines glaube: Wie du dein Leben gelebt hast, ist wichtiger als alles, woran du glaubst. Ich habe Menschen kennengelernt, die ein wunderbares, erfüllendes Leben hatten, ob sie nun religiös waren oder nicht. Ich denke nicht, dass ein Glaube besser ist als der andere. Eines allerdings halte ich *tatsächlich* für sehr wichtig: inneren Frieden und Glück zu finden, was immer das für dich heißen mag. Meiner Erfahrung nach sind am Ende jene Menschen am glücklichsten, die ihren Frieden mit dem gemacht haben, wie sie lebten, und die sich in ihrem Glauben an das, was als Nächstes kommt, getröstet fühlten.

Und noch etwas habe ich dabei gelernt: Ganz egal, woran du glaubst, am Ende stirbt jeder auf die gleiche Weise. Viele meiner nicht-religiösen Patienten haben am Ende ihres Lebens Besuche von verstorbenen Lieben erfahren, aber das trifft auch auf jene zu, die an ein Leben nach dem Tod glaubten. Trotzdem denke ich nicht, dass wir alles, was hier auf Erden geschieht, erklären können. Noch viel weniger gilt das für das, was kommt, wenn wir diesen Planeten physisch verlassen. Ich glaube, dass unsere Lieben kommen und uns abholen, wenn unsere Zeit gekommen ist. Ich glaube nicht, dass dies das Resultat einer chemischen Reaktion im Gehirn ist, die sich in unseren letzten Stunden einstellt. Es besteht ein Riesenunterschied zwischen Halluzinationen und den Besuchen, die ich in diesem Buch beschrieben habe – ich habe beides erlebt. Es ist einfach nicht dasselbe. Bei Halluzinationen sieht man alles Mögliche, von der Spinne bis zu sich bewegenden Wänden. Diese Besuche aber sind für die erlebenden Patienten absolut deutlich und konkret. Halluzinationen lösen Ängste, ja Panik aus. Diese Besuche aber schenken Ruhe und Frieden.

Im Wissen um all das habe ich meinen Frieden und mein Glück in diesem Dazwischen gefunden. Ich stütze mich auf meine persönlichen religiösen Erfahrungen wie die, die ich in der Kirche hatte, kurz nachdem ich entdeckt hatte, dass ich schwanger war. Ich sehe den Schmerz und das Leid in der Welt wie damals, als ich als Praktikantin in der Notaufnahme gearbeitet habe. Aus der Ähnlichkeit der Erfahrungen meiner Patienten am Ende ihres Lebens schließe ich, dass es nach diesem Leben durchaus *etwas* gibt. Die Vorstellung, dass ich geleitet werde, dass wir nie genau wissen können, was unsere Mitmenschen erleben, und dass dieses Leben nicht das Ende ist, hat mir geholfen, ein Leben zu führen, auf das ich hoffentlich stolz sein werde, wenn mein Ende naht, ob das nun morgen ist oder in siebzig Jahren.

Es ist mir wirklich eine Ehre, diese Arbeit zu tun, in die ich eher zufällig hineingestolpert bin, die ich heute aber für meine wahre Berufung halte. Mittlerweile arbeite ich in Teilzeit, weil ich nicht nur Brodys Mutter bin, sondern mit Chris zusammen noch zwei Töchter bekommen habe. (Die zweite ist in meinem Bauch herangewachsen, während ich an diesem Buch geschrieben habe.)

Ich bin nicht mehr länger die neue Krankenschwester. Tatsächlich gehöre ich schon fast zu den Veteraninnen, da Hospizschwestern gewöhnlich nicht sehr lange in ihrem Beruf bleiben. Trotzdem bin ich häufig die Jüngste. Diese Arbeit hat mich nicht nur als Krankenschwester geprägt, sondern auch als Mensch. Als ich mich für diese Spezialisierung entschieden habe, dachte ich nicht, dass sie mich in irgendeiner Weise verändern würde. Aber wenn ich heute zurückblicke, erkenne ich, dass ich heute ein anderer Mensch bin und mein Blick auf das Leben sich durch meine Arbeit und meine Patientinnen und Patienten gewandelt hat.

Ich hege tiefen Respekt vor dem Wert und der Bedeutung meines Berufes (und dem aller Menschen, die sich der Hospiz- und Palliativpflege verschrieben haben). Aber tatsächlich helfen unsere Patienten uns ebenso wie wir ihnen. Ich hatte die einzigartige Gelegenheit, viele Menschen am Ende ihres Lebens kennenzulernen. Diese wissen gewöhnlich, dass ihr Tod unmittelbar bevorsteht. Daher denken sie viel über die Erfahrungen nach, die am Ende ihr Leben ausmachen. Und viele dieser Menschen teilen gerne ihre wichtigsten Einsichten mit uns. An eben diesem Punkt begegne ich ihnen.

Ich nehme ihre Weisheit und die Geschichten, die sie mir erzählt haben, sehr ernst. Ich habe zugelassen, dass sie mich verändern. Und aus ebendiesem Grund esse ich heute wirklich *immer* den Kuchen.

Dank

Dieses Buch wäre nicht möglich gewesen ohne meinen Mann Chris. Angefangen bei den Kinder-Bring-und-Abholpflichten über Einschlafrituale bis hin zum Gesellschaftleisten abends auf der Couch, wenn ich bis spät in die Nacht schrieb, oder deinem offenen Ohr, wenn ich mich an die schwierigen Momente meiner Kindheit erinnerte: Deine ruhigen, aber wichtigen täglichen Beiträge blieben nicht unbemerkt.

Niemals könnte ich meiner Mutter all das zurückgeben, was sie in den schwierigen und ungewissen Jahren Anfang zwanzig für mich tat. Als andere Familienmitglieder mir den Rücken kehrten, hast du deine Arme geöffnet und mich wissen lassen, dass du mich nie im Stich lassen würdest.

Wer in diesem Buch kaum vorkommt, aber in den Jahren in der Schwesternschule unendlich wichtig für mich war, ist meine Freundin Summer. Ich werde nie das Gespräch vergessen, das wir geführt haben, als ich die Schwesternschule aufgeben wollte. Ich hatte erwartet, dass du mich da bei jeder Entscheidung unterstützt. Ich lag falsch. Stattdessen hast du mir absolut deutlich gemacht, dass ich das nicht tun sollte. Du hast gesagt, Aufhören sei keine Alternative. Du würdest mich darin nie unterstützen, und wir sollten vielmehr nach Möglichkeiten suchen, wie ich diesen Abschluss trotzdem machen könnte. Ich glaube nicht, dass ich ohne dich heute Krankenschwester wäre.

Und daher möchte ich auch allen Lehrern und Lehrerinnen danken, die ich am Northwest Florida State College hatte. Die meisten Schwestern haben ja nur Horrorgeschichten über ihre Lehrer auf Lager. Ich nicht. Sie haben es uns nicht leicht gemacht, aber ich kann wirklich sagen, dass sie mich hervorragend auf meine erste Anstellung vorbereitet haben, und zwar nicht nur in medizinischer Hinsicht. Sie haben mir beigebracht, wie ich den ganzen Menschen pflegen kann, nicht nur den Patienten. Daher liegt es auf der Hand, dass sie ihre Schüler zu bestmöglichen Krankenschwestern ausbilden wollen und dass dies nicht nur eine x-beliebige Tätigkeit für sie ist.

Ein dickes Dankeschön an alle Mitarbeiter von Verve Talent, vor allem an Noah. Als ich dich kennengelernt habe, war ich noch völlig neu im Medienrummel. Alles war mir fremd und hat mich eingeschüchtert. Du und dein Team, ihr seid mir immer zuallererst als Menschen begegnet und dafür werde ich euch ewig dankbar sein. Aus meinen jüngeren Gesprächen mit anderen Autorinnen und Autoren habe ich erfahren, dass es nicht üblich ist, seinem Literaturagenten sagen zu können: »Ich bin so aufgeregt, ich glaube, ich muss mich gleich übergeben.« Für mich war es das dankenswerterweise (haha). Ich bin dankbar, dass ihr mir diese Erfahrung nicht nur erträglich gemacht, sondern sie in Spaß verwandelt habt.

Danke an Sara und das Team von Ballantine. Danke, dass ihr mir als junger, unbekannter Autorin eine Chance gegeben habt. So tiefgreifende Erfahrungen aufzuschreiben ist ein Wagnis. Ich danke euch, weil ihr mir dabei immer ein Gefühl von Sicherheit und Unterstützung vermittelt habt.

Und schließlich danke ich meinen drei süßen Kindern Brody, Callie und Aristea. Ich würde für euch bis ans Ende der Welt gehen. Ich hoffe, ihr seid stolz auf mich.

Ein ganz besonderes Dankeschön

Ich habe in diesem Buch die Geschichten von zwölf Patientinnen und Patienten mit dir geteilt, und das aus ganz verschiedenen Gründen: wegen der jeweils unterschiedlichen Lektionen, die ich von ihnen gelernt habe. Ich bin jedem einzelnen von ihnen dankbar.

Glenda, Sie waren die Erste, die ich während meiner Hospizarbeit in den Tod begleitet habe. Sie haben das Fundament für all meine weiteren Patienten gelegt. Sie haben mich als Erste eingeführt in das, was ich heute das Dazwischen nenne. Ich danke Ihnen, weil Sie Ihre Erfahrungen so bereitwillig mit mir geteilt haben. So konnte ich den Unterschied zwischen Halluzination und der Begegnung mit einem Verstorbenen besser begreifen. Damit aber begann meine Reise zum Verständnis dessen, was so viele Menschen am Ende ihres Lebens erfahren.

Carl, oh Carl. Ich könnte schreiben und schreiben und doch nie ganz das schildern, was ich heute mit Ihnen teilen würde, wenn wir wieder in einem Raum sein könnten. Danke, dass Sie mir vertraut haben und mir diese wunderbare Beziehung zu Ihnen und Ihrer Frau ermöglicht haben. Sie inspirieren mich jeden einzelnen Tag, als die junge, eifrige Schwester aufzutreten, die fest entschlossen ist, eine sinnstiftende Beziehung zu ihren Patienten einzugehen. Ich hoffe, Sie und Anna tanzen im Himmel zusammen. Ich habe heute zwei kleine Mädchen, und ich denke oft an Sie und Ihre Frau, wenn wir durchs Leben gehen. Das Leid, das Sie beide erlebt und jahrzehntelang ertragen haben, ist unvorstellbar. Ich vermisse Sie, aber ich verstehe besser denn je, welches Glück Sie empfunden haben müssen, als Anna Sie im Leben nach dem Tod willkommen hieß.

Danke, Sue, weil Sie Ihren Glauben offen mit mir diskutiert haben und mir Ihre Geschichte anvertraut haben – die Höhepunkte ebenso wie die Tiefpunkte. Die ruhigen Momente, in denen ich Pflanzen goss und Ihre Wäsche faltete, haben mir die Möglichkeit gegeben, ein paar Augenblicke innezuhalten und über meinen eigenen Glauben nachzudenken. Heute weiß ich, dass – ganz egal, was jemand glaubt – die glücklichsten Menschen immer jene sind, die sich mit ihrem Glauben im Einklang fühlen.

Sandra, Sie und Ihr Mann haben mir verstehen geholfen, dass Geld, Erfolg und ein bequemes Leben das Ende nicht beeinflussen. Ich weiß heute, dass das »perfekte Bild« eines Lebens, das Sie beide in meinen Augen gehabt haben, nichts daran ändert, dass wir alle sterben. Und dass das Erstrebenswerte in Wirklichkeit die selbstlose Liebe ist, die Sie füreinander empfunden haben und für die Menschen, denen Sie im Leben begegnet sind. Danke, dass Sie mir Ihre Pflege zugetraut haben. Ich hoffe, einmal in Ihre Fußstapfen zu treten. Und zwar nicht, was die Größe Ihres Hauses angeht, sondern die Art und Weise, wie Sie Menschen behandelt und Ihr Leben dem Dienst am Nächsten gewidmet haben.

Elizabeth, ich wünschte, Sie hätten nicht so früh von uns gehen müssen. Ihre Weisheit, Ihre positive Weltsicht, die selbst in der schwersten aller Situationen nicht bröckelte, hat Millionen Menschen inspiriert. Ich war total verblüfft, welche Reaktionen kamen, als ich Ihre Geschichte auf TikTok teilte. Offensichtlich hat sie andere Menschen zutiefst berührt. Manche haben mir geschrieben, dass sie sich Ihre Worte auf den Körper haben tätowieren lassen, um sie nie zu vergessen. Danke, dass Sie sich mir gegenüber so verwundbar gezeigt und mir so erlaubt haben, eine ganz andere Weltsicht zu entwickeln als die, die man mir beigebracht hatte. Nachdem ich meine Essstörung nun seit so vielen Jahren überwunden habe, kommt es mir auch dumm vor, wie viel Zeit ich damit verbracht habe, mir über mein Gewicht Sorgen zu machen, statt einfach »den Kuchen zu essen«.

Edith, Sie haben mir gezeigt, dass Demenz und Alzheimer nicht so schwarz und weiß sind, wie ich immer dachte. Ich verstehe heute, dass es Dinge außerhalb unseres Verständnisses gibt, die Ihnen erlaubt haben, die rigiden Grenzen Ihrer Diagnose zu überwinden. Ich denke immer an Sie, wenn ich mich um Patienten kümmere, die an Demenz erkrankt sind. Ich erkläre immer, was ich tue und warum, so wie ich das bei allen anderen Patienten ebenfalls machen würde, ganz egal, unter welcher Krankheit sie leiden.

Reggie und Lisa, ich habe die Begegnungen mit euch so oft in meinem Gedächtnis durchgespielt, auch mit meiner Therapeutin. Lange Zeit dachte ich, es sei eine Art Puzzle und wenn ich nur die Stücke zusammenbekäme, dann … »Wenn ich nur zurückgehen könnte und den Sekundenbruchteil erkennen, in dem alles schiefging, dann hätte ich Lisas Tod vielleicht verhindern können.« Ihr beide aber habt mir gezeigt, dass man nie so viel unter Kontrolle hat, wie man gerne glaubt. Obwohl eure Geschichte ein anderes Ende hatte, hat sie mir doch ermöglicht, endlich die Therapie zu machen, die ich wirklich brauchte. Sie hat mir geholfen, mit Schwierigkeiten in allen Bereichen meines Lebens, ob in der Ehe, mit den Kindern, in der Arbeit und mit der Familie, anders umzugehen. Obwohl ich mir wünschte, dass Lisa noch hier wäre, verstehe ich heute, dass ich nur nach vorne blicken kann. Ich hoffe, eure Geschichte trägt dazu bei, dass Menschen, die dieses Buch lesen, sich Hilfe suchen, ohne sich vor Verurteilung zu fürchten.

Lily, ich habe Sie und Allison nur ganz kurz gekannt, aber Ihre Geschichte hat mich auf vielfache Weise inspiriert. Ich habe mein

Leben betrachtet und mich gefragt, ob ich solche Freunde habe. Aber ich habe mich auch bemüht, *diese Art Freundin* zu sein. Ich habe gelernt, dass nicht alle Freundschaften ein Leben lang halten und dass es in Ordnung ist, wenn manche nur einen Augenblick dauern. Es ist okay, manche Freundschaften verblassen zu lassen, ohne Groll, um Raum zu schaffen für solche Freundschaften, die ein Leben lang halten.

Meine wunderbare Schwiegermutter – zusammen mit meinem Schwiegervater, meiner Schwägerin, meinen Schwagern und meinem Ehemann: Ihr habt mich und Brody mit offenen Armen in die Familie aufgenommen, als sie eine ihrer schwersten Zeiten durchlebte. Ich hatte Angst, dass niemand in der Familie eine alleinerziehende Mutter würde haben wollen, dabei mussten all diese Menschen damals den Verlust ihrer Mutter ertragen. Die Liebe, die ihr mir während und trotz dieser Zeit geschenkt habt, wird mich immer tief berühren. Und ich weiß, dass ihr sie von Babette gelernt habt. Babette, ich denke oft an dich und hoffe, dass ich dich stolz machen kann, als Krankenschwester und als Mutter. Ich weiß, dass du weiter über Brody, Chris und mich wachst. Ich bin mir auch sicher, dass du die zwei kleinen Mädchen, mit denen unsere Familie nun gesegnet ist, persönlich handverlesen hast. Ich werde sicherstellen, dass sie, wenn sie größer sind, von dir erfahren und dich lieben werden.

Albert, Sie haben mich dazu veranlasst, meine Ethik zu überprüfen, auf eine Weise, wie ich das noch nie getan hatte. Bis ich Sie kennenlernte, wusste ich nicht, wie vieles ich ganz automatisch erledige, angefangen beim Aufnahmeprozess bis hin zum fraglosen Befolgen der Anordnungen der Geschäftsleitung. Seitdem habe ich gelernt, zuerst als Mensch und dann als Angestellte zu reagieren. Seit ich mich um Sie gekümmert habe, trete ich als Krankenschwester anders auf. Ich bin vielleicht nicht die Angestellte des Jahres, aber ich setze meine Ethik nie aufs Spiel – und das ist mir so viel wichtiger.

Frank, als wir uns an jenem Tag in Ihrem Zimmer unterhalten haben, hätte ich mir nie erträumt, einmal dieses Buch zu schreiben. Ich lachte über das Kleine-Finger-Versprechen, weil es mir so unwahrscheinlich erschien. Ich bin sicher, dass jetzt Sie lachen. Ich frage mich oft, ob Sie das irgendwie wussten. Ihr unerschütterlicher Glaube an, na ja, den Unglauben, hat mir geholfen zu begreifen, was ich seitdem anderen Menschen immer erkläre: Ganz egal, was man glaubt – oder eben nicht –, unsere geliebten Verstorbenen kommen auf jeden Fall, um uns abzuholen.

Ich werde nie ganz erklären können, welche Bandbreite an Emotionen Sie bei mir ausgelöst haben, Adam. Sie waren mein erster Patient mit einem Glioblastom, nachdem ich meine Schwiegermutter verloren hatte. Auch war Ihre Familie meiner sehr ähnlich. Sie haben mich auf die Probe gestellt, ob ich Arbeit und Privatleben wirklich trennen könnte. Seitdem habe ich gelernt, dass gerade diese persönlichen Bindungen mich zu einer besseren Krankenschwester gemacht haben. Ich konnte besser für Sie eintreten, eben weil ich ein tieferes Verständnis dessen hatte, was Sie und Ihre Familie in diesem Moment brauchten. Ihretwegen melde ich mich jetzt immer freiwillig, wenn Patienten mit Glioblastom in den Hospizdienst kommen. Ich verstehe heute auch, dass Berufs- und Privatleben nicht immer vollkommen getrennt sein müssen. Wie bei so vielen Dingen sind es auch hier die Grauwerte zwischen den Welten, die zählen.

In diesem Reich zwische
dem Hier und Jetzt un
liegen enorme Kraf

Es gibt Dinge, die sich jeder
medizinischen Erklärung entziehen.